山东省现代农业产业技术体
产业经济岗位专家项目（

U0612765

山东省肉羊产业经济发展研究

赵瑞莹　董雪艳　张凤娟　等　著

中国农业出版社

北　京

著者

赵瑞莹　董雪艳　张凤娟　丁存振

王洪煜　姬春燕　陈丽梅　付　雪

张茂伦　徐　妍　崔嘉琪

前　言

　　山东省是我国养羊大省，羊存栏量和主要产品产量均位居全国前列。近年来，随着羊肉消费市场拉动、组织生产方式转变、科技支撑服务改善等方面的力度不断加大，山东省肉羊产业在优化畜牧产业结构、增加农民收入、改善城乡居民膳食结构、促进社会和谐稳定等方面均发挥了重要作用，但同时也面临着诸多挑战。本书从肉羊产业发展、肉羊养殖成本效益分析、肉羊产业贸易及其国际竞争力等方面进行了深入的研究和探讨，旨在为山东省肉羊产业的可持续发展政策制定提供理论依据。

　　第一部分为山东省肉羊产业发展与养殖者生产行为分析（1～5章）。了解和掌握肉羊产业生产布局演变和发展趋势是制定产业可持续发展政策的前提和条件。本书对山东省肉羊生产概况和生产区域布局演变进行分析，并在此基础上提出该省肉羊生产区域布局优化思路。随着肉羊产业的不断发展，实施适度规模养殖以获取更大的利润空间已逐渐成为业内共识。本书对肉羊养殖适度规模的确定和肉羊规模化养殖场（户）适度规模养殖选择意愿的研究可为政府制定肉羊产业规模化发展的政策提供建议参考。在肉羊规模化养殖不断发展的背景下，本书对山东省肉羊不同规模化养殖模式的发展概况、特征进行分析，并在此基础上对山东省肉羊大户养殖模式和肉羊企业化养殖模式生产效率进行探讨研究，为提高山东省肉羊养殖生产效率及规模化程度提出相关政策建议。肉羊养殖场（户）是肉羊产业发展的主体，本书结合实地调研获得的第一手问卷资料，对山东省肉羊养殖场（户）的生产行为、销售行为以及横向合作行为进行系统分析，并提出行为优化途径。

第二部分为肉羊养殖成本效益与盈亏平衡分析（6~7章）。尽管山东省是全国养羊大省，但肉羊养殖的标准化水平、现代化水平和产业化水平较低，肉羊养殖的成本与效益不容乐观，因此，研究山东省肉羊养殖业成本效益问题，可为降低肉羊养殖成本、提高肉羊养殖管理水平和效益，进而为提高全省肉羊养殖业竞争力提供理论借鉴和现实指导。同时，本书利用盈亏平衡理论对肉羊养殖成本、规模等数据进行分析，可帮助养殖场（户）明确发展阶段、及时发现生产过程中的问题，对未来扩建发展、投资决策提供切实有效的建议，以促进肉羊养殖业健康长远发展。

第三部分为肉羊产业国际贸易与国际竞争力分析（8~9章）。首先在分析山东省肉羊产业出口贸易现状的基础上，进一步研究探讨山东省肉羊产业国际竞争力及其影响因素，提出提升肉羊产业国际竞争力水平的对策建议；然后聚焦中国与澳大利亚羊产业生产和贸易现状，并从全要素生产率视角对中澳肉羊产业国际竞争力进行比较分析。

参与本课题研究的主要成员还有崔嘉琪、张茂伦、付雪、陈丽梅、姬春燕、徐妍、丁存振、王洪煜等。他们分别参加了第二章到第九章的组稿和撰写，并协助负责人完成了相应部分的实地调研和数据分析工作。

　　本书是山东省羊产业经济岗位专家项目组成员近一时期研究结果的汇总，其出版得到了山东省现代农业产业技术体系羊产业创新团队的支持和帮助，在此特别向团队首席专家王建民教授以及各位岗位专家和试验站站长表示衷心的感谢！

著　者
2020 年 11 月

CONTENTS

目　录

前言

1　山东省肉羊产业发展概况…………………………… 1

　1.1　山东省肉羊养殖概况 ………………………………… 1

　1.2　山东省肉羊规模化养殖概况 ………………………… 4

　1.3　山东省肉羊产业生产结构 …………………………… 7

　1.4　羊肉市场行情变化情况 ……………………………… 9

　1.5　肉羊产业生产特点和发展成效 ……………………… 9

2　山东省肉羊生产区域布局演变与优化研究 …………… 12

　2.1　山东省肉羊生产布局现状 …………………………… 12

　2.2　山东省肉羊生产区域布局历史演变过程及影响因素…… 17

　2.3　山东省肉羊生产区域布局优化思路 ………………… 28

　2.4　完善山东省肉羊生产区域布局的政策建议 ………… 32

3　山东省肉羊养殖适度规模研究 ………………………… 37

　3.1　山东省肉羊规模化养殖场（户）生产经营

　　　行为分析 ………………………………………………… 37

　3.2　山东省肉羊养殖适度规模的确定 …………………… 46

　3.3　山东省肉羊规模化养殖场（户）适度规模养殖

　　　选择意愿分析………………………………………………… 54

3.4 完善山东省肉羊适度规模养殖的政策建议 …………… 60

4 山东省肉羊规模化养殖模式的生产效率研究 …………… 66

4.1 肉羊规模化养殖模式分析 ………………………… 66

4.2 山东省肉羊不同规模化养殖模式生产效率分析 …… 75

4.3 提升山东省肉羊规模化养殖模式生产效率的
政策建议 ………………………………………… 85

5 山东省肉羊养殖户的生产经营行为研究 …………… 90

5.1 山东省肉羊养殖户生产及销售行为分析 ………… 90

5.2 山东省肉羊养殖户横向合作行为及影响因素分析 … 108

5.3 山东省肉羊养殖户生产经营行为优化的对策建议 … 119

6 山东省肉羊养殖成本效益分析 …………… 126

6.1 肉羊养殖成本及其规模的界定 ………………… 126

6.2 山东省肉羊养殖成本分析 …………………… 127

6.3 山东省肉羊养殖效益分析 …………………… 138

6.4 山东省肉羊养殖效益与全国效益比较分析 ………… 142

6.5 结论与政策建议 ……………………………… 144

7 盈亏平衡分析在肉羊养殖业中的应用研究
——基于 R 公司调研数据 ………………… 151

7.1 研究的基本理论与基础模型 ………………… 151

7.2 肉羊养殖业的成本划分及收入、利润分析 ………… 154

7.3 山东省散养肉羊盈亏平衡分析及与全国和相关
省份比较分析 …………………………………… 159

7.4 R 公司肉羊养殖盈亏平衡分析及与山东省
比较分析 ………………………………………… 175

7.5 盈亏平衡分析对山东省肉羊养殖业的启示 ………… 183

8　山东省肉羊产业国际竞争力研究 ················· 189

　8.1　山东省肉羊产业出口贸易状况 ············· 189

　8.2　山东省肉羊产业国际竞争力分析 ············ 190

　8.3　山东省肉羊产业国际竞争力影响因素分析 ·········· 201

　8.4　提升山东省肉羊产业国际竞争力对策 ·········· 212

**9　基于生产效率视角的中澳肉羊产业国际竞争力
　比较研究** ·· 219

　9.1　中澳羊产品进出口现状 ··················· 219

　9.2　中澳肉羊产业国际竞争力比较分析 ············ 221

　9.3　中澳肉羊产业生产效率测算与比较 ············ 224

　9.4　促进中国肉羊产业生产效率及国际竞争力提升的
　　政策建议 ·············· 239

主要参考文献 ····························· 244

1 | 山东省肉羊产业发展概况

　　山东省作为我国的第三大养羊大省，羊存栏量和主要产品产量均位居全国前列。随着经济的不断发展，人民的生活条件稳步提高，消费者不仅注重吃得饱更注重吃得健康，因此，蛋白含量高、脂肪和胆固醇含量低的羊肉受到消费者的青睐。近年来，随着羊肉消费市场拉动、肉羊产业生产组织方式转变、科技支撑服务改善等方面的力度不断加大，山东省肉羊产业在优化畜牧产业结构、增加农民收入、改善城乡居民膳食结构、促进社会和谐稳定等方面均发挥了重要作用。

1.1　山东省肉羊养殖概况

1.1.1　肉羊存栏量

　　根据《山东统计年鉴》《中国畜牧业年鉴》，2006—2018 年山东省肉羊年末存栏量及其在全国肉羊年末存栏量占比的变化情况见图 1-1。从图中可以看出，2006—2018 年的 13 年间，山东省肉羊年末存栏量可划分为 3 个阶段，自 2006 年起山东省肉羊年末存栏量大幅度减少，从 2006 年的 2 918.1 万只下降到 2008 年的 2 042.88 万只，下降幅度高达 30%；2009—2015 年肉羊年末存栏量不断增加，但每年增加幅度较小，2009 年肉羊年末存栏量 2 096.95 万只，2015 年肉羊年末存栏量增加到 2 235.66 万只，增长了 6.61%；2016—2018 年肉羊年末存栏量呈现较大变化，2016 年肉羊年末存栏量 2 197.65 万只，2018 年肉羊年末存栏量1 801.4万只，减少了396.25万只，下降幅度为18%，其中2017年的肉羊年末存栏量达到最低点。从占全国比重情况看，山东省肉羊年末存栏量占比大体呈"下降—上升—下降"的变化情况，2006—2008年下降幅度最大，2006年占比为10.3%，2008年占比跌至7.1%；2009—2012年出现小幅增长，2012年山东肉羊年末存栏量占全国比重7.6%；2013—2018年肉羊年末存栏量占比出现下降，从2013年的7.46%下降至2018年的6.06%，2017年的年末存栏量比重也创下多年来的最低纪录。

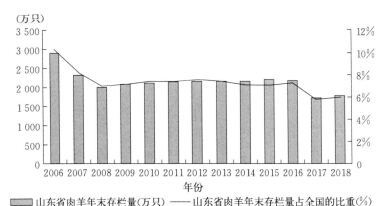

图1-1 2006—2018年山东省肉羊年末存栏量及其占比

数据来源：《山东统计年鉴》《中国畜牧业年鉴》，2007—2019年。

1.1.2 肉羊出栏量

根据《山东统计年鉴》《中国畜牧业年鉴》，2006—2018年山东省肉羊年出栏量及其在全国肉羊年出栏量占比的变化情况见图1-2。

从图1-2可以看出，2006—2018年山东省肉羊年出栏量总体呈现下降的变化情况。2006—2008年的肉羊年出栏量从3 026.2万只增加到3 098.8万只，出现了小幅度增长，这是由于山东省种植结构在2000年有所调整，又遭受了自然灾害，导致肉羊养殖的饲料成本上升，加之动物传染病的大规模传播，造成羊只大量死亡，出现了存栏量急速减少的现象。2005 年，国家为提高畜牧业综合生产能力，出台了促进肉羊产业发展的产业政策，要求县级以上人民政府采取合理措施，鼓励并扶持养殖户发展规模化养殖。此外，羊肉供不应求，抬高了国内羊肉价格。因此，在各种政策和外部环境的共同作用下，山东省肉羊年出栏量出现了短暂的上升趋势，随后又从 2008 年的 3 098.8 万只下降到了 2011 年的2 901.22 万只。之后几年，全年出栏量稳步提高，直到 2016 年达到了最大出栏量，为 3 298.02 万只。但因环保政策的实施，一些不达标的养殖场（户）被迫退出养殖业，导致 2017 年山东省肉羊出栏量出现显著下降，创下了十几年来的最低纪录，直至 2017 年秋冬季肉羊生产开始恢复，2018 年底肉羊出栏量出现了小幅度增加。

由图 1 - 2 可以看出，山东省肉羊年出栏量占全国比重从2006 年的 12.24％下降到了 2018 年的 8.65％。虽然 2006—2008年肉羊年出栏量在上升，但占全国年出栏量比重却在下降，即使2012—2016 年出现幅度较大的增长，但由于全国肉羊年出栏量的增加，山东省肉羊年出栏量占全国比重仍然呈下降趋势，随着2017、2018 年两年山东省肉羊年出栏量的下降，其所占全国的比重也降到了 8.65％。

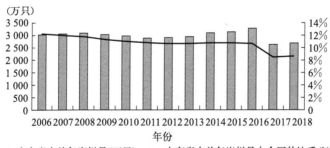

图 1 - 2　2006—2018 年山东省肉羊年出栏量及其占比

数据来源：《山东统计年鉴》《中国畜牧业年鉴》，2007—2019 年。

1.1.3 羊肉产量

根据《山东统计年鉴》《中国畜牧业年鉴》中山东省和全国羊肉产量的数据，得出 2006—2018 年山东省羊肉产量占全国羊肉产量比重的变化情况（图 1-3）。

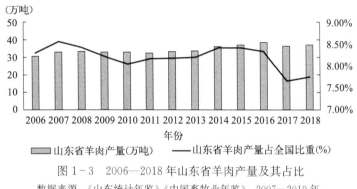

图 1-3 2006—2018 年山东省羊肉产量及其占比

数据来源：《山东统计年鉴》《中国畜牧业年鉴》，2007—2019 年。

2007 年山东羊肉产量为 30.5 万吨，随后农业部印发了全国肉牛、肉羊、奶牛和生猪优势区域布局规划（2008—2015 年），促进了各种肉类产量的增加，山东省羊肉产量在 2008—2013 年基本保持在 33 万吨左右。2014 年以后，羊肉产量出现较明显增长，这种势头一直保持到 2016 年，羊肉产量达 38.39 万吨；不久，由于国家连续出台了环保相关政策，羊肉产量在 2017 年下降，随后 2018 年又出现了小幅度增长，下降趋势得到缓和。

自 2006 年以来，山东省羊肉产量虽呈现缓慢增加的趋势，但却慢于全国肉羊产业的发展速度。由图 1-3 知，2007 年山东省羊肉产量占全国比重为 8.56%，而 2018 年该比重下降到 7.74%。

1.2 山东省肉羊规模化养殖概况

根据《全国畜牧业发展第十一个五年规划》中对规模化标准

的划分，肉羊年出栏 30 只以上为规模化饲养。因此，将羊养殖规模划分为：散养（1～29 只）、小规模（30～99 只）、中规模（100～499 只）、大规模（500 只以上）。

根据《中国畜牧业年鉴》（2011—2018），2010—2017 年山东省肉羊散养户数和规模化养殖场（户）数的基本情况，以及散养户数的变化趋势和规模化程度见图 1-4、图 1-5。

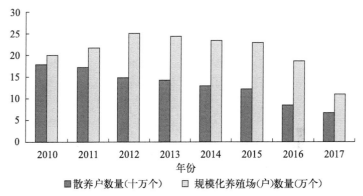

图 1-4　2010—2017 年山东省肉羊散养户和规模化养殖场（户）数量

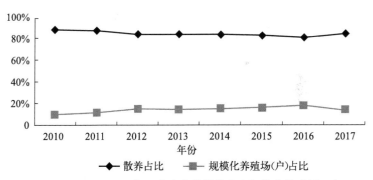

图 1-5　2010—2017 年山东省肉羊散养户和规模化养殖场（户）
　　　　占总养殖场（户）数量的比重

数据来源：《中国畜牧业年鉴》，2011—2018 年。

由图 1-4、图 1-5 可以看出，2010 年山东省肉羊规模化养殖场（户）数 20 万个，2017 年规模化养殖场（户）数 11 万个。总体来看肉羊规模化养殖场（户）数在不断减少，分阶段来看，山东省肉羊规模化养殖场（户）数变化情况分为两个阶段：第一阶段为增加阶段，2010—2012 年，山东省规模化肉羊养殖场（户）数逐年增加，从 2010 年的 20 万个增加至 2012 年的 25.1 万个，两年间增加了 25.5%，且在 2012 年规模化户数达到最高点；第二阶段为减少阶段，肉羊规模化养殖场（户）数从 2013 年的 24.3 万个减少至 2017 年的 11 万个，减少幅度高达 54.36%。

虽然近年来规模化养殖场数量在不断减少，但它占山东省总养殖场（户）数量的比重却处于增长状态，总体趋势从 2010 年的 10% 上升到 2017 年的 14.27%，其中 2016 年规模化程度最高，达到 17.92%，随后出现明显下降，且养殖场（户）总数也明显减少，其主要原因是 2017 年国家出台了《关于加快推进畜禽养殖废弃物资源化利用的意见》。文件指出要全面推进畜禽养殖废弃物资源化利用，到 2020 年实现全国畜禽粪污综合利用率达到 75% 以上，规模养殖场粪污处理设施装备配套达到 95% 以上，这一政策的实施导致部分山东省散养户及小规模养殖户因粪污利用率无法达标而纷纷退出养殖行业。散养户和规模化养殖场（户）数量下降迅速的原因还在于肉羊养殖收益不明显。肉羊养殖成本的增加和生产周期长导致资金回笼较慢，部分散养户和小规模养殖户选择外出务工，导致山东省肉羊养殖场（户）数量逐年递减。从上述分析可以看出，虽然山东省肉羊养殖规模化程度在缓慢提高，但所占比例依然很低，山东省肉羊养殖仍然以散养模式为主。

近年来，在国家政策支持以及养羊业人士的共同努力下，规模化养殖已经成为肉羊产业发展的主流趋势，山东省的规模化养殖程度也在逐年提高。但是大部分养殖户和肉羊养殖企业对于肉羊的规模化、标准化生产经营意识还很薄弱，认为肉羊养殖只凭经验即可，而忽视了科学养殖管理的重要性，导致从养殖到销售各环节脱节，再加上相互之间信息交流不畅、合作意识较弱等原因，严重阻碍了养羊业的发展。因此，发展规模化养殖，尤其是中规模和大规模养殖，对于推广肉羊养殖技术和提高经营管理水平都会产生一定的促进作用。

1.3 山东省肉羊产业生产结构

肉羊一般分为两大类：绵羊和山羊。绵羊与山羊虽然同称为羊，但分别属于牛科的绵羊属和山羊属。它们在外形、解剖构造、生理、生活习性上有很多相同之处，但是也有一些不同之处。

山羊：躯体瘦；角三菱形，呈镰刀状弯曲；一般毛粗而短，毛色多为白色，也有黑色、青色、褐色或杂色；尾巴上翘，胆大，采食灌木嫩枝条。

绵羊：躯体丰满，头短；公羊有螺旋状大角，母羊无角或只有细而小的角；毛细密、多为白色；嘴唇薄而灵活，适于啃食很短的牧草；性情温驯，胆小，主要吃草。

1.3.1 山羊、绵羊存栏量变化情况

2013—2015 年，山东省年末山羊的存栏量占肉羊存栏总量的 74% 左右，绵羊存栏量占比则在 26% 左右；2016 年山羊的存栏量快速下降，同时绵羊的存栏量大幅提高，两者所占肉羊存栏量比重相当（其中山羊占比为 53.41%，绵羊占比为 46.59%）；2017 年山东省绵羊的存栏量首度超过山羊的存栏量（其中山羊占比为 45.43%，绵羊占比为 54.57%）；2018—2019 年，山羊的存栏量占比维持在 48% 左右，绵羊存栏量占比则在 52% 左右（图 1-6）。

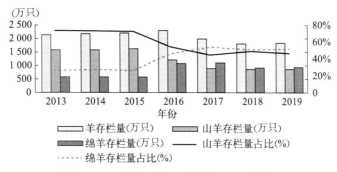

图 1-6　山东省山羊和绵羊存栏量变动情况

1.3.2　山羊、绵羊出栏量变化情况

2013—2015 年，山东省年末山羊的出栏量占肉羊出栏总量的 68％左右，绵羊出栏量占比则在 32％左右；2016 年山羊的出栏量快速下降，同时绵羊的出栏量大幅提高，两者所占肉羊出栏量比重相当（其中山羊占比为 52.80％，绵羊占比为 47.20％）；2017 年山东省绵羊的出栏量首度大幅超过山羊的出栏量（其中山羊占比下降到 31.88％，绵羊占比上升到 68.12％）；2018—2019 年，山羊的出栏量占比维持在 38％左右，绵羊出栏量占比则维持在 62％左右（图 1-7）。

图 1-7　山东省山羊和绵羊出栏量变动情况

1.4　羊肉市场行情变化情况

　　羊肉价格经历了近 3 年（2015—2017 年）的低谷徘徊期，从 2017 年秋开始反弹上升，2018 年羊肉价格稳步上升，2019 年1—8 月在稳定中有小幅上升，进入 2019 年秋以后由于非洲猪瘟的影响，羊肉需求量增加，再加上秋冬季节羊肉消费旺季的推动，羊肉价格不断上升，至 2020 年 1 月羊肉价格达到了 85.29 元/千克。2020 年春节期间突然暴发了新冠肺炎疫情，为堵截疫情蔓延，交通被阻断，各种农产品无法流通，因此 2020 年 2 月羊肉价格达到 90.38 元/千克，为 2013 年以来的最高水平（图 1 - 8）。

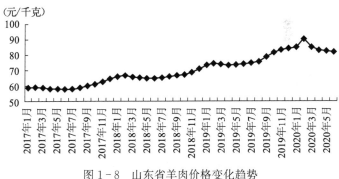

图 1 - 8　山东省羊肉价格变化趋势

资料来源：由山东省畜牧局主要畜产品周价格数据整理。

1.5　肉羊产业生产特点和发展成效[①]

　　(1) 养殖总体规模较大，产品类型齐全　据《山东统计年

---

　　① 山东省现代农业技术体系羊创新团队《山东省羊产业发展分析与展望2016—2020)》。

鉴》《中国畜牧业年鉴》，2018 年山东省年末肉羊存栏量为 1 801.4 万只，占全国的 6.06%。2018 年山东省出栏肉羊 2 682.40 万只，占全国的 8.65%；羊肉产量 36.8 万吨，占全国的 7.74%，均居全国第 3 位，是农区养羊第一大省。作为我国肉羊优势生产区域之一，山东肉羊优势区域主要集中于沿黄河 9 市，其肉羊存栏和羊肉产量均占全省 70% 以上。

（2）品种资源数量较多，种质优势突出　据《中国畜禽遗传资源志·羊志》（2011 年）和农业农村部公告，山东省现有 12 个国家级羊品种资源，其中地方品种 10 个，占全国的 10%。

与其他畜禽品种不同，地方品种在羊产业中发挥着主体作用。山东省的小尾寒羊、洼地绵羊、鲁北白山羊、莱芜黑山羊等属于多胎高产品种，均具有常年发情、四季配种、早期生长速度快、适应性好等优异种质特性，是目前国内开展肉羊经济杂交、生产优质肥羔的理想母本，竞争优势十分明显。其中，小尾寒羊、洼地绵羊已被推广到全国 20 多个省份，为牧区退牧还草发展舍饲养羊、提高全国肉羊饲养经济效益发挥了重要作用。

（3）饲草料资源丰富，可利用潜力巨大　山东省是粮食、水果及蔬菜等优势产区，不仅具有十分丰富的农作物秸秆（玉米秸、麦秸、地瓜秧、花生秧、稻草等），而且拥有果蔬下脚料、糟渣等潜在的可利用饲料资源。随着《山东省推进"粮改饲"试点促进草牧业发展实施方案》的实施，以青贮专用玉米、苜蓿为代表的优良青粗饲料的生产和供应将迅速大幅度增加，为养羊业的可持续发展提供良好的物质基础。

（4）养殖方式转变加快，规模化程度提高　山东省绵山羊养殖方式正在由传统的农户分散饲养方式向现代的规模饲养方式转变，养殖散户退出与规模化育肥场增加趋势明显。

自繁自育模式成为肉羊养殖主流，利用肥羔生产优质羊肉越来越得到重视，肉羊存栏量趋于稳定。目前，山东省饲养规模超过 1 000 只的养殖场达 400 多家，最大饲养规模达到 6 万多只。

已创建肉羊国家级示范场 25 个、省级示范场 90 个。

(5) **产业化水平不断提升，带动能力增强** 山东省肉羊屠宰加工能力万只以上的龙头企业有 20 多家，全省涌现出一大批养羊大户、家庭牧场、合作社、龙头企业等新型经营主体。利津县盐窝镇形成年屠宰育肥活羊 150 万只的专业村，活羊收购价格已成为农区羊行情的"晴雨表"。济阳县孙耿镇堤口村，发挥回族民族优势，形成养、宰、销一体化生产模式，即使在产业低迷的情况下，羊年饲养销售量仍呈上涨趋势，达到 20 万只。多种形式的产销衔接和利益联结机制也在不断形成和完善，肉羊生产组织化程度不断提高，培育了一大批专业合作社和养殖协会，"公司＋合作组织＋农户"的组织化模式逐步推行，生产与市场衔接日益紧密。

2 | 山东省肉羊生产区域布局演变与优化研究

2.1 山东省肉羊生产布局现状

考虑山东省肉羊生产的区域分布，参考既往农牧业经济带的划分方式，将农业农村部调查的 17 个市划分为鲁南、鲁西、鲁东、鲁中、鲁北 5 个肉羊产区：①鲁南部肉羊产区，包括菏泽、济宁、临沂、枣庄 4 个市；②鲁西部肉羊产区，包含聊城、德州 2 个市；③鲁东部肉羊产区，包括青岛、威海、烟台、潍坊、日照 5 个市；④鲁中部肉羊产区，包括济南、淄博、莱芜、泰安 4 个市；⑤鲁北部肉羊产区，包括滨州、东营 2 个市。

由于 2019 年 1 月莱芜由市改为济南市莱芜区，为了保证与前 40 年数据达到一致性，本文提到的莱芜数据不归于济南市数据，莱芜作为一个地级市进行描述。此外，20 世纪 70、80 年代中惠民地区数据作为滨州数据进行描述。

2.1.1 山东省肉羊生产基本布局

本章以地域距离及肉羊区域产量为参考标准，将山东省 17 个市划分为 4 大肉羊生产梯队产区。第一梯队产区主要集中于鲁南地区，即菏泽、济宁、临沂和枣庄；第二梯队产区主要位于鲁西北地区，即聊城、德州、济南、东营和泰安；第三梯队产区主要分布于鲁中与鲁东北地区的临近城市；第四梯队产区主要集中于鲁东地区。

从山东省肉羊生产布局总体概括上来看，山东省肉羊生产区域布局具有显著的地区差异性特征，且有不断由传统肉羊生产区向山东省内新兴农牧区转移的势头。菏泽市、临沂市、济宁市数年来都作为山东省肉羊产业发展的重要区域，在 2018 年山东省羊肉产量的占额为前三，详见表 2 - 1。

表 2 - 1　2018 年山东省各地羊肉产量情况

地区	羊肉产量（吨）
第一梯队产区：	
菏泽	86 405
临沂	36 004
济宁	29 406
枣庄	18 316
第二梯队产区：	
德州	23 714
济南	22 292
东营	20 503
泰安	26 551
聊城	17 689
第三梯队产区：	
滨州	13 577
潍坊	13 025
日照	7 085
淄博	6 589
第四梯队产区：	
烟台	6 396
莱芜	3 907
青岛	2 899
威海	1 053

数据来源：山东统计年鉴（第十一篇，畜牧业生产情况），2019 年。

据表 2-1 所知，分析 2018 年山东省 17 个市羊肉产量对比可得，菏泽地区羊肉产量为全省羊肉产量第一名，其羊肉产量为 86 405 吨，占山东省羊肉产量总数的 25.77％。临沂市的羊肉产量为山东省羊肉产量第二名，位于菏泽市之后，产量为 36 004 万吨。排在第三位的是济宁市，其 2018 年羊肉产量为 29 406 吨。从 2018 年的山东省 17 个市羊肉产量对比情况来看，菏泽市、临沂市、济宁市和泰安市 4 个市羊肉产量总数占全省羊肉总产量的 53.18％。

由图 2-1 可知，2000—2018 年，菏泽市羊肉的总产量平均值为 77 042 万吨，其他市羊肉产量与该城市羊肉产量相比差距明显；济宁市作为山东省传统的养羊地区，其羊肉的产量占山东省羊肉总产量的比重呈现逐步下降的趋势，2000—2005 年羊肉产量逐年增长，2006—2013 年出现大幅下降势态，之后在 2016—2018 年逐渐走向平稳，目前来看仍然是山东省肉羊生产区域内的第二大养羊地市；聊城市、泰安市、临沂市和德州市的羊肉产量随时间变化不断波动，尤其在 2005 年左右年份内，出现稍大幅明显涨落趋势，但总体来说，4 个市羊肉产量在 19 年间趋于平稳。

表 2-1 中，德州、济南、东营、枣庄和聊城 5 市 2018 年肉羊产量分别为 23 714、22 292、20 503、18 316 和 17 689 吨，分别占山东省肉羊总产量的 7.07％、6.65％、6.11％、5.56％和 5.27％，该 5 市羊肉总产量占全省的 30.56％。滨州、潍坊、日照和淄博 4 市肉羊产量占比均分布在 2.10％～4.00％，处于山东省肉羊生产的第三梯队。除烟台和莱芜羊肉产量占全省的 1.91％和 1.16％，其他地级市的肉羊产量占比均小于 1％，成为山东省肉羊生产布局的第四梯队产区。

结合山东省各地区地理分布，2018 年山东省肉羊生产区域布局出现空间上的集聚现象，肉羊主产区集中于鲁南和鲁西北地区，菏泽周边一带肉羊发展同样繁盛，形成第一梯度肉羊产群，

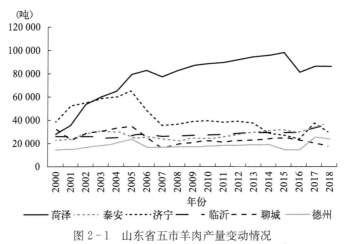

图 2-1　山东省五市羊肉产量变动情况

数据来源：山东统计年鉴（第十一篇，畜牧业生产情况），2001—2019 年。

集聚现象明显。

2.1.2　山东省肉羊生产呈集中化分布

表 2-2 列示了 1989—2018 年山东省肉羊出栏量市际间的比较情况，从中可以看出改革开放初期，山东省肉羊年出栏量前五的城市分别是菏泽、济宁、聊城、德州、临沂，总计占比 66%，而威海、烟台、日照、莱芜、淄博城市出栏量排名后五位。换言之，1989 年山东省出栏量主要由传统产区的菏泽、济宁地区贡献。至 1999 年，省内德州年出栏量有所下降，泰安等鲁中地区开始进入年出栏量前五城市的行列中。至 2009 年，青岛作为传统肉羊产区的年出栏量跌至省内年出栏量后五的位置，相应生产聚集至鲁西北及鲁西南地区。到 2018 年，山东省肉羊年出栏量前几名为德州、聊城、菏泽、泰安、济宁、临沂等市占据，其占全省的份额约为 64%，说明山东省肉羊生产聚集从传统产区向鲁南和鲁西北地区迁移。

表 2 - 2　1989—2018 年典型年份山东省肉羊年出栏量城市间比较

年份	出栏量前五名		出栏量后五名	
	区域	份额（%）	区域	份额（%）
1989	菏泽、济宁、聊城、德州、临沂	66.51	威海、烟台、日照、莱芜、淄博	6.72
1999	菏泽、济宁、临沂、聊城、泰安	62.34	威海、烟台、淄博、莱芜、日照	7.83
2009	菏泽、济宁、临沂、德州、聊城	65.24	威海、烟台、青岛、莱芜、日照	7.32
2018	菏泽、济宁、泰安、临沂、德州	64.57	威海、烟台、青岛、莱芜、日照	7.53

数据来源：山东统计年鉴（第十一篇，畜牧业生产情况），1990—2019 年。

据图 2 - 2 所知，山东省第四梯队羊肉产量占全省比重较小。2000—2018 年，山东省第四梯队产区的羊肉产量占全省比重不到 10%。2000 年，第四梯队产区羊肉产量为 9.3%，是 19 年间羊肉产量占比最高值，之后基本上是逐年下降的趋势，到 2006 年更是出现大幅下降，由 8% 左右下降到 2008 年的 5.7% 左右，在 2017 年又出现局部回升状态，上升到 6.99%。

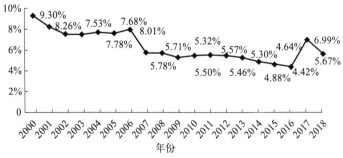

图 2 - 2　山东省第四梯队产区羊肉产量占全省比重变动情况

数据来源：山东统计年鉴（第十一篇，畜牧业生产情况），2001—2019 年。

分析主要原因为，第四梯队产区主要集中于鲁东部沿海地区，社会经济发展水平较高，城市化进程较快，肉羊生产的农牧业成本较高，利于肉羊生产的比较优势不明显，由此影响了第四梯队产区肉羊产业的发展规模。第一梯队产区与第四梯队产区区域化差异较为明显，山东省日后肉羊生产区域布局将继续进行产区集聚，区域内肉羊生产差异也会随时间日益扩大。

通过上述对山东省肉羊生产区域布局现状的分析发现，山东省肉羊生产呈区域化分布，存在明显的集中连片特征。其一，从以出栏量为主要指标的市级比较发现，改革开放初期，山东省肉羊产出最高的 5 个市分别在烟台、青岛、菏泽、济宁、聊城，即主要分布在传统养羊区域，而至 2018 年前 5 名演变为菏泽、济宁、聊城、德州、东营，而传统产区的青岛、烟台等市排名较靠后，说明山东省肉羊产区日益集中，并由传统青岛、烟台等向鲁北的东营、德州及鲁西的聊城、菏泽、济宁等区域转移，存在明显空间变动及位移现象，且随时间推移不断波动；其二，1978—2018 年近 40 年间，山东省肉羊发展第一梯度产区由鲁西南、鲁西北地区逐渐演变为鲁南地区，存在较大区域集聚差异，变化逐年稳定；其三，山东省近年来肉羊出栏量总体呈现上升态势，说明该省肉羊产业发展前景较好，肉羊生产处于稳定发展时期。

2.2 山东省肉羊生产区域布局历史演变过程及影响因素

为了更加准确地对山东省肉羊生产区域发展变迁进行研究，本文选择了产业（市场）集中度、综合比较优势指标并对其进行分析。由于山东省个别年份的肉羊地区数据有所缺失，为了保证数据的完整性与统一性，对原有数据进行合理调整。

2.2.1 方法选择与数据来源

（1）产业集中度 也称市场集中度，通常是市场上某一企业占行业全部企业总量的比重或是单一企业生产要素占行业生产总要素的比重，其基于测算某一关键指标（产量、销量或总资产）占行业总量的比例，以确定其在该行业对企业的支配程度。

本文通过选取市场集中度这一生产指标来表示山东省肉羊生产规模较大的几个地区肉羊存栏量在山东省肉羊存栏量中所占的比重之和，进而反映生产规模最大的几个地区的区域变迁情况和最新的肉羊生产区域的空间集聚情况。公式为：

$$CR_i = \sum_{n=1}^{i} Y_n \times 100\% \qquad (2-1)$$

式中，i 为地区总数量，本文研究中选取排名前五的地区，即 $i=5$；CR_i 表示 i 个地区的产业集中度；Y_n 为第 n 个地区的肉羊存栏量在山东省总存栏量中所占的比例。

（2）综合比较优势指数 可以用于体现某地区或某区域内生产某种农产品时，可用数据显示出的比较优势数据指数，同一区域内不同农产品可进行生产的优势比较，是最具说服力的指标。不同区域间农产品的比较优势是资源禀赋因素、社会经济因素、市场环境因素以及其他因素共同作用的结果。该章节将综合比较优势指数（CAA）写为如下格式：

$$CAA_{ij} = \frac{(Y_i / \sum_{j=1}^{n} Y_j)}{(\sum_{i=1}^{m} M_i / \sum_{i=1}^{m} \sum_{j=1}^{n} M_j)} \qquad (2-2)$$

式中，Y_i 表示山东省某一地区的羊肉产值，Y_j 表示山东省某一地区的畜牧业产值；M_i 表示 i 年山东省总羊肉产值，M_j 表

示该年山东省总畜牧业产值。当 CAA 大于 1 时，说明山东省该
地区肉羊生产具有比较优势；当 CAA 小于 1 时，说明山东省该
地区肉羊生产缺乏比较优势；若 CAA 接近 0.1 时，说明山东省
该地区不具有肉羊生产的比较优势。

本文在国内外文献中已有研究成果的基础上，基于《山东
统计年鉴》与《山东农村统计年鉴》（1985—2018 年）中涉及
的肉羊统计数据进行归纳整理，对近 40 年来山东省肉羊生产
区域的分布变化趋势进行了描述性分析，以产业（市场）集中
度为指标对山东省肉羊生产区域发展变迁的趋势结果进行了系
统分析。

2.2.2　山东省肉羊生产区域演变的总体趋势分析

2.2.2.1　山东省肉羊生产区 20 年间集中度

通过计算确定山东省肉羊产业的市场集中度可知，山东省肉
羊产业的市场集中度均较高，表明该省肉羊产业呈现出明显的集
聚态势，具体见图 2-3。

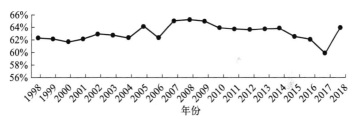

图 2-3　山东省肉羊产业近 20 年产业集中度

数据来源：山东统计年鉴（第十一篇，畜牧业生产情况），1999—2019 年。

从市场集中度时间序列上的变化趋势看，结合图 2-3，可
以划分为波动中持续上升与持续波动两个阶段，1998—2005 年，
肉羊产业集中度在波动中由 1998 年的 62.27% 上升至 2005 年的

64.15％；2004—2014 年，山东省肉羊产业集中度的值表现为先上升后下降再上升最后下降逐渐趋于平稳的趋势，由 2004 年的 62.35％上升至 2005 年的 64.15％，之后呈现下降趋势，至 2006 年下降为 62.31％，之后逐渐升至 2008 年的最高值 65.23％，但之后再次下降至 2010 年的 63.97％，自 2011 年起产业集中度逐渐稳定，基本维持在 63.71％。而 2016—2017 年出现断崖式下降，数据由 62.04％降至 59.84％，2018 年则上升至 63.93％。

2.2.2.2 山东省肉羊生产综合比较优势分析

由表 2 - 3 可以看出，济南、枣庄、东营、泰安、临沂、聊城、菏泽的 CAA 均大于 1，这些地区肉羊养殖具有比较优势。菏泽最具有比较优势，其 CAA 成倒 U 形发展，数值多大于 4，2011 年达到峰值为 5.14，是山东省最具有肉羊养殖优势的城市。济南在 2015 年之后 CAA 小于 1，由 2014 年的 1.07 逐年下降到 2017 年的 0.93，于 2018 年稍有恢复至 1.04，暂时失去了其肉羊养殖的比较优势。青岛的 CAA2000 年为 0.41，与威海相比较有养殖优势，但 2000—2007 年逐年下降，降至 0.1 左右，并于 2008—2018 年趋于平稳，变化幅度及趋势减少。威海的 CAA 常年在 0.1 上下波动，该波动较为平稳，说明该地区肉羊养殖不具备综合比较优势。

由表 2 - 4 综合比较优势指数平均值可知，枣庄、东营和菏泽地区综合比较优势指数平均值均大于 1.5，其中菏泽综合比较优势指数平均值最高为 3.9；济南、临沂、济宁、聊城和泰安地区综合比较优势指数平均值均大于 1；淄博、德州、莱芜和滨州地区综合比较优势指数平均值均大于 0.5；威海、青岛、烟台和潍坊地区综合比较优势指数平均值均大于 0.1。从山东省各市 2000—2018 年近 20 年综合比较优势指数平均值来看，区域优势差异较为明显，山东省肉羊生产布局还需进行合理规划。

表2-3　山东省肉羊产业近20年综合比较优势指数（CAA）

年份	济南	青岛	淄博	枣庄	东营	烟台	潍坊	济宁	泰安	威海	日照	莱芜	临沂	德州	聊城	滨州	菏泽
2000	1.09	0.41	0.64	1.67	2.83	0.26	0.51	1.45	1.82	0.11	1.94	1.23	1.17	0.96	1.95	1.15	2.05
2001	1.08	0.30	0.74	1.42	2.40	0.25	0.48	1.82	1.62	0.11	1.42	1.25	1.08	0.90	1.23	1.18	2.29
2002	0.94	0.28	0.55	1.49	2.18	0.26	0.45	1.58	1.61	0.12	1.40	0.89	1.00	0.85	1.47	1.29	2.98
2003	1.03	0.30	0.58	1.47	2.34	0.30	0.51	1.62	1.70	0.15	1.68	0.97	0.90	0.95	1.49	1.13	2.98
2004	1.03	0.35	0.63	1.47	2.63	0.32	0.53	1.51	1.58	0.18	1.64	1.05	0.84	0.94	1.68	1.11	3.11
2005	1.05	0.32	0.58	1.40	2.60	0.36	0.54	1.51	1.31	0.16	1.43	0.99	0.93	0.98	1.56	1.11	3.36
2006	1.08	0.36	0.55	1.44	2.60	0.40	0.39	1.32	1.43	0.15	1.56	1.22	1.04	0.68	1.19	1.13	3.48
2007	0.75	0.14	0.46	1.37	2.22	0.35	0.29	0.98	1.31	0.13	0.77	0.89	0.84	0.61	0.71	0.83	3.28
2008	1.00	0.13	0.75	1.43	2.84	0.38	0.33	1.21	1.27	0.14	1.08	0.68	1.02	0.66	1.16	0.87	4.20
2009	1.10	0.11	0.80	1.59	2.67	0.32	0.27	1.27	1.41	0.15	0.93	0.66	1.08	0.62	1.22	0.84	4.38
2010	1.06	0.09	0.80	1.38	2.37	0.27	0.28	1.19	1.31	0.14	0.97	0.95	1.11	0.60	1.27	0.90	4.47
2011	1.12	0.09	0.77	1.53	2.06	0.28	0.30	1.13	1.31	0.14	0.93	0.96	1.32	0.68	1.26	0.92	5.14
2012	1.12	0.09	0.77	1.62	1.95	0.29	0.30	1.19	1.34	0.13	0.89	1.01	1.32	0.68	1.37	0.96	5.11
2013	1.08	0.09	0.74	1.66	2.03	0.27	0.30	1.10	1.32	0.12	0.85	0.99	1.40	0.65	1.36	0.97	5.05
2014	1.07	0.09	0.67	1.63	1.57	0.27	0.30	0.79	1.30	0.11	0.85	0.77	1.33	0.61	1.26	0.86	4.79
2015	0.94	0.10	0.58	1.61	1.04	0.32	0.32	0.72	1.28	0.10	0.72	0.78	1.28	0.49	1.25	0.71	5.00
2016	0.88	0.10	0.55	1.35	1.25	0.21	0.32	0.59	1.06	0.09	0.56	0.74	1.11	0.45	1.07	0.57	4.23
2017	0.93	0.19	0.76	1.63	2.90	0.35	0.40	0.99	0.94	0.21	0.70	1.04	1.31	0.71	0.78	0.87	3.98
2018	1.04	0.12	0.72	1.79	1.89	0.27	0.28	0.74	1.07	0.10	0.62	0.94	1.24	0.65	0.70	0.76	3.92

数据来源：山东统计年鉴（第十一篇，畜牧业生产情况），2001—2019年。

表 2-4　2000—2018 年山东省各肉羊产区综合比较优势指数平均值比较

产区	CAA 平均值
枣庄	1.53
东营	2.23
菏泽	3.90
济南	1.02
日照	1.11
临沂	1.11
济宁	1.19
聊城	1.28
泰安	1.36
淄博	0.68
德州	0.74
莱芜	0.96
滨州	0.96
威海	0.13
青岛	0.19
烟台	0.32
潍坊	0.37

数据来源：山东统计年鉴（第十一篇，畜牧业生产情况），2001—2019 年。

2.2.3　山东省肉羊生产区域演变历程

　　为了更准确地了解山东省肉羊生产区域布局演变过程，选取 17 个市，计算典型年份其肉羊存栏量分别占山东省总肉羊存栏量的比重，结合山东省各市地理分布，从整体上对山东省肉羊生产区域发展的空间变迁历程进行分析。

　　1989 年，菏泽、济宁、聊城和德州 4 地肉羊养殖数量较多，明显集聚于鲁西北、鲁西南地区；济南、泰安、临沂、枣庄、潍坊为第二肉羊产区；滨州、东营、淄博、青岛为第三肉羊产区；烟台、莱芜、日照等地为第四肉羊产区。1999 年，该空间布局变化较多，临沂加入第一肉羊产区；日照肉羊产量增加，变为第三肉羊产区；淄博肉羊产量减少，归为第四肉羊产区行列。比较 2009 年和 2018 年，山东省肉羊生产区域布局模式逐渐定型，鲁南地区成为第一肉羊产区，济南、聊城、德州、东营为第二肉羊产区，滨州、淄博、潍坊、日照为第三产区，烟台、威海、青岛、莱芜为第四产区。

由此可以看出，山东省肉羊产业不同时期、不同地域表现出不同的空间集聚变化。首先，从各时期不同地区分布来看，肉羊产业空间集聚变化具有明显的集中连片特征，尤其是 1989—2009 年，这种集中连片特征最为明显，说明这一时期是山东省肉羊产业发展的快速阶段。其次，从各地区不同时期的空间变动来看，随着时间的推移，各地区具有明显的空间移动特征，如第一肉羊产区由鲁西南、鲁西北地区变为整个鲁南地区。最后，从产区数量变动趋势来看，在 1989—2009 年快速发展阶段，阶梯肉羊产区分布地区变动地市较多，而进入 2009—2018 年成熟稳定期后，山东省肉羊产业空间集聚态势趋于稳定，阶梯肉羊产区分布地区变动地市较少，反映了山东省肉羊产业区域调整强度下降，产业区域布局趋于稳定。

2.2.4 山东省肉羊生产区域演变的影响因素分析

2.2.4.1 社会经济因素

从上文的描述性统计分析中发现，鲁南产区的肉羊养殖数量阶段式增加，其中的重要原因之一在于鲁南产区拥有明显的资源优势。由于山东省各地市经济发展水平不均衡，有较大差异，这对当地肉羊生产布局的区位条件和养殖户的生产决策有很大影响。一方面地区经济发展水平影响该地区农业产业规模，而农业产业的规模在一定程度上会影响这个地区农业产业的生产布局，肉羊养殖是农业生产的一部分，所以从这个方面来说，当地经济发展水平会影响到肉羊的生产布局；另一方面看，当一个地区经济发展水平不断提高时，其技术、交通等基础设施也会随之不断更新，这种更新将为肉羊生产带来更好的区位条件。随着消费者人均收入水平的变化（一般来说是呈上升趋势），消费者膳食结构发生变化，人们将追求更高层次的生活品质，对肉羊的需求也会增加，从而带动肉羊生产的发展。

（1）**肉羊生产成本**　肉羊作为山东省的重点肉质供应品，最大产区在山东省鲁南、鲁西北地区，肉羊生产是当地重要的经济收入之一，在以坡地为主、平原面积占比较小的丘陵地区和山区，肉羊生产作为其主要经济来源更为明显。通常来说，大部分养殖区经济发展较为落后，发展肉羊生产可增加这些地区的经济收入，由此可以极大地提高当地的经济水平。影响养殖户生产计划的重要因素之一就是生产成本。鲁南、鲁西北地区的土地成本相对较低，因为这些地区拥有大面积的草地、肥沃的土地资源，能够保证足够的生产要素供给。鲁东部、鲁中部产区肉羊生产的土地成本则呈现相反状况。鲁东部、鲁中部产区的土地成本较高，常常位于全国平均水平以上，导致这个情况的原因与其平原为主的地形，适合肉羊养殖的草地资源较少等条件离不开。成本与效益通常呈负相关，较高的土地成本无法使肉羊生产的净收益上升，也削减了农户从事肉羊养殖的积极性，从而影响肉羊生产的区域分布。

（2）**农业劳动力资源**　在工业化和城市化不断扩大的背景下，大批劳动力从农村涌入城市，产业结构从农业往第二、三产业转移，中国现有的农民工数量已经增长到 3 亿左右。值得注意的是，在经济较为落后地区的劳动力结构条件下也适合发展肉羊生产。因为在该地区，出村进城打工的男性青壮年大大多于妇女和老年人，而妇女和老年人可以作为肉羊生产的劳动力，因此肉羊生产起到了吸收大量剩余劳动力的作用，这将成为解决剩余劳动力的有效途径。由此可以看出，发展肉羊生产不仅能够合理运用当地自然草地资源，同时也能够运用劳动力资源，促进当地农民就业和提升收入水平。目前肉羊产业已经成为山东省许多贫困地区支柱产业之一。同时，鲁南、鲁西北地区与鲁东地区相比，具有显著的区位优势和更深的开发潜能，产业转型有待提高，因而肉羊养殖有利于作为该地区农业生产的主导产业。

肉羊生产不属于劳动密集型产业，特别是肉羊放牧环节，不需要大规模的机械化操作，主要以个人放养为主，由此说明仅需要常年固定的农业劳动力资源。现在各地区发展不断进步，经济水平不断提高，人均收入也在提升，产业结构将随时代进步出现变化。这个变化是从基础产品生产期向工业化发达期发展，在这里第二、三产业所占比例会增加，农业产业占比会减少。基于山东省省情来说，山东省农业劳动力资源的分布格局为东少西多，鲁东地区大部分劳动力由第一产业向第二、三产业转移，农业劳动力减少会成为限制肉羊生产发展的重大阻力，致使肉羊生产慢慢向鲁南、鲁西北地区转移。肉羊生产的人工成本将体现出农业劳动力的供给水平，在需求未发生明显变化的前提下，农业劳动力供给数量与用工成本呈反比。总成本包含很多，其中最主要的组成部分就是人工成本。人工成本高的产区很大程度会增加肉羊生产的总成本，所以肉羊生产的净收益就会减少，这就使得地区对肉羊产业的选择出现不同，从而改变肉羊生产的布局，比如鲁东部、鲁中部地区的人工成本始终高于鲁南、鲁西北部地区，它们之间的布局结构就有所不同。

（3）居民饮食偏好取向　山东省 17 个市由于地区差异及饮食结构的不同，对肉羊产品的喜好程度也存在差异。鲁中、鲁南等地居民常以羊肉作为日常肉类饮食；而鲁东沿海地区居民靠海生活，海产品种类丰富、肉质新鲜，比起羊肉产品该区域居民更常接触而喜爱各类海鲜。因此，饮食习惯不同，会对肉羊生产量产生影响，从而影响肉羊生产区域布局。

2.2.4.2 市场环境因素

山东省的肉羊市场价格和交易市场规模整体上呈现东部高西部低，肉羊与替代品的相对净收益的布局比较平均稳定。从生产者行为理论上看，肉羊生产的最终收益受其市场价格、市场竞争力等因素的影响，这就使得不同养殖户的生产行为不同，因此也成为肉羊生产布局不可忽视的重要因素。本节从肉羊的交易市场规模、市场价格和替代品的相对收益3个层次来分析其中的具体关系。

（1）**肉羊的交易市场规模**   市场经济中会产生诸如交易谈判、产品运输和信息获取等费用，如果这些费用过高，会增加生产者的负担，减少最终的净收益，进而影响生产者的行为决策。山东省的农业生产涵盖肉羊生产，且常常出现产销不一致的情况，一方面无法满足市场需求，而另一方面又有部分产品"烂市"情况。出现这种状况多数是因为市场流通不畅，而肉羊交易市场的存在有利于供求信息流通，是解决肉羊产销矛盾的可行路径。肉羊交易市场是连接肉羊生产和肉羊销售的重要平台，具备集散肉羊交易、形成价格机制、提供场地和信息反应、引导生产调整等功能。具体而言，肉羊交易市场如果能合理运作，一方面可以减少单个养殖户从生产进入流通领域在交易方面的成本；另一方面也有利于将市场供求信息实时反映给农民，使农民掌握需求程度，及时调整肉羊生产规模，从而适应市场需求的变动，减少产品"烂市"情况，最大限度缩小养殖损耗。

（2）**肉羊的市场价格**   肉羊市场价格的变动是影响肉羊生产布局的重要因素之一。在肉羊交易市场上，养殖户作为肉羊产品的供给者，更加关注肉羊的市场价格。当市场价格增加时，说明肉羊的需求旺盛，养殖户会提高养殖积极性，倾向于增加养殖数量，从而提升肉羊产量；反之，若肉羊市场价格降低，则肉羊需求不振，供大于求，养殖户倾向于缩减养殖数量，减少羊肉产量，因为此时如果继续养殖肉羊将使收益减少。

（3）肉羊与其替代品的相对收益 根据生产可能性边界，在不变的资源条件和技术条件下，加大某一产品在资源上的支出，将会使其替代品的产出降低，因此放弃的替代品的产出收益就是生产该产品的机会成本。想获得最大的收入，就要减少机会成本的支出，所以要在有限的资源条件下，选择最合适的产品组合。在农业生产方面，土地是有限的，所以不同畜牧产业的相对收益成为农民选择养殖品种的决定因素。

2.2.4.3 其他因素

除了上述影响因素外，影响山东省肉羊生产区域演变的其他因素还有：

（1）肉羊的规模化生产水平 以市场为中心、企业为主导的肉羊企业化经营，向上连接市场，对下连接养殖户，起到承上启下的作用，这有助于实现肉羊生产、加工、销售的一体化经营模式。此种经营方式一方面能够体现规模优势，分散风险，促进肉羊的生产与深加工，从而提高肉羊生产的专业化程度，实现肉羊生产的规模经济效益；另一方面，这种经营模式还能够推进肉羊生产往肉羊产业链方向发展，促进肉羊生产的结构调整和转型升级，提高本地肉羊市场竞争力，提升肉羊生产对经济增长的贡献率。

（2）肉羊专业化生产组织 初级的肉羊生产方式是以家庭为主的个体化、分散式的生产经营，此种方式有一些缺点，容易出现"小生产、大市场"现象，也很难使更多的养殖户拥有先进的农业生产技术。为解决这一问题，许多地方政府尝试组建肉羊专业合作组织，让其发挥纽带作用，沟通养殖户、企业、市场以及科研机构，形成利益共同体。肉羊专业合作组织能够对肉羊生产布局产生影响，主要表现为正常运行的肉羊专业合作组织使市场交易环节更简单，节约时间成本和运输成本，降低过程中产生的费用，从而提升肉羊生产的净收益，激励养殖户的生产积极性；

除此之外，通过与科研机构的联合，先进生产技术能惠及更多生产者，提高肉羊生产效率。

（3）肉羊生产的技术水平　农业技术水平的发展对肉羊生产也有深远影响。一方面，生产技术的提升可以减少自然因素对肉羊生产的限制，使一些原本资源优势并不显著的地区也进入肉羊生产的队伍中，从而改变肉羊的生产布局。另一方面，不断更新生产技术，比如生物技术、羊场数字化管理、颗粒饲料技术等，有利于减少肉羊生产对劳动力的依赖，从而降低肉羊的生产成本，也将有更多机会提高肉羊品质，增加肉羊生产的经济收益。

2.3　山东省肉羊生产区域布局优化思路

上文分析了山东省肉羊生产区域布局现状及山东省肉羊生产区域布局演变过程的主要特征，发现山东省肉羊生产区域布局存在较大差异性，且随时间推移该区域差异现象将不断加大。长期以来，山东省肉羊产业的生产模式一直延续传统的家庭分散养殖、低水平低效率的粗放饲养和逐年淘汰育肥等落后方式。因此，应从比较优势、生产结构和市场导向方面，对山东省肉羊生产区域布局提出优化思路。

2.3.1　依据生产区域比较优势，优化肉羊产业布局

资源禀赋、区域优势、畜种基础是肉羊生产区域布局的重要因素。山东省地域以平原为主，山地相间，生态环境与资源条件差异较大，要立足于山东省各产区的资源禀赋及比较优势来严谨定向。在综合比较优势指数较高的区域可适当扩大肉羊产业的规模化生产，相比之下对于综合比较优势指数较低的区域则应改变现有生产模式以达到扩大生产的目的，从而使山东省肉羊生产区域布局更加优化和合理。菏泽、东营和枣庄地区肉羊生产比较优势明显，今后可以在产量不退化的基础上改善肉羊质量、发展优

质羊种，充分发现其自身与其他区域比较优势资源，最大化发挥其比较优势，实行集中连片开发，辐射带动全省各地肉羊产业发展；可鼓励引导农户入区养殖，发展连片生产，提高区域组织化水平。聊城、莱芜、淄博、德州、聊城等比较优势较明显的地区，可以通过养殖新品种、改进养殖技术等来提高产量，提高肉羊产业规模化和专业化水平，努力实现由第二、三梯队产区向第一梯队产区过度。烟台、青岛、威海和潍坊沿海地区综合比较优势不明显地区，可利用其经济发展水平优势改变现有的生产模式，通过技术创新的方式充分利用滩涂、荒山种植牧草进行新型肉羊生产养殖研究，从而扩大肉羊的生产规模。

在生产方式上，推进畜禽养殖从庭院式散养向规模化养殖转变。可把菏泽、东营和枣庄作为重点的肉羊生产基地加以建设，进行集约化、标准化和专业化养殖。因为稻草、人工草料和精制饲料通常作为农牧区肉羊的主要饲料，因此草地退化的严重性和农业秸秆的利用不足仍是山东省养羊业不得不面对的两大难题。建立羊舍可充分利用农牧区的秸秆资源和闲置劳动力，缓解肉羊对草原资源和生态环境的压力。种草养羊，草的可持续发展成为夯实肉羊产业生产的物质基础。从肉羊营养均衡的视角来看，仅仅依靠秸秆养羊过于简单，不能为肉羊提供足够的营养。所以除了秸秆以外还要充分利用第四梯队产区沿海滩涂和荒山等地理优势，种植牧草，以保证肉羊营养均衡。

2.3.2 因地制宜，优化肉羊品种结构

因地制宜，选准优质羊种，优化山东省肉羊的品种结构。不同区域因为差异性的资源禀赋和社会条件，各区域间可以养殖的肉羊羊种也存在差异。在某个区域具有生存优势的肉羊羊种到另外一个区域可能会不适应更换地的养殖环境，生存性能减弱。山东省有许多优秀的地方羊种，主要以山羊和绵羊为基础。其中山羊适合牧场空间大的放养养殖模式，绵羊适合舍饲或半舍饲的圈

养模式,要抓住羊种区域优势促进羊种改良,引进肉用品种,开展杂交改良,逐步改善肉羊不同区域的品种结构。应用杂交技术,改进肉羊品种地域适用性状,使其适应当地养殖环境,改良原有品种的生产性能。由于肉羊品种结构单一,所以根据不同区域差异培育不同的肉羊品种是发展山东省肉羊生产的不二法门。在巩固地方肉羊品种适应地区差异性优势的前提下选择选育方法,引进合适的肉羊品种进行改良杂交,逐步形成适合不同养殖区域生产的品种。山东省各地区优秀绵羊、山羊品种多,繁殖力高、适应性强、饲养简单,要对杂交技术应用中遇到的问题和获得的认识进行记录和总结,结合当地产区实际情况应用,对肉用种公羊进行优选,进行以区域差异化为导向的品系杂交,推行以地区差别性为主导的肉羊商品生产。

山东省各区域的肉羊生产主要是以个体养殖户为基础,推进肉羊规模化养殖将成为山东省肉羊产业发展的重要步骤。可以进行养殖小区的规范化,也可以推进家庭式牧场的建设。规范化的养殖小区可成为当地甚至周边地区肉羊产业的发展纽带,可建设适合绵羊的圈养舍饲环境,实现肉羊产业的现代化。以示范养殖户带动当地肉羊产业规范化,从而推广先进的养殖技术,实行高效创新的肉羊生产模式,提高肉羊产量。构建家庭式牧场是养殖场(户)向规模化、现代化养殖转变的重要途径,肉羊产区实行科学化统一化管理,具有管理成本低、经营方式灵活等优势。对于养殖小区和家庭式牧场建设,首先,要制定两者建设标准,以山羊和绵羊两大品种为区分根本,不同肉羊品种适合不同的养殖环境,其选址、规划和建设都要按照品种养殖区域来给予指导;之后,可以通过各养殖小区和各家庭式农场之间组建一对一或者多对一的沟通小组,建立合作共赢的产业链互助组合,产生生产要素、技术、资金等方面的相互分享和规模优势;最后,设立专门的品种研究机构,与养殖场(户)共同研究优质肉羊羊种,提高本区域肉羊养殖水平。

2.3.3 以市场为导向，发展高档肉羊产品

山东省肉羊产业的发展以羊肉产品的市场化为最初的发展阶段。首先，羊肉商品的消费需求日益提升，消费者膳食结构不断改善，对羊肉质量与安全的要求也不断提升。这使得羊肉产业的供应链更加严格，肉羊种羊、饲料等生产要素也更加市场化。市场导向首要是以消费者需求为导向。根据肉羊市场消费者的需求，推动肉羊产业链升级，发展高档肉羊产品、满足分层次的羊肉消费市场需求。山东省肉羊品种有本地羊种和外地引进羊种，将外来优秀种羊与当地种羊进行杂交从而培育更优质肉羊品种，为山东省羊肉市场提供优质高档羊肉，是市场需求作用的结果。

重视消费者现有需求已经成为山东省肉羊产业优化升级要考虑的重要因素之一，此外，还要挖掘消费者对未来的需求；不仅仅满足消费者的一般需求，还要提供档次更高更深入的消费者需求产品。目前羊肉的消费市场存在户内消费和户外消费两种消费类型，户内消费是指消费者购买冷鲜肉、热鲜肉等羊肉产品自行于家或聚餐使用，户外消费是指消费者在火锅店、烧烤店等地的餐饮消费行为。由于羊肉消费划分的市场不同，需结合不同市场的消费习惯和利益特征等方面，先找对正确的目标，将不同市场上所体现出的消费者偏好与肉羊产业链上涉及各企业的利益导向区分清楚，从促进产品创新、满足特殊节日需求、购买新鲜程度、市场环境、外包装精美和质量与食品安全等方面出发，逐步升级成为高档型肉羊产品。在市场需求导向下，由于肉羊生产的商品化要求、品牌化要求不断提升，肉羊生产区域出现区域性和集聚性特征，养殖场（户）的肉羊养殖模式也向规模化和多元化方向发展。想要获得质量好的羊肉就要从肉羊养殖本身抓起。首先肉羊产区需精选肉羊品种、优选好肉羊种羊，将人工授精技术运用于培育优质肉羊品种中，进行肉羊优质个体选配，严格整顿肉羊羊群体系管理，时刻观察羊群健康状况，及时处理病残肉

羊、繁殖能力较弱的肉羊个体，在培育肉羊品种时就把产出高质量的羊肉作为目标；其次，注重肉羊优质品种繁殖，在选配区和商品区负责繁育功能的优质母羊比例要合适，不能过低。发展肉羊产业标准化生产，要严格执行法律法规和相关标准的规定，例如肉羊农区场址布局、肉羊舍饲或半舍饲栏舍建设、肉羊生产基础设施配备、肉羊种羊良种选择、卫生安全、疫病防治、生态建设、粪污处理等，要严格遵守相关规定并严格按程序组织标准化生产，提高肉羊产业的综合生产质量，生产优质羊肉。

在顺应肉羊产品市场主导的形势下，与羊肉相关的餐饮企业、羊肉加工厂或肉羊屠宰厂以及肉羊羊种繁殖培育企业等都是山东省肉羊产业的参与者。这些企业可以通过消费者需求和生产者需求来建设肉羊产业链，从而进行肉羊的产品创新，推动山东省肉羊产业的发展。同时，科技创新往往可以推动肉羊产业的进一步升级。肉羊产业在肉羊产品创新的步骤中通常是侧重于技术创新行为的产生。由于科技创新需要更多的资金和技术支持，一般肉羊养殖场（户）难以拥有这方面的资源和资金，而政府的科技创新通常侧重于公益性，以至于在商业性技术创新上难以突破。因此，山东省肉羊产业中参与相关利益的企业经理就成为技术创新再合适不过的带头人。此外，龙头产业可以利用自身规模的优势弥补产业分工层次不足所带来的高额交易费用和运行资金的劣势，将分散的小生产与社会化大市场相融合，使龙头企业在带动农牧民增收和提升产业化经营水平过程中体现出其引领作用。发展高档肉羊产品，各环节应做到环环高标准、严输出、重细节，构建合理的利益联合机制，保证高档肉羊产品在市场上的连续供应。

2.4 完善山东省肉羊生产区域布局的政策建议

通过选取产业集中度指数、综合比较优势指数等模型，本文对山东省肉羊生产区域现状及发展变迁特征进行了相关研究。结果显示，山东省肉羊产业的产业集中度不断提高，呈现明显的集聚态势，但是各市地间的肉羊生产又存在显著的区域集聚差异，传统产区的鲁东、鲁中地区与新兴农区的鲁西南地区长期以来都是山东省羊肉的主产区，而鲁北地区一直是非主产区，目前肉羊生产有向粮草资源充裕而二、三产业相对不发达的地区转移的趋势。针对目前山东省肉羊生产区域发展变迁中的问题，提出如下建议。

2.4.1 提高肉羊生产主产区技术水平，提质增效

山东省肉羊养殖场（户）及其他生产者应在生产经营中树立市场经济意识，学习先进的管理方法，提高肉羊生产区域的养羊技术水平，缓解生产规模扩大带来的管理压力。生产经营大型肉羊养殖场的农民，应用相关法律、法规来规范其生产行为，加强饲料管理，维护食品安全，强化标准化作业指导，逐步实现肉羊生产、加工、销售等各生产经营环节的标准化、规模化，确保肉羊产品的食品质量和安全。

必须创新山东省肉羊产业生产区域科学肉羊生产技术，将政府扶持资金充分用于肉羊养殖培育体系升级，委托实力雄厚的科学研究机构进行肉羊生产科技创新。通过试验示范和创新成果推广，提高技术含量，优化羊肉产品结构，延伸羊肉产业链，从而增加肉羊产品的附加值，拓展肉羊产品的发展领域。结合科学研究机构的科学研究成果与企业的生产经营，积极发展行业龙头企业，并逐渐形成一个服务系统，提升农户在消费市场的地位，增强农户的议价能力。

2.4.2 利用肉羊产区比较优势进行合理区域布局，加强区域生产能力建设

山东省各肉羊生产地区的肉羊产量之间的关系呈空间正相

关。正是因为各地市之间的肉羊生产水平的变化相互影响，各地市之间才应该加强彼此的交流，并且互相帮助，实现共赢。山东省肉羊生产已经存在空间布局不均衡的问题。对此现象，要充分利用山东省肉羊生产区域内比较优势，进行合理的肉羊区域布局优化分配，从而加强肉羊生产区域布局的生产建设能力。鲁南肉羊产区肉羊养殖规模不断扩大依靠的是自然资源和劳动力资源的优势，而鲁东肉羊产区扩大规模则需要科技和高端人才的支撑。鲁中西部地区要提高肉羊生产水平，可以借鉴其他地区先进的生产经验和技术。而鲁东产区提高肉羊生产水平可以通过实施相关激励措施，投资发达地区肉羊生产的同时，实现投资回报，同时将区域间的优势进行互补。

2.4.3 强化优势产业带，扩展集聚效应

制定合理的产业政策，助力山东省肉羊生产发展的持续性、协调性、健康性。强化山东省肉羊生产优势产业带，以肉羊生产优势地区带动肉羊生产半优势及肉羊生产劣势地区，形成共同合作、互利共赢的肉羊商业体系产业链，扩大山东省肉羊产业集聚效应，促使山东省肉羊产业向规模化、集约化方向发展。畜牧业发展政策的制定应成为政府开发和推广地区肉羊生产的一个重要组成部分，同时还需要支持肉羊生产进一步发展的相关产业政策，逐步协调区域之间的相关发展，这将有助于山东省肉羊生产的快速发展。补贴和保险政策给肉羊生产提供了政策偏好和资金。补贴利于信贷、土地使用和技术，资金利于支持肉羊的生产和其他方面。从事肉羊生产的农民家庭总收入中，依靠肉羊养殖获得的收入增加，从而激发了农民潜力，扩大了生产规模，农民的担忧降低，达到带动各地更多的生产性农民扩大生产经营规模的目的。此外，还需发挥山东省肉羊养殖区域内其他分散养殖户的作用，因为这部分养殖户数量不容忽视，应通过合理规划和布局，充分发挥他们的集聚效应，提升产业集中度，促进肉羊生产

的市场信息流通。资源的有效利用也将提升生产技术。

　　研究发现，在带动农户进行企业化生产、经营和管理方面有一个不可忽视的力量，那就是龙头企业。龙头企业掌握的资源和技术推动了农户在养殖生产方面的发展。鉴于此，应充分利用好龙头企业这个力量。第一，各肉羊产区要继续扶持龙头企业的发展，同时积极鼓励农民与龙头企业进行合作。可以通过土地承包和资金支持等方式，使企业改善肉羊生产区的基础设施等建设。在提高肉羊的生产水平方面，农民可以借助龙头企业的平台学习先进的生产技术，实现科学管理和机械化操作。第二，企业经营比分散经营的交易成本更低，因为在实现统一生产、管理、收购、加工、销售等方面有规模化的优势。第三，除了主要羊肉类生产企业应促进羊肉类生产的增长外，还有一点也需要注意，那就是扩展和开发羊的中间和后端肉类产业链，从而实现整个产业链的全面发展，使肉羊产业真正发展成为一个支柱产业。

2.4.4　落实保护政策，加大对山东省肉羊生产区域的支持

　　首先，发挥好山东省肉羊产业链内涉及的企业宏观调控作用，运用专门的法律法规，对规模化养殖户的中规模生产和生产经营进行规范。其次，要疏通山东省肉羊市场信息渠道，让广大肉羊养殖户了解羊肉市场的最新动态和羊肉价格走势，根据市场变化及时调整生产经营。再者，政府也应该稳定大规模繁殖肉羊农民的生产经营行为，提高他们应对肉羊市场变更风险的能力，改进综合工业生产饲料供应的操作模型。最后，山东省政府还应结合区域内肉羊生产的实际情况，发展具有区域特色的优秀肉羊品种，打造地方特色肉羊品牌，鼓励更多的零售肉羊生产者加入肉羊合作社或行业协会，开发肉羊产业生产。合作社的辐射作用使山东省肉羊生产逐渐形成了符合生产经营实际的特色产业化经营模式，提高农户的规模化和组织化程度，降低山东省肉羊生产

成本和羊肉生产加工成本，增加羊肉生产的纯收入，从而激发了农户的生产积极性。

应制定相应的产业政策，为肉羊规模化生产和发展创造良好的环境，促进山东省肉羊产业持续健康发展。一方面，应为发展适度规模肉羊生产制定政策，支持确立山东省肉羊产业进一步发展的相关产业政策，并逐步提高肉羊的大规模饲养补贴和保险力度，在土地转让、农业设备供应和风险防范等方面，为肉羊规模化生产提供资金、土地利用、科学技术等方面的政策优惠和支持，消除生产农户的后顾之忧。同时，有关部门可以对肉羊产业基于风险变化的肉羊市场建立健全经济预警系统，并鼓励规模化养殖户通过科学分析羊市场价格变化选择最适的肉羊生产规模。生产上，实现资源、技术和劳动力投入的最优组合，实现规模经济。另一方面，为了进一步合理扩大肉羊的生产规模，政府可通过相关优惠政策支持，逐步引导农民改变生产方式，充分激发其潜力，扩大生产，从而推动更多自由放养肉羊的农民适度扩大生产规模；也可以通过网络、电视、报纸等媒体增加宣传力度，提高农民规模化生产意识，促进肉羊适度规模化生产，降低肉羊生产单位成本，增加肉羊产量。

从事肉羊生产的农民科学文化素质普遍不高，应定期举行培训讲座或研讨会，讨论并解决肉羊规模化生产过程中遇到的问题，并通过电视广播、杂志、期刊、网络媒体等方式，向农民宣传和普及更多科学、现代的肉羊规模化养殖知识和相关技术，如人工授精、集中调配、疾病防控等，从而激发农民开展肉羊适度规模化生产的意愿，并不断为其提供更先进的科学生产技术。

3 | 山东省肉羊养殖适度规模研究

本章的研究基于肉羊规模化养殖场（户）展开，按规模化养殖农户（年出栏 30～99 只、100～499 只两个梯度）和企业化肉羊养殖场（年出栏 500～999 只、1 000 只以上两个梯度）两种肉羊规模化养殖方式 4 个梯度选择肉羊养殖场（户）作为研究对象，分析每个梯度肉羊的存栏量、出栏量、规模化程度及养殖者生产经营行为，研究和探讨肉羊养殖适度规模的标准，以及养殖场（户）选择适度规模养殖意愿的影响因素，旨在为制定推进山东省肉羊产业适度规模化养殖政策提供参考依据。

3.1 山东省肉羊规模化养殖场（户）生产经营行为分析

肉羊规模化养殖场（户）的生产经营行为既影响养殖场（户）自身的养殖收益，又影响养殖环境与相关产品的质量安全，进而影响肉羊规模化养殖的发展进程与肉羊产业的持续健康发展。因此，本节在对山东省 17 个市规模化养殖场（户）的实地调研所获得的数据资料分析的基础上，实证分析了当前不同规模下山东省肉羊规模化养殖场（户）生产经营行为，旨在完善肉羊规模化养殖体系，引导广大规模化养殖场（户）树立适度规模养殖观念，促进山东省肉羊产业的进一步发展。

3.1.1　调查方法与样本特征

本章数据来源于山东省现代农业产业技术体系羊创新团队建设项目（编号：SDAIT - 10 - 11）的数据和山东农业大学经济管理学院学生 2018 年 7—8 月暑假实地调研所得数据。被调研的对象是山东省 17 个市的典型肉羊规模化养殖场（户）。本次调研发放调查问卷 350 份，通过对调查问卷进行详细审核，去除无效问卷，得到有效调查问卷 306 份，有效调查问卷的回收率为 87.43％。

基于肉羊生产区域的广泛性，将被调查对象选择为山东省 17 个市的典型规模化养殖场（户），以使调查数据具有广泛性与代表性。在被调查的 306 个肉羊规模化养殖场（户）中，男性受访者占比为 84.97％，年龄在 30～45 岁的占比为 40.20％，具有高中及以上文化程度的占比为 19.28％，肉羊养殖年限在 4 年以上的养殖场（户）的占比为 88.24％，专业化程度（即养羊收入占总收入比重）在 30％以上的养殖场（户）的占比为 90.85％。本调查对规模化养殖场（户）的选择兼顾了山东省肉羊产地特征与肉羊规模养殖现状，且 306 个被调查者都具备一定的肉羊规模化养殖的常识、拥有比较丰富的肉羊养殖经验、对调查问卷的内容有较好的了解，故该调查数据更加可信且具有广泛的代表性。

3.1.2　不同养殖规模下受访场（户）的生产经营行为分析

肉羊规模化养殖场（户）的生产经营行为是指养殖场（户）为了获取养殖收益、满足消费者的需要所进行的肉羊养殖、生产、销售等各种行为，对肉羊规模化养殖的发展有重要的影响。本节将从受访场（户）在肉羊规模化养殖中的资金投入和土地资源的获取情况、养殖规范化程度、组织化程度、疫病防控、环境保护 5 个方面运用 SPSS 软件根据样本数据对其生产经营行为进行实证分析。

3.1.2.1 受访场（户）的土地资金获取难易程度情况

肉羊养殖场（户）在规模化养殖中的资金投入和土地资源获取难易程度情况从根本上影响着其肉羊养殖规模与生产经营状况。肉羊养殖过程中，羊圈建设、饲料供给、羔羊购买、疫病防治、粪污处理等各个生产经营环节都需要大量资金和土地资源的支持。

由调查结果（表 3-1）可知，在 306 个受访的肉羊规模化养殖场（户）中，在养羊用地获得的难易程度方面，58.82% 的规模化养殖场（户）选择了"困难"，养羊用地来源主要有 3 种，其被选比例依次是"自有土地供给"（52.94%）、"村集体间的土地流转"（38.56%）、"其他"如土地租赁等方式（8.5%）。其中，肉羊养殖规模在 30～99 只的场（户）选择"养羊用地获得困难"的比重为 57.69%，肉羊养殖规模在 100～499 只的场（户）选择"养羊用地获得困难"的比重为 59.30%，而当肉羊养殖规模达到 1 000 只以上时，养殖场（户）选择"养羊用地获得困难"的比重明显下降，为 35.71%。原因可能是，肉羊养殖场（户）的养殖规模越大，越容易通过村集体之间的土地流转获得规模养羊用地，越有实力通过支付土地租金租赁到自身所需的养羊用地，大规模企业化肉羊养殖场相对于中小规模养殖场（户）不仅经济技术条件更强、规范化程度更高，而且在土地审批等方面也更容易获得政府部门的有关政策支持。

在养殖的"借贷资金难易程度"方面仅有 9.15% 的规模化养殖场（户）选择了"容易"，获得渠道主要有 5 类，占主导部分的中小规模养殖农户通常自有资金数量有限，同时因为养殖规模小且养殖行业风险大而不易从银行获取贷款，只能通过亲朋之间的借贷（62.09%）或其他方式来解决资金问题，而大规模企业化肉羊养殖场（户）因为养殖规模大、资质健全等因素则相对容易从银行（32.03%）、信用社（29.41%）等金融机构处获得贷款资金。其中，肉羊养殖规模在 30～99 只的场（户）选择

"资金获得困难"的比重为 56.04%，肉羊养殖规模在 100～499
只的场（户）选择"资金获得困难"的比重为 47.67%，而当肉
羊养殖规模达到 1 000 只以上时，养殖场（户）选择"资金获得
困难"的比重明显下降，其比重为 37.50%。原因可能是，肉羊
养殖场（户）的养殖规模越大，越容易通过银行等金融机构的借
贷获得规模养羊所需的资金。大规模企业化肉羊养殖场相对于中
小规模养殖场（户）不仅金融借贷门槛更低，而且也更容易获得
政府部门在资金方面的政策支持。

这说明在实际养殖过程中，资金和土地资源匮乏等问题在肉
羊规模化养殖过程中严重制约着诸多规模化肉羊养殖场（户）的
持续健康发展，导致其养殖规模难以扩大，长期以中小规模养殖
为主，这也造成了其肉羊养殖效率偏低、肉羊出栏率低、难以获
得规模效益等问题，严重阻碍了山东省肉羊规模化养殖整体水平
的进一步提高。在未来的规模化养殖过程中增加资金和土地资源
方面的支持，将有助于肉羊养殖规模的扩大与肉羊养殖方式的
完善。

表 3-1　不同养殖规模下肉羊规模化养殖场（户）的资金土地获取情况

肉羊养殖规模	土地资源获取难易程度占比（%）			资金获取难易程度占比（%）		
	困难	一般	容易	困难	一般	容易
年出栏 30～99 只	57.69	29.12	13.19	56.04	36.27	7.69
年出栏 100～499 只	59.30	27.91	12.79	47.67	44.19	8.14
年出栏 500～999 只	58.33	16.67	25.00	45.83	41.67	12.50
年出栏 1 000 只以上	35.71	35.71	28.57	37.50	37.50	25.00

数据来源：基于调查问卷数据分析所得。

3.1.2.2　受访场（户）的养殖规范化程度情况

肉羊规模化养殖场（户）的养殖规范化程度是影响养殖场

（户）生产经营状况的重要因素。由调查结果（表 3 - 2）可知，在 306 个受访的肉羊规模化养殖场（户）中，仅有 40.85％的养殖场（户）选择了"采用标准化舍饲"，其余则采用相对传统的散养养殖方式与半舍饲养殖方式；另外，仅有 30.72％的养殖场（户）选择了"进行过工商注册"。随着肉羊养殖场（户）养殖规模的不断扩大，一方面其在养殖过程中选择"采用标准化舍饲"所占的比重在不断提高，由肉羊养殖规模在 30～99 只时的 33.52％提高到了肉羊养殖规模在 1 000 只以上的 57.14％；另一方面其在生产中的工商注册情况越来越完善，即肉羊养殖场（户）的肉羊养殖规模越大，其在生产中进行过工商注册的情况所占的比重越大，规范化程度越高，其中肉羊养殖规模在 30～99 只的场（户）在生产中进行过工商注册的情况所占的比重为 10.99％，肉羊养殖规模在 100～499 只的场（户）在生产中进行过工商注册的情况所占的比重为 54.65％，而肉羊养殖规模在 1 000 只以上的肉羊养殖场（户）进行过工商注册的情况所占的比重达到了 92.86％，其规范化程度明显高于养殖规模 100 只以下的养殖场（户）。原因可能是，虽然当前山东省肉羊规模化养殖的发展速度很快，但部分地区的养殖场（户）养殖方式仍停留在传统的散养阶段，其养殖行为缺乏现代化、标准化的肉羊养殖技术支撑，工商注册的规范化经营意识淡薄，导致其养殖方式粗放、难以实现规范的规模化养殖、养殖效率偏低，同时还可能造成部分养殖场（户）为追求更大的个体利益、缩短生产周期，在养殖过程中在饲料中添加违禁的激素或其他如"瘦肉精"类危害食品安全性的添加剂，既严重影响食品质量安全，又降低肉羊养殖企业的社会信誉。不规范的养殖与生产经营行为也加大了政府有关部门对肉羊产业的监管难度，不利于山东省肉羊产业竞争力的提高和肉羊产业的健康可持续发展。

表 3-2 不同养殖规模下养殖场（户）的养殖规范化程度情况

肉羊养殖规模	采用标准化舍饲的比例（%）	进行过工商注册的占比（%）
年出栏 30～99 只	33.52	10.99
年出栏 100～499 只	38.37	54.65
年出栏 500～999 只	41.67	58.33
年出栏 1 000 只以上	57.14	92.86

数据来源：基于调查问卷数据分析所得。

3.1.2.3 受访场（户）的组织化程度情况

肉羊规模化养殖场（户）的组织化程度影响着养殖场（户）的生产经营效率。因此对受访场（户）的组织化程度的调查研究主要包括养殖场（户）是否选择了"加入肉羊养殖合作社"或者"与肉羊产业化组织合作"等加入肉羊养殖合作组织的行为。在306个受访的肉羊规模化养殖场（户）中，仅有35.29%的养殖场（户）选择了"加入肉羊养殖合作社"或者"与肉羊产业化组织合作"，原因可能是在肉羊生产经营方面，部分养殖场（户）的组织化意识淡薄、缺乏与屠宰加工等产业化组织的合作观念，这导致了其养殖、生产、销售等各个环节难以协调发展，不利于先进的肉羊养殖技术与管理方式的推广，进一步延长了肉羊生产周期，提高了生产的中间成本，降低了肉羊生产效率。对调查样本数据的分析（图3-1）可知，随着肉羊养殖场（户）养殖规模的不断扩大，其在生产中加入肉羊养殖合作组织的比重越大，即肉羊养殖场（户）的肉羊养殖规模越大，其组织化程度越高。其中，肉羊养殖规模在30～99只的场（户）在生产中加入肉羊养殖合作组织的比重为28.02%，肉羊养殖规模在100～499只的场（户）在生产中加入肉羊养殖合作组织的比重为36.04%，对于肉羊养殖规模在1 000只以上的肉羊养殖场（户）在生产中加入肉羊养殖合作组织的比重达到了50.00%，肉羊养殖规模在

1 000 只以上的场（户）在生产中加入肉羊养殖合作组织的比重明显高于养殖规模 100 只以下的肉羊养殖场（户）。若在未来的规模化养殖过程中逐步提高养殖场（户）的组织化程度，将有助于提高其生产经营效率。

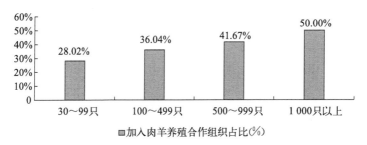

图 3-1　不同养殖规模下肉羊规模化养殖场（户）的组织化程度情况

数据来源：基于调查问卷数据分析所得。

3.1.2.4　受访场（户）的疫病防控情况

肉羊养殖场（户）的疫病防控情况是影响养殖场（户）能否实现持续稳定生产经营的重要保障，因此随着肉羊养殖场（户）养殖规模的扩大，其在建设肉羊养殖场的过程中，除了考虑肉羊养殖场的选址问题外，对疫病防控的重视程度也会逐渐提高。在 306 个受访的肉羊规模化养殖场（户）中，26.14% 的规模化养殖场（户）在养殖场的选址建设中未考虑疫病防控因素，31.05% 的规模化养殖场（户）尚未建立起有效的疫病防控措施，这都可能导致有关疫病暴发后迅速蔓延，造成交叉感染以及肉羊病死等现象，进而严重影响肉羊出栏量、羊肉产量的增长。根据对调查样本数据的研究（表 3-3）可知，当肉羊年出栏规模为 30～99 只时，只有 68.13% 的肉羊养殖场（户）在肉羊养殖场的选址过程中会考虑疫病防控问题；当肉羊年出栏规模在 500～999 只时，在肉羊养殖场的选址建设中考虑疫病防控的比重明显提高，达到了 91.67%；当肉羊年出栏规模达到 1 000 只以上时，在肉羊养殖场的选址建设中考虑疫病防控的比重最高，为 92.86%。

  肉羊的养殖规模越大，疫病的防疫难度也会越大，在规模化养殖的集中饲养模式下，口蹄疫等传染性疫病一旦爆发，可能会通过各种媒介迅速传播，从而给规模化养殖场（户）造成严重的安全隐患和经济损失，因此疫病防控设施建设对于规模化养殖的持续健康发展至关重要。由不同肉羊养殖规模下养殖场建设考虑疫病防控及相关设施建设情况可知，随着肉羊养殖规模的逐渐扩大，肉羊养殖场（户）建设疫病防控设施的比重也在随之提高，在 306 个受访的肉羊规模化养殖场（户）中，当肉羊年出栏规模为 30～99 只时，肉羊养殖场疫病防控设施建设的比重仅为 63.18%；当肉羊年出栏规模为 500～999 只时，肉羊养殖场疫病防控设施建设的比重则明显提高，达到了 83.33%；当肉羊年出栏规模在 1 000 只以上时，肉羊养殖场疫病防控设施建设的比重则达到了最高值 100.00%。调查结果显示，74.51% 的养殖场（户）对病死羊会选择"深埋""焚烧"等合理的处理方式，仅有 25.49% 的养殖场（户）会选择将羊"在病死前卖掉"或"加工出售"，主要因为中小规模的养殖场（户）较多，其养殖比较分散且缺乏必要的对病死羊的处理设施，加之羊肉市场价格较高，受到利益驱使可能造成其出售病死羊的现象。

表 3-3 不同养殖规模下养殖场建设考虑疫病防控及相关设施建设情况

肉羊养殖规模	建场时考虑疫病防控的比例（%）	建有相关防控设施的占（%）
年出栏 30～99 只	68.13	63.18
年出栏 100～499 只	77.91	72.09
年出栏 500～999 只	91.67	83.33
年出栏 1 000 只以上	92.86	100.00

  数据来源：基于调查问卷数据分析所得。

3.1.2.5 受访场（户）的环保设施完善情况

肉羊养殖场（户）的环保设施完善情况对养殖场（户）健康持续的生产经营也具有重要影响。伴随着肉羊规模化养殖的快速发展，大量规模化养殖场纷纷建立，而养殖场在肉羊养殖过程中会产生大量的粪污、粉尘等污染源，如果规模化养殖场（户）缺乏科学的处理方式与设施，极易造成羊粪等各种污染物的急剧增加，从而导致水污染和土壤污染等各种环境问题。肉羊规模化养殖场（户）在肉羊养殖过程中是否选择建设环保设施受其肉羊养殖规模的影响，一般情况下，肉羊规模化养殖场（户）建设环保设施的比例随肉羊养殖规模的逐渐扩大而不断提高。由 306 个受访的肉羊规模化养殖场（户）的调查结果（表 3 - 4）可知，选择建设环保设施进行粪污处理的比重为 65.03%。在肉羊年出栏规模为 30～99 只的养殖场（户）中，选择建设环保设施进行粪污处理的比重为 56.04%，另外 43.96% 的养殖场（户）则未选择建设相关设施，计划在未来改善粪污处理条件的养殖场（户）所占的比重仅有 53.30%；肉羊年出栏规模为 100～499 只的养殖场（户），选择建设环保设施进行粪污处理的比重略有提高，为 72.09%；肉羊年出栏规模为 500～999 只的养殖场（户），选择建设环保设施进行粪污处理的比重则明显提高，达到了 91.67%；肉羊出栏规模为 1 000 只以上的养殖场（户），选择建设环保设施进行粪污处理的比重达到了 92.86%，而未选择建设相关设施的只有 7.14%，其余的都计划在未来改善粪污处理设施条件。

肉羊养殖规模不同，养殖场（户）对于粪污处理方式的选择不同。随着肉羊养殖规模的扩大，养殖场（户）将粪污用作生产沼气与还田作肥的处理方式的比重越来越大，直接排放的比重越来越小。对调查样本数据的研究可以发现，肉羊年出栏规模达到 30～99 只时，养殖场（户）对粪污处理方式选择最多的是还田作肥，占比约为 54.95%；其次分别是生产沼气和直接排放，达到了 26.37％和 17.03％，选择直接排放处理方式的养殖场（户）所占比重较高。肉羊养殖规模达到 100 只以上时，养殖场（户）处理粪污的方式发生了明显改善，用作生产沼气和还田作肥仍是主要的处理粪污的方式，但选择直接排放的方式所占的比重明显下降，一直在 8％左右。主要原因是，小规模养殖场（户）的圈舍通常比较简陋，缺乏必要的资金、技术条件导致其不具备健全的粪污处理设施，对粪污的处理方式通常是堆积在羊圈之内，等清理后推送田中作肥或直接排放，但这种粗放的生产经营模式极易造成水污染、空气污染等环境污染；而大规模养殖场（户）通常具有一定的资金、技术支持，具备健全完善的环保设施，通常采用生产沼气、还田作肥等农牧结合的方式来处理养殖粪污，避免环境污染。

表 3-4　不同养殖规模下肉羊规模化养殖场（户）的环保处理方式情况

肉羊养殖规模	建有环保处理设施的比例（％）	处理方式占比（％）			
		直接排放	生产沼气	还田作肥	排放至处理站处理
年出栏 30～99 只	56.04	17.03	26.37	54.95	2.78
年出栏 100～499 只	72.09	6.98	47.67	38.37	6.98
年出栏 500～999 只	91.67	8.33	20.83	62.50	8.33
年出栏 1 000 只以上	92.86	7.14	21.43	57.14	14.29

数据来源：基于调查问卷数据分析所得。

3.2　山东省肉羊养殖适度规模的确定

至 2017 年底，山东省肉羊年末存栏量已达 2 017.4 万只，全年肉羊出栏总量达 3 413.5 万只，全省羊肉产量为 36.0 万吨，肉羊规模化养殖程度已达到 14.27％，是 2010 年规模化程度的 1.36 倍。2018 年山东省羊肉价格最高的周价格为 72.23 元/千克，最低的周价格为 65.00 元/千克，平均价格为 66.74 元/千克，总体上规模化养殖发展很快，但仍有很大上升空间[①]。而山东省政府也相继出台了养殖补贴政策、养殖用地政策与推进畜禽养殖粪污循环利用的环保政策等一系列扶持优惠政策来完善肉羊规模化养殖。肉羊规模化养殖发展过程中，肉羊规模化养殖场（户）扩大养殖规模的最根本目的在于对养殖利润最大化的追求，但养殖场（户）的养殖规模并非越大越好。随着肉羊养殖规模的扩大，养殖场（户）的投入也会随之增加，但当肉羊养殖投入超过一定限度之后，如果继续盲目片面地追求规模的扩大以追求利润最大化而不能合理确定养殖的适度规模，就会造成其防疫、基建、运输等成本的进一步上升，导致其生产的单位成本上升，进而造成规模不经济与资源浪费等问题，这不仅降低了肉羊生产效率，而且加大了养殖场（户）面临的市场风险，不利于其规模效益的实现，严重阻碍规模化养殖的进一步健康发展，只有在其实现利润最大化时的养殖规模才是最合理的肉羊养殖规模，即肉羊养殖的适度规模。发展肉羊规模化养殖不仅是规模化养殖场（户）对利润最大化的追求过程，更是对肉羊养殖适度规模的探索过程。因此，本文基于山东省整个肉羊产业的视角，根据问卷调查所获得的 2018 年山东省 17 个市不同养殖规模下的养殖场（户）的养殖成本收益情况资料，基于盈亏平衡理论，对企业化养殖场和规模化养殖农户的适度规模进行了分析与确定，为促进山东省肉羊适度规模养殖的发展提供了理论与现实支撑。

3.2.1 变量选择与模型构建

假定肉羊规模化养殖场（户）的资金、土地等生产要素的获得有保障；技术管理要素有支持保障；劳动力、资金、土地、技术等各个生产要素之间可自由组合。而肉羊养殖规模与规模化养

---

① 数据来源：2018 年《中国畜牧业年鉴》（统计资料篇）；山东省畜牧兽医局。

殖场（户）所获得的养殖利润之间存在一定的数量关系。肉羊适度规模养殖所实现的规模经济是指在外界生产经营环境和养殖场（户）生产力水平保持不变的前提下，在肉羊规模化养殖过程中适度增加资金、土地、劳动力等必要生产要素的投入，可以降低肉羊养殖的单位成本进而提高经济效益的养殖方式，其最根本的动力仍是对利润最大化的追求。本文基于盈亏平衡分析理论中"利润＝收入－成本"的原理，根据实地调研所获得成本收益数据，运用 SPSS 统计软件分别建立肉羊养殖规模与养殖成本的回归模型以及肉羊养殖规模与养殖利润的回归模型，分别对企业化肉羊养殖场（户）和规模化养殖农户的盈亏平衡点、最佳经济规模进行计算。

在非线性盈亏平衡方程中，产品总成本 Y_1、售价 P 都是关于产品销量 X 的函数。其中，成本函数 Y_1 通常以一元二次函数的形式表现，即：

$$Y_1 = A_0 + A_1 X + A_2 X^2 \qquad (3-1)$$

而价格函数 P 通常以一元线性函数的形式表现，即：

$$P = B_0 + B_1 X \qquad (3-2)$$

则总收入函数 Y_2 的表现形式一般也是一元二次函数，即：

$$Y_2 = P \cdot X + C = C + B_0 X + B_1 X^2 \qquad (3-3)$$

以 X 表示养殖场（户）的肉羊养殖数量，以 Y_1 表示养殖场（户）投入的总成本，以 Y_2 表示养殖场（户）所取得的总收入，则利润函数的表现形式为 $Y = Y_2 - Y_1$。

基于上述模型，肉羊养殖规模（数量）与养殖成本和收入之间都存在着曲线关系，并且这两条曲线在一定范围内存在两个交点，在这两个交点处都存在着"收入＝成本"的关系，即"利润＝收入－成本＝0"，其表现形式为：

$$Y = Y_2 - Y_1 = (C - A_0) + (B_0 - A_1) X + (B_1 - A_2) X^2$$

$$(3-4)$$

可解得相应的 X_1 和 X_2 的值，这两个交点即盈亏平衡点。在这两个交点之间的肉羊养殖规模下，肉羊规模化养殖场（户）的养殖不会产生亏损。

而利润函数 Y 的值达到最大时，肉羊规模化养殖场（户）实现了利润最大化，即通过运用边际分析法，对利润函数 Y 就肉羊养殖数量 X 求一阶导数即可得到边际利润：

$$MY = \frac{dY(X)}{dX} = (B_0 - A_1) + 2(B_1 - A_2)X \qquad (3-5)$$

当边际利润为 0 时，对应的肉羊养殖规模 X 即养殖场（户）的最佳经济规模，表现形式为：

$$X = \frac{A_1 - B_0}{2(B_1 - A_2)} \qquad (3-6)$$

3.2.2 企业化肉羊养殖适度规模的确定

在企业化肉羊养殖中，生产管理成本包括劳动力雇佣、饲料供给、基础设施建设、能繁母羊与羔羊购买等肉羊养殖与生产过程中需要的基本投入。劳动力雇佣情况又分为短期雇佣与长期雇佣两类。短期雇佣适用于在肉羊生产过程中的羔羊补栏、肉羊出栏售卖等阶段出现的短期用工数量的增加，这也是生产主体的劳动生产率的一种有效补充形式。长期雇佣适用于养殖场因养殖肉羊数量过多而自有家庭劳动力不足导致的需要长期雇佣工人，二者共同构成了雇工的成本。对于饲料供给情况，由于企业化养殖规模下肉羊养殖饲料需求量过大，除部分养殖场自产的干草、秸秆外，多以购买的玉米、豆粕、麸子等精料补饲为主。在基础设施建设方面，由于企业化肉羊养殖规模大，舍饲条件下需要建设的羊圈数量和场地多，基建投入成本需求较大，在成本计算中按10年计提折旧费。而为了实现大规模企业化肉羊养殖，企业每年必须购买母羊与羔羊，购羊成本同样不可忽视。

企业化肉羊养殖过程中，为了实现更全面的疫病防控，企业通常会建有疫病防控设施或者具有专业的检疫防疫人员。疫病防控成本通常由肉羊检疫、疫病诊疗、疫病防控设施购买维护等费用共同构成。

企业化肉羊养殖过程中，为了更好地实现环境保护，企业通常也会建有环境保护设施，环境保护成本通常由粪污处理设备购置与维护、粪污运输成本等因素共同决定。

3.2.2.1 企业化肉羊养殖盈亏平衡点的确定

基于实地调研整理所获得的成本收益数据，运用 SPSS 统计软件得到企业化肉羊养殖中肉羊养殖规模与养殖成本的回归模型：

$$Y_1 = 262\,335.254 + 201.502X + 0.073\,X^2 \qquad (3-7)$$

对回归模型进行统计学检验，根据所得回归分析结果可知，判定系数（R^2）的值为 0.995，调整后 R^2 的值为 0.993，接近于 1，即该回归模型的拟合优度为 99.3%，拟合优度很高，因此该回归模型能较好地解释企业化肉羊养殖中肉羊养殖规模与养殖成本的关系，具有经济学意义；F 值为 532.170，对应的检验概率 Sig 为 0.000，在 1% 的显著性水平下通过 F 检验，因此该回归模型各变量之间存在显著性关系，具有统计学意义；解释变量 X（养殖规模）二次项与一次项的 t 检验统计量的观测值分别为 3.324、3.049，回归系数 t 检验的概率值（即 P 值）分别为 0.021、0.028，在 5% 的显著性水平下通过了 t 检验，因此其与被解释变量 Y（养殖成本）之间的相关关系显著成立。

肉羊养殖规模与养殖收入的模型为：

$$Y_2 = -59\,312.670 + 944.003X - 0.180\,X^2 \qquad (3-8)$$

对回归模型进行统计学检验，根据所得回归分析结果可知，判定系数（R^2）的值为 0.977，调整后 R^2 的值为 0.967，接近于 1，即该回归模型的拟合优度为 96.7%，拟合优度较高，因此该回归模型能较好地解释企业化肉羊养殖中肉羊养殖规模与养殖收入的关系，具有经济学意义；F 值为 104.177，对应的检验概率 Sig 为 0.000，在 1% 的显著性水平下通过 F 检验，因此该回归模型各变量之间存在显著性关系，具有统计学意义；解释变量 X（养殖规模）的二次项与一次项的 t 检验统计量的观测值分别为 -3.603、6.251，回归系数 t 检验的概率值（即 P 值）分别为 0.016、0.002，在 5% 的显著性水平下通过了 t 检验，因此其与被解释变量 Y（养殖收入）之间的相关关系显著成立。

基于盈亏平衡分析理论中"利润＝收入－成本"的原理，可得到企业化肉羊养殖的利润函数为：

$$Y=Y_2-Y_1=-321\ 647.924+742.501X-0.253\ X^2$$

$$(3-9)$$

当 $Y=0$ 时，所求得的养殖规模即达到盈亏平衡点时企业化养殖场的养殖规模。此时利润函数 $Y=0$，求得方程的解分别为 $X_1=2\ 406.49$，$X_2=528.29$。

因此，企业化肉羊养殖中的盈亏平衡点为 529 只和 2 406 只，即企业化养殖场为保证不发生亏损，养殖规模应该为 529～2 406 只。

3.2.2.2　企业化肉羊养殖最佳经济规模的确定

基于上述求解的企业化肉羊养殖中的利润函数（公式 3 - 9），则当该函数的一阶导数等于 0 时，养殖实现了利润最大化，对应的养殖规模即企业化肉羊养殖的最佳经济规模。

令该利润函数 Y 的一阶导数等于 0，可以表示为 $742.501-0.506X=0$，求得方程的解为 $X=1\ 467.39$，即企业化肉羊养殖规模达到 1 467 只时，企业化肉羊养殖场实现了利润最大化，因此企业化肉羊养殖的最佳经济规模为 1 467 只。

3.2.3　规模化养殖农户肉羊养殖适度规模的确定

在规模化农户的肉羊养殖中，生产管理成本理论上包括劳动力雇佣、饲料供给、基础设施建设、能繁母羊与羔羊购买等基本投入。但因为养殖规模较小，劳动力雇佣情况常分为养殖农户家庭劳动力的兼业饲养与短期雇佣两类，而基本不存在长期雇工情况。短期雇佣情况也表现为在羔羊补栏、肉羊出栏售卖等阶段出现的短期用工数量增加情况下的劳动力的有效补充。因此在规模化农户的肉羊养殖中通常不存在雇佣的成本或者仅有少数的短期雇佣成本。对于饲料供给情况，由于规模化养殖农户肉羊养殖中饲料的需求量相对较小，通常为农户自产的干草、秸秆等，部分中等养殖规模的养殖户会以购买的玉米、豆粕、麸子等精料进行补饲。在基础设施建设方面，由于规模化养殖农户肉羊养殖规模较小，除部分中等养殖规模的养殖户选择半舍饲或舍饲养殖方式外，其余羊舍多为养殖户自己搭建的羊棚或利用旧房屋改造的羊棚，成本极低，所以此养殖规模下的基建成本可以忽略不计。而规模化养殖农户的肉羊养殖中除部分中等养殖规模的养殖户每年会购买少量母羊与羔羊外，其余大部分都为自繁自养方式，其购羊成本暂时不予考虑。

规模化养殖农户肉羊养殖过程中，疫病防控措施通常采取疫苗注射等简易措施，缺乏专业化的疫病防控设施和专业的检疫防疫人员。疫病防控成本通常由疫病诊疗、疫苗购买等费用构成。

规模化养殖农户肉羊养殖过程中，通常不会建有专业化的环境保护设施。为了实现环境保护，养殖农户通常采取还田作肥、建设沼气池等方式发展循环经济。

3.2.3.1 规模化养殖农户肉羊养殖盈亏平衡点的确定

基于实地调研整理所获得的成本收益数据，运用 SPSS 统计软件得到规模化养殖农户肉羊养殖中的肉羊养殖规模与养殖成本的回归模型：

$$Y_1 = 16\ 388.692 + 190.967X + 1.139\ X^2 \qquad (3-10)$$

对回归模型进行统计学检验，根据所得回归分析结果可知，判定系数（R^2）的值为 0.989，调整后 R^2 的值为 0.988，接近于 1，即该回归模型的拟合优度为 98.8%，拟合优度较高，因此该回归模型能较好地解释规模化养殖农户肉羊养殖中肉羊养殖规模与养殖成本的关系，具有经济学意义；F 值为 703.520，对应的

检验概率 Sig 为 0.000，在 1% 的显著性水平下通过 F 检验，因此该回归模型各变量之间存在显著性关系，具有统计学意义；解释变量 X（养殖规模）的二次项与一次项的 t 检验统计量的观测值分别为 7.129、2.227，回归系数 t 检验的概率值（即 P 值）分别为 0.000、0.042，在 5% 的显著性水平显著下通过 t 检验，因此其与被解释变量 Y（养殖成本）之间的相关关系显著成立。

肉羊养殖规模与养殖收入的回归模型为：

$$Y_2 = -7\,292.071 + 850.220X - 0.380\,X^2 \qquad (3-11)$$

对回归模型进行统计学检验，根据所得回归分析结果可知，判定系数（R^2）的值为 0.989，调整后 R^2 的值为 0.988，接近于 1，即该回归模型的拟合优度为 98.8%，拟合优度较高，因此该回归模型能较好地解释规模化养殖农户肉羊养殖中肉羊养殖规模与养殖收入的关系，具有经济学意义；F 值为 695.829，对应的检验概率 Sig 为 0.000，在 1% 的显著性水平下通过 F 检验，因此该回归模型各变量之间存在显著性关系，具有统计学意义；解释变量 X（养殖规模）的二次项与一次项的 t 检验统计量的观测值分别为 -2.883、12.017，回归系数 t 检验的概率值（即 P 值）分别为 0.011、0.000，在 5% 的显著性水平显著下通过 t 检验，因此其与被解释变量 Y（养殖收入）之间的相关关系显著成立。

基于盈亏平衡分析理论中"利润＝收入－成本"的原理，可得到规模化养殖农户肉羊养殖的利润函数为：

$$Y = Y_2 - Y_1 = -23\,680.763 + 659.235X - 1.519\,X^2$$

$$(3-12)$$

当 $Y=0$ 时，所求得的养殖规模即达到盈亏平衡点时规模化养殖农户的养殖规模。此时利润函数 $Y=0$，求得方程的解分别为 $X_1 = 394.47$、$X_2 = 39.52$。

因此，规模化养殖农户的肉羊养殖盈亏平衡点为 40 只和 394 只，即规模化养殖农户为保证不发生亏损，养殖规模应该为

40～394 只。

3.2.3.2　规模化养殖农户肉羊养殖最佳经济规模的确定

基于上述求解的规模化养殖农户肉羊养殖中的利润函数（公式 3-12），则当该函数的一阶导数等于 0 时，养殖实现了利润最大化，对应的养殖规模即规模化养殖农户肉羊养殖的最佳经济规模。

令该利润函数 Y 的一阶导数等于 0，可以表示为 $659.235-3.308X=0$，求得方程的解为 $X=216.97$，即规模化养殖农户肉羊养殖规模达到 217 只时，肉羊养殖场（户）实现了利润最大化，因此规模化养殖农户肉羊养殖的最佳经济规模为 217 只。

3.3　山东省肉羊规模化养殖场（户）适度规模养殖选择意愿分析

激发肉羊规模化养殖场（户）选择适度规模养殖意愿是进一步完善肉羊规模化养殖的关键，只有更多的规模化养殖场（户）愿意选择适度规模养殖，才能有力地推动肉羊规模化养殖的进一步完善与肉羊产业的持续健康发展。本章在对山东省肉羊规模养殖现状分析与山东省肉羊养殖适度规模确定的基础上，根据对山东省 17 个市 306 个规模化养殖场（户）的调查数据，运用 Logit 二元离散选择模型对影响肉羊规模化养殖场（户）选择适度规模养殖的因素进行实证分析，以期进一步完善山东省肉羊规模化养殖，促进肉羊适度规模养殖的可持续发展。

3.3.1　研究假说

本节对当前山东省肉羊规模化养殖场（户）选择适度规模养殖意愿的影响因素，从规模化养殖场（户）的自身特征、生产经营特征、组织特征与环境特征共 4 个方面的变量提出了研究假说。

（1）在规模化养殖场（户）自身特征方面 变量主要有养殖场（户）主的年龄、性别与文化程度。相关假说为，肉羊规模化养殖场（户）主的年龄越大，其养殖观念越传统、守旧，其了解与选择适度规模进行肉羊养殖的可能性越小；女性养殖场（户）主与男性相比，其在规模化养殖过程中更缺乏改善肉羊养殖规模的意识与魄力，因此其选择适度规模进行肉羊养殖的可能性更小；在文化程度方面，养殖场（户）文化程度越高，对新思想新概念（如选择适度规模进行肉羊养殖）的理解与接受能力越强，因此选择适度规模进行肉羊养殖的可能性更大。

（2）在规模化养殖场（户）生产经营方面 变量主要有肉羊养殖规模、肉羊养殖年限、专业化程度。相关假说为，肉羊养殖规模通过养殖场（户）肉羊的年出栏数量来反映，养殖场（户）的规模优势会随养殖规模的扩大而增大，但其面临的养殖风险与受市场波动影响的程度也会随其养殖规模的扩大而变大，因此其选择适度规模进行养殖的概率难以预测；而养殖年限越长的养殖场（户）拥有更丰富的养殖经验，对未来养殖的发展趋势和市场变化规律的认识也更合理，其通过选择适度规模养殖以追求更大利润的概率越高；专业化程度则通过规模化养殖场（户）所获得的养殖收入在其实现的总收入中所占的比重来表示。规模化养殖场（户）的专业化程度越高，则越有可能在养殖中投入更多的资源以期获得更大的收益，所以其选择适度规模进行养殖的概率越大。

（3）在规模化养殖场（户）组织特征方面 变量主要有养殖场（户）是否加入肉羊养殖合作组织。相关假说为，肉羊规模化养殖场（户）是否参加肉羊养殖合作组织，包括其是否加入肉羊养殖合作社、是否与屠宰加工企业等产业化合作组织进行合作。养殖场（户）加入肉羊养殖合作社等组织可以接受其提供的先进的技术与管理培训，及时掌握最新的市场信息与养殖发展趋势；养殖场（户）与屠宰加工企业等产业化合作组织进行合作，有利于获得其在资金、技术与市场信息方面的支持，进而降低交易经营成本，形成"养殖场（户）＋公司"的一体化经营模式，因此参加肉羊养殖合作组织的养殖场（户）更可能选择适度规模养殖。

（4）在规模化养殖场（户）环境特征方面　变量主要有肉羊产地特征与政府支持。相关假说为，根据山东省各市 2013—2016 年肉羊的年出栏平均值，将肉羊年平均出栏量在 220 万只以上的菏泽、临沂、济宁、泰安、聊城作为山东省的肉羊主产区，年均出栏量不足 70 万只的淄博、莱芜、烟台、青岛与威海作为山东省肉羊的少产区，其余作为中产区，肉羊主产区的养殖场（户）养殖规模大、发展规模化养殖的资源丰富、政府的政策导向与支持力度大，而非主产区的养殖场（户）虽然养殖资源相对匮乏、肉羊生产资料获取难度较大，但技术设备与管理理念先进，更会合理科学地选择规划养殖规模，因此其选择适度规模进行养殖的概率难以预测；政府支持主要包括政府在资金、土地、技术等方面对肉羊养殖户提供的支持。政府对肉羊规模化养殖的支持政策越多、补贴力度越大，越能带动更多的养殖场（户）追求利润的最大化，进而选择适度规模进行养殖。

3.3.2　数据来源及变量设定

根据研究假说与实地调研情况，本章在构建肉羊养殖场（户）选择适度规模养殖意愿影响因素的计量模型时，共选取了 4 类 9 个变量，其名称、含义及占比、预期作用方向见表 3-5。

表 3-5　变量的基本说明及其预期作用方向

变量名称	变量含义及占比（%）	预期作用方向
养殖场（户）主年龄（岁）	35 及以下＝1（8.17）；36~45＝2（32.03）；46~60＝3（44.44）；61 及以上＝4（15.36）	—

（续）

变量名称	变量含义及占比（%）	预期作用方向
养殖场（户）主性别	女＝0（15.03）；男＝1（84.97）	＋
养殖场（户）主文化程度	小学及以下＝1（37.58）；初中＝2（43.14）；高中＝3（15.03）；大专及以上＝4（4.25）	＋
养殖场（户）肉羊养殖规模	30～99 只＝1（53.60）；100～499 只＝2（36.27）；500～999 只＝3（7.52）；1 000～3 000 只＝4（1.96）；3 000 只以上＝5（0.65）	？
养殖场（户）肉羊养殖年限	1～3 年＝1（11.76）；4～6 年＝2（40.20）；7～10 年＝3（33.01）；10 年以上＝4（15.03）	＋
养殖场（户）专业化程度	30%以下＝1（9.15）；30%～49%＝2（28.43）；50%～80%＝3（38.24）；80%以上＝4（24.18）	＋
养殖场（户）是否加入养殖合作组织	否＝0（64.71）；是＝1（35.29）	＋
政府支持	否＝0（37.25）；是＝1（62.75）	＋
肉羊产地特征	中产区＝1（33.99）；少产区＝2（19.61）；主产区＝3（46.40）	？

3.3.3　模型结果与讨论

根据模型原理运用 SPSS 软件对样本数据进行 Logit 回归处理，得到相关回归结果如表 3-6 所示，因为模型所得的卡方检验的显著性为 0.000，小于 0.05，具有统计学意义。

根据回归分析结果可知，对肉羊规模化养殖场（户）选择适度规模养殖意愿存在显著影响的变量共有 4 个，分别是养殖场（户）主的文化程度、养殖场（户）肉羊养殖规模、养殖场（户）专业化程度、肉羊产地特征；而养殖场（户）主的年龄、性别、肉羊养殖年限，养殖场（户）是否加入养殖合作组织、政府支持5个变量对肉羊规模化养殖场（户）选择适度规模养殖意愿的影响不显著，模型卡方检验的显著性是0.000，小于0.05，具有统计学意义。下文分析以模型回归的结果为主，分析可知养殖场（户）主的文化程度、养殖场（户）肉羊养殖规模、养殖场（户）专业化程度，肉羊产地特征4个因素对肉羊规模化养殖场（户）选择适度规模养殖的意愿具有统计学的显著性。

表3-6　选择肉羊适度规模养殖意愿影响因素的Logit模型回归结果

自变量	回归系数	标准误差	显著度	幂值
养殖场（户）主年龄	0.092	0.210	0.662	1.096
养殖场（户）主性别	0.761	0.469	0.105	2.139
养殖场（户）主文化程度	0.373*	0.214	0.082	1.452
养殖场（户）肉羊养殖规模	0.450**	0.1852	0.015	1.568
养殖场（户）肉羊养殖年限	0.089	0.187	0.634	1.093
养殖场（户）专业化程度	0.373**	0.190	0.050	1.452
养殖场（户）是否加入养殖合作组织	0.014	0.331	0.967	1.014
政府支持	0.067	0.344	0.846	1.069
肉羊产地特征（1）	2.191***	0.414	0.000	8.948
肉羊产地特征（2）	2.091***	0.458	0.000	8.902
常量	−6.369	1.504	0.000	0.002
预测准确度	73.8%			
模型显著性	0.000			

注：*、**、***分别表示的是在10%、5%、1%的显著性水平。

养殖场（户）主文化程度的回归系数为0.373，在10%的统计水平下显著，说明养殖场（户）主的文化程度对肉羊养殖场（户）适度规模养殖意愿有显著的正向影响，其影响方向与理论预期方向相同。原因可能是，养殖场（户）主的文化程度越高，接受新的思想观念越容易，对规模养殖效益与风险的分析更科学，更具有改变传统养殖方式和引进学习现代科学肉羊养殖技术的魄力。因此，文化程度越高的养殖场（户）主对选择适度规模养殖以追求规模经济最大效益的意愿越强烈。

养殖场（户）养殖规模的回归系数为 0.450，且在 5% 的显著水平下通过检验，说明肉羊养殖年限对养殖场（户）选择适度规模养殖意愿有显著的正影响。原因可能是，养殖场（户）的养殖规模越大，越注重对养殖成本收益的分析，越会调整养殖规模来追求养殖利润的最大化，而肉羊养殖的适度规模是养殖场（户）在实现利润最大化时的最合理的肉羊养殖规模，因此养殖规模越大的养殖场（户）选择适度规模养殖的意愿越强烈。

养殖场（户）专业化程度的回归系数为 0.373，且在 5% 的显著水平下通过检验，说明专业化程度对养殖场（户）选择适度规模养殖意愿存在显著的正影响，与理论预期方向相同。原因可能是，专业化程度越高的养殖场（户），其肉羊养殖收入在其每年获得的总收入中所占的比重越大，肉羊养殖在其生产经营中的经济地位越高，养殖场（户）为了实现更大的养殖利润越会选择适度的养殖规模，因此其选择适度规模养殖的可能性越高。

在肉羊产地特征中，与肉羊中产区相比，肉羊少产区和肉羊主产区的回归系数分别为 2.191、2.091，且在 1% 的显著水平下通过检验，这说明肉羊产地特征对肉羊规模化养殖场（户）选择适度规模养殖意愿的影响呈 U 形，即与中产区相比，肉羊少产区和肉羊主产区的养殖场（户）更愿意选择适度规模养殖。原因可能是，肉羊的少产区和中产区相比，养殖资源相对匮乏、肉羊生产资料获取难度较大，但技术设备与管理理念先进，更会合理科学地选择规划养殖规模，更懂得如何调整规模追求利润的最大化，因此他们更愿意选择适度规模进行肉羊养殖。肉羊的主产区和中产区相比，虽然经济发展水平与技术条件相对落后，但养殖规模更大、肉羊规模化养殖氛围更加浓厚、发展规模化养殖的资源更加丰富、政府的政策导向与支持力度更强，在大环境的影响下养殖场（户）更愿意选择适度规模进行肉羊养殖。

是否加入养殖合作组织和政府支持的回归系数分别为0.014、0.067，显著程度大于0.1，表明是否加入养殖合作组织、政府支持两个因素对肉羊规模化养殖场（户）选择适度规模养殖意愿不存在显著的影响。可能原因是，山东省肉羊规模化养殖场（户）目前在养殖过程中的组织化程度仍然偏低，广大中小规模养殖场（户）难以得到有效系统的养殖管理技术培训，也不具备与屠宰加工企业等产业化组织合作的意识，同时政府对肉羊产业发展的政策扶持存在着力度不够、扶持政策难以落地等诸多问题，导致其对养殖场（户）选择适度规模进行肉羊养殖的意愿不存在显著的影响。

3.4 完善山东省肉羊适度规模养殖的政策建议

肉羊规模化养殖是肉羊产业发展的必然趋势与重要特征之一，是转变传统的肉羊养殖模式、提高羊肉产品质量安全、实现现代化农业生产经营的重要途径，更是实现山东省由养羊大省向养羊强省转变的必由之路。而肉羊适度规模养殖是对肉羊规模化养殖不断探索基础上的进一步完善与升华，是为了帮助更多肉羊规模化养殖场（户）在实际养殖过程中以更合理的养殖规模减少不必要的成本开支，获取养殖利润最大化的养殖方式。基于前文研究结论，下面将从养殖场（户）与政府两个角度对完善山东省肉羊适度规模养殖提出相关政策建议。

3.4.1 基于养殖场（户）角度的政策建议

（1）积极参加养殖合作社，加强与产业化经营组织合作　一方面，肉羊规模化养殖场（户）应积极主动参加肉羊养殖合作社，提高其组织化程度。规模化养殖场（户）既可以通过参加肉羊养殖合作组织开展的关于养殖技能与养殖专业知识的培训活动，学习掌握先进科学的现代化肉羊养殖技术与管理方法，切实提高肉羊生产与管理水平以增加肉羊养殖效益与对自然风险的抵御能力；又可以通过合作组织的信息渠道及时了解肉羊市场的变化与羊肉价格走势情况，并根据市场与价格的变动及时对生产经营做出调整以增强规模化养殖场（户）对市场风险的抵御能力；同时还可以拓宽自身养殖资金的来源渠道，通过村集体之间闲置土地的流转获得发展养殖需要的土地资源，进一步满足生产经营中所需要的生产资料。另一方面，肉羊规模化养殖场（户）与屠宰加工企业等产业化经营组织合作，可以提高其产业化程度，获得资金、技术等方面的支持，密切肉羊养殖、加工、销售等各个生产环节的联系，加速完善产销一体化的肉羊产业经营链条，推动肉羊规模化养殖的持续稳定发展。

（2）发展循环经济，建立长效防疫机制　养殖环境污染严重是当前肉羊规模化养殖过程中亟待解决的重要问题之一，通常情况下，随着肉羊养殖规模的扩大，其产生的粪污与对环境健康造成的压力也会增加。为此，肉羊规模化养殖场（户）一是要不断提高环保意识。在养殖场建设过程中从选址布局到基建设备完善再到环境保护应进行统一的科学规划设计，大力发展种养结合的生态循环经济，形成"肉羊-沼气-果蔬"等综合利用模式；在安装环保设施的基础上通过建立沼气池等措施对肉羊养殖产生的粪污实现更加科学环保的处理，形成有关资源的循环利用。二是肉羊规模化养殖场（户）要遵守相关防疫工作方面的规章制度，积极配合有关部门做好肉羊养殖中的疫病防治与卫生监督工作，认识到"养重于防、防重于治、防治结合"才能真正做好疫病防控工作，同时建立完善疫病的监控与反应机制，不仅要完善疫病的季节性集中防治，更要建立疫病的长效防控机制，进而全面提高养殖场（户）在发展适度规模养殖中对疫病风险的抵御能力。

（3）增强自身养殖技能，培养适度规模养殖观念 一是肉羊养殖场（户）主应通过积极参加中专、高职的正规教育和肉羊养殖知识与技巧的培训来不断提高自身的文化素质、专业化水平，加强养殖技术的创新。同时，应充分利用网络、电视与报刊等现代化传播媒介学习先进的适度规模养殖技术、疫病防治技术与科学的管理方法，将长期积累的养殖经验与现代化的科学养殖技术相结合，合理配置资金、土地、劳动力等生产要素，提高肉羊生产效率。二是规模化养殖场（户）应在资金、土地、劳动力等生产要素最合理组合的基础上，结合实际养殖环境与政策导向，树立适度规模养殖观念，同时应充分利用原有的生产场地与设备以减少固定资产的投入，从而降低肉羊产品生产的单位成本，使养殖场（户）在适度的养殖规模下实现最佳的经济效益。

3.4.2 基于政府角度的政策建议

（1）加强与科研院所合作，完善产业链建设 第一，要实现肉羊适度规模养殖，必须依靠新的科学养殖技术的推广。为此，政府应加大相关财政投入力度，依靠科研院所强大的科研实力不断创新肉羊生产经营环节中的核心技术，加强肉羊规模化养殖场（户）与相关科研单位的联合，通过对创新成果的试验示范与推广引导更多的养殖场（户）开展羊肉产品的精加工，提高科技含量，优化羊肉产品结构，延长相应的肉羊产业链条，进而提高羊肉产品的附加值，拓展其发展领域。同时还可以将科研院所的科研成果与企业生产经营相结合，积极培育当地肉羊产业中的龙头企业，逐步形成"以企业为龙头，以科研院所为中心，以培训机构为辅助"的服务系统，并通过龙头企业的辐射带动作用逐步形成"科研院所＋龙头企业＋养殖合作组织＋养殖场（户）"的产业经营链条，提高养殖场（户）在消费市场上的地位，增强其议价能力。第二，针对肉羊规模化养殖场（户）的科学文化素质普遍不高的问题，应定期举办肉羊科学养殖技术培训会或肉羊养殖专家座谈活动，组织肉羊养殖合作社成员共同讨论解决肉羊规模化养殖过程中遇到的问题，并通过电视广播、相关杂志期刊与网络媒体等宣传媒介向养殖场（户）宣传普及如人工授精、精料调配和疫病防控等更加科学化、现代化的规模化养羊知识与相关技术，完善养殖场（户）生产经营理念，激发其进行肉羊适度规模养殖的意愿，为其在规模化养殖过程中不断提供更加先进的科学养殖技术支持。

（2）加强环保监管力度，建立健全疫病防控体系 一是要加强对养殖环境污染的监督与治理力度，对污染严重的养殖场（户）加大惩处力度，同时大力倡导养殖场（户）建设环保设施以改善粪污处理条件，鼓励肉羊规模化养殖场（户）采取生产沼气、还田作肥等更加环保的生态循环方式来处理养殖粪污，进而实现其适度规模养殖的可持续发展。二是应重视肉羊养殖过程中的疫病防控工作，建立健全肉羊疫病监测体系、羊肉产品的检疫体系和肉羊卫生监督体系，全面完善肉羊养殖过程中可能发生的疫病的防控工作，进一步引导肉羊规模化养殖场（户）树立疫病防控意识，切实做好肉羊的免疫与养殖环境的消毒工作并建立紧急疫病的应急防控体系，提高肉羊的防疫率与检疫率，降低重大疫病的发病率，切实保障养殖场（户）的养殖利益。同时做好肉羊品种引进与流通环节中有关疫病的检测与防疫措施，建立健全有关疫病的防控与扑灭机制，从源头与传播路径上对疫病进行有效防控，并引导规模化养殖场（户）在养殖场内建设沼气池或粪污综合处理设施以达到合理处理肉羊养殖粪污的目的。三是完善基层畜牧防疫部门的建设，加强有关部门对肉羊疫病诊断与防控措施方面的进一步研究并引进相关专业的疫病防控技术人员，切实提高疫病的检测与防治能力，为肉羊规模化养殖场（户）提供疫病防治的现实保障。

（3）规范养殖与生产经营行为，激发规模化养殖场（户）的生产积极性 首先，政府应充分发挥宏观调控的职能，制定与完善有关肉羊规模化养殖的法律法规，以专门的法律法规来规范规模化养殖场（户）的适度规模养殖和生产经营行为。其次，政府要强化相关部门的执法力度，进一步完善对养殖场（户）在生产经营中不规范行为的监管与惩处，健全肉羊市场监管体系。再次，要畅通信息渠道，使规模化养殖场（户）可以及时了解到肉羊市场的最新动态与羊肉价格变化趋势，进而根据市场变化及时对生产经营做出调整。然后，政府还应通过完善养殖饲料供给、羔羊育种、疫病防控、环境保护、屠宰加工与储存销售的一体化产业经营模式，稳定肉羊规模化养殖场（户）的生产经营行为，提高其对市场风险的抵御能力，稳定羊肉产品在消费市场上的供应。最后，还应结合区域肉羊养殖的实际情况开发具有养殖地地域特色的优良肉羊品种，打造当地的特色肉羊品牌，并鼓励更多的肉羊养殖散户加入养羊合作组织或行业协会，利用肉羊养殖合作社的辐射带动作用逐步形成符合山东省肉羊实际生产经营情况的特色产业化经营模式，提高规模化养殖场（户）的组织化程度，以降低肉羊养殖与羊肉产品生产加工等环节中的成本，进而提高其肉羊养殖的纯收入，激发其生产积极性。

（4）制定相应的产业政策，加大相关宣传力度 政府应制定相应的产业政策为肉羊规模化养殖发展创造有利环境，进而促进山东省肉羊产业的持续健康发展。一方面政府为推动山东省肉羊产业的快速发展应在畜牧业发展政策的制定过程中将发展肉羊适度规模养殖作为重要内容，通过相关产业政策来扶持肉羊产业的进一步发展，逐步完善肉羊规模化养殖场（户）的土地流转、农机具供给与风险保障等方面的补贴与保险政策，在资金、信贷、用地、技术等各个方面为肉羊的规模化养殖提供政策优惠与支持，解除养殖农户的后顾之忧。同时，有关部门可以根据肉羊市场的风险变化建立完善的肉羊产业经济预警系统，通过对肉羊市场上价格变动规律的科学分析鼓励更多的规模化养殖场（户）选择最适宜的肉羊养殖规模进行规模化养殖，达到资源、技术与劳动力投入的最佳组合，以获得规模化效益。另一方面政府为进一步合理扩大肉羊养殖规模，不仅可以通过扶持优惠政策逐步引导养殖场（户）转变养殖方式，充分激发其扩大规模养殖的潜力，带动更多的肉羊散养农户向适度规模养殖场（户）转型；还可以通过网络、电视与报刊等现代化传播媒介加大宣传力度，普及养殖场（户）的规模化养殖意识，推广肉羊的适度规模养殖以降低肉羊养殖的单位成本，提高肉羊养殖的生产率，实现规模效益。

4 山东省肉羊规模化养殖模式的生产效率研究

4.1 肉羊规模化养殖模式分析

本节主要对山东省肉羊大户养殖模式（100 只以上）及肉羊企业化养殖模式（1 000 只以上）两种肉羊养殖模式的发展概况、特征等进行分析，旨在对农户进行肉羊养殖模式选择时提供一定的参考价值。

4.1.1 肉羊大户养殖模式

（1）发展概况 中华人民共和国成立以来，肉羊产业经历了从作为副业向产业化、规模化、机械化和标准化发展的生产水平迈进。可以说如今的肉羊产业正处于发展的迅猛阶段，养殖规模也在逐渐扩大，规模较大的养殖户层出不穷，经济效益也在不断提高。

（2）模式特征 肉羊养殖大户在一定意义上可以看作是由肉羊养殖场到肉羊养殖企业的过渡阶段。山东省肉羊养殖大户的特点主要表现为：①筹备资金能力较强，能够吸引企业和居民投资；②产品定位能够满足市场需求；③养殖规模较大，且追求适度规模经营，组织化程度高，追求利润最大化；④生产经营方式新颖，生产设备、基础设施、技术水平与散养户相比较先进；⑤具有稳定的产品销售渠道，市场竞争力相对较强。

肉羊养殖大户可分为以下几种类型：①家庭经营制的养殖大户。这种类型的肉羊养殖户一般都是农村人，养殖规模较大，养殖主要靠家庭成员，部分养殖户会雇佣长期工或短期工，圈舍占用土地大多数为转租或者转包得来，对周围的普通养殖户具有一定的带头和示范作用。②雇主经营制的养殖大户。这类养殖户主要是由退休工人、城镇职工或外地投资者进行养殖，但他们不会全年参与养殖活动，一般会雇佣长期劳动力看管羊场和进行饲养活动，而户主只进行管理和负责养殖环节中重要事件的决策，并且这些户主具有一定的资金基础、管理知识和科学技术知识。③合作经营制的养殖大户。合作经营制的肉羊养殖是由几个投资者签订契约，采用合伙经营或股份经营的方式共同养殖肉羊，在各方面优势互补、扬长避短，并以追求规模经济效益为最终目标的一种养殖模式。这3种类型中，家庭经营制是山东省肉羊养殖大户的主要养殖类型。

4.1.2 肉羊企业化养殖模式

肉羊企业化养殖模式实质上是养殖大户的一个分支，主要有两种形成方式，一是养殖大户发展到一定规模和具有一定资金基础后登记注册的一种规范性企业，具有营利性的特点，这也是"大户"发展的最高形式。二是由其他企业自主或几个企业联合建立的养殖企业，此种形式成立的养殖企业在建立初期便具有雄厚的资金，健全的基础设施、机械设备及先进的技术水平等现代化农业产业发展所必备的条件。

肉羊养殖企业作为企业的一种，具有所有企业共同的特点，是自主经营、自负盈亏、独立经济核算、以营利为主要目的的法人单位。肉羊养殖企业自身具有规模化和标准化的特点，拥有雄厚的资金基础、现代化的养殖技术和养殖设备、企业工作人员专业性较强，这些特征都有利于养殖企业的发展，对本地的羊产业乃至畜牧业都有一定的带头示范作用。养殖企业主要从事肉羊养殖并以销售活羊为主，兼或从事肉羊屠宰、加工等一体化生产。肉羊养殖企业又不同于其他企业，具有连续生产、投入期长、风险大、生产过程易受影响等特点。连续生产是指肉羊养殖一旦开始运营生产就不能停产，否则会造成巨大损失。投入期较长是指羊从羊羔到出栏所经历的时间较长。对于自繁自养的养殖企业来说，羊从羊羔到出栏大概要经历5～8个月的时间，这段时间内只有投入没有产出。对于育肥的养殖企业来说，投入期与自繁自养相比要短一些，这段时间也只有投入没有产出。总的来说，肉羊养殖企业不同于其他生产类企业，短期内难以快速回笼资金。风险不仅包括市场竞争的风险，还要时刻预防疫病的发生。由于养殖企业的养殖规模较大，养殖种类较多，一旦发生疫病，对于养殖企业来说将是一场重大的灾难，有可能会造成巨大的经济损失。生产过程易受影响是指羊的年龄、性别和品种对羊的生长和对羊肉的深加工等环节容易产生影响。以上所述的这些肉羊养殖企业的特点，在面对大规模集约化的生产活动时，单单靠传统的养殖方法已经无法满足管理和经营方面的要求，这就要求肉羊养殖企业要具有完备的运营机制。

4.1.3　典型案例分析

4.1.3.1　养殖大户案例分析

（1）**大户基本情况**　通过实地调研，本文选取临沂市郯城县某养殖大户作为案例分析研究对象。该养殖大户位于临沂市郯城县李庄镇后陈卜村，羊场占地面积约20亩 *，所占土地租赁自本村村大队，每年200元/亩，租金费用以年为计算单位。羊场建有7个羊舍，每个羊舍长45米，宽12米，总面积为3 780米²，圈舍建设投入总费用300万元，羊场内拥有两台饲料搅拌机、一台饲料颗粒机、一台青贮机及一台铡草机，以上机械设备

---

　　*　亩为我国非法定计量单位，1亩≈667米²。——编者注

总计投入金额 27.3 万元，其中圈舍建设费用和青贮机另外补贴共 33 万元。该养殖户以自繁自养湖羊为主，全舍饲养殖，目前羊场湖羊存栏量约 2 800 只，近几年出栏量在 1 000 只以上，2018 年羊场有能繁母羊 1 000 只，种公羊 50 只。

(2) 经营模式分析 在劳动力方面，该羊场主要由场长子女和父母管理，同时从本村雇佣了两名饲养人员，工资以每天 80 元计算。通过与场长交谈得知，羊场雇佣劳动力愈发困难，一般雇佣的劳动力以年龄较大的老人为主。究其原因，大量年轻人离开农村到城市务工，因外出务工的工资较高，且工作环境较舒适。在饲料方面，2018 年羊场饲料投入总计 60 万元，其中精饲料 40 万元，粗饲料 20 万元。用于饲养的粗饲料主要有花生秧、蒜皮等，精饲料由羊场自己配制，主要成分为玉米、豆粕、麸皮。据了解，该养殖户对不同阶段羊的饲料搭配方面没有过于细分，大羊小羊同吃一种饲料，但会给妊娠母羊喂食一些营养物质。在销售方面，该养殖户以出售羔羊、种羊为主要经济来源，羔羊长到 2 个月，体重达到 19 千克即可卖出，2018 年羊场出售羔羊 2 000 只，每只价格 1 000 元，经济收入达 200 万元，种公羊的销售价格在 3 000 元/只左右，销售方式为羊贩上门购买或者到集市上销售。由于该养殖户养殖规模较大，羊粪也成为羊场收入来源的一部分。出售的羊粪一般由买家自行运输，销售价格为 70 元/米^3，若由养殖户将羊粪拉到集市上卖，则价格最高可达到 160 元/米^3，2018 年该养殖户羊粪总收入为 10 万元。在政府补贴方面，该养殖户主要享受了建羊舍补贴和畜牧机械补贴，其中羊舍补贴 25 万元，青贮机补贴 8 万元，另外因养殖规模达到了国家相关标准，该养殖户还免费领取了口蹄疫和小反刍兽疫的疫苗。

(3) 经验借鉴 通过实地调研得知，该养殖大户不论在经营管理方面还是经济收入方面都有显著优势。首先，该养殖大户的养殖规模较大，养殖场的基础设施和设备的建设也较完善，这为肉羊养殖活动的顺利进行打下了坚实基础。其次，该养殖大户比较注重养殖技术的使用，善于利用现代化机械设备自制精饲料，并对处于特殊阶段的羊只增加营养物质的喂食。再次，该养殖大户在管理分工方面较明确，除去家庭劳动力外，该养殖大户还另外雇佣了劳动力，以保证养殖活动正常进行。最后，该羊场内羊舍环境相对干净，没有过多粪污堆积，无严重刺鼻气味，羊场内建有专门的机械设备使用区域，一定程度上减少了对周边环境的污染。

从以上分析可以看出，该养殖大户在养殖规模化、先进设备、养殖技术的使用，养殖人员分工、环境保护等方面的管理较规范，对周边养殖户或有养殖肉羊想法的农户有一定的参考价值。

4.1.3.2 临清润林牧业有限公司案例分析

（1）**企业基本情况** 临清润林牧业有限公司（以下简称"润林牧业"）位于山东省聊城市，是由三和纺织集团于 2012 年动工建设的综合性农业项目。该项目总投资达 1.8 亿元，占地面积约 26.8 万米²。公司现有员工 120 人，其中技术人员与回族员工 70 余人。公司拥有年产 12 万吨有机肥料加工厂、年产 1 万吨清真精品羊肉加工厂及 4 万吨饲料加工厂，是聊城市农业产业化重点龙头企业。润林牧业主要经营项目是肉羊养殖，养殖品种有湖羊和鲁西黑头羊，其中以湖羊养殖为主，目前湖羊种羊存栏量达 6 万只，鲁西黑头羊存栏 5 000 只，年出栏湖羊、鲁西黑头羊共 19 万只，其中肉羊 8 万只，年销售总收入可达 12 亿元。公司为满足羊肉市场的需求，于 2016 年成立了清真食品加工企业，是服务于湖羊肉羊屠宰、加工、冷藏、运输、销售的综合性、现代化的加工企业，该企业现已成为临清市农业产业化重点龙头企业。公司年可屠宰活羊 18 万只，生产清真羊肉 5 000 多吨，拥有 5 吨排酸保鲜库两个，5 吨冷冻能力的速冻库（－35 ℃）1 个，500 吨冷藏能力的成品贮藏库（－18 ℃）1 个。

润林牧业先后荣获"首批国家肉羊核心育种场""国家级肉羊标准化示范养殖场""山东省农业产业化重点龙头企业""山东省一级种羊场""山东省畜牧业羊业分会副会长单位"等多项荣誉称号。公司与中国科学院遗传与发展研究所合作完成了"绵羊高密度规模化设施养殖体系项目",与中国农业大学联合建立了"肉羊养殖研究实验基地"。

(2) 经营模式分析 润林牧业主要经营模式为"公司(基地)+合作社(扩繁场)+农户(育肥场)"。企业主要与两个合作社合作,用于育肥和育种,其中育肥场湖羊存栏 5 000 只左右,育种场湖羊存栏 3 000 只左右。近年来,企业扩大了育肥育种规模,先后在周边乡镇建立了多个年出栏 10 万头的扩繁场,成立了近 10 个养殖合作社,建设了 10 个湖羊育肥小区,发展了 1 300 多家肉羊养殖育肥专业户。企业为合作养殖户免费提供育肥小羊和养殖技术,并定期对养殖户的饲养技术进行培训,为养殖户提供无公害饲料,以保证肉羊的品质,最后企业按照每只育肥羊增值纯利润 200 元为标准回收成品羊,每年为养殖户创下的纯收入达 2 亿多元。同时为减少碳排放和大气污染,企业每年还大量收购农作物秸秆 30 余万吨用作贮备饲料,不仅增加了农户的经济收益,也促进了经济的可持续循环发展。

企业实行"八化"的运营模式。一是运营规范化,企业主要采用全舍饲小群体自繁自养,拥有漏风高床、自动清洁等自动化、信息化的养殖设备。公司制度是在其母公司三和集团的基础上根据肉羊养殖特性制定的,这一制度也使企业获得了"国家级肉羊标准化示范养殖场"的称号;二是养殖规模化,润林牧业年养殖存栏湖羊种羊 6 万只,年出栏湖羊种羊 8 万只,年肉羊出栏 8 万只,年生产生物有机肥 10 多万吨,年屠宰活羊 18 万只,生产清真羊肉 5 000 吨,可实现年销售总收入 12 亿元;三是品种良种化,润林牧业主要养殖纯种湖羊,以保障湖羊肉质量和纯种种羊的交易销量,同时润林牧业还养殖了 5 000 只品种较纯基因较稳定的鲁西黑头羊；四是管理信息化，润林牧业建立了信息化管理平台，运用物联网技术对羊舍内的温度、湿度、氨气、硫化氢等气体浓度进行实时采集，并根据设定的参数自动开启关闭设备，将电子芯片耳标植入全羊场母羊群中，利用数字信息管理技术，记录羊群防疫、消毒、育种等数据，建立食品安全可追溯系统，保证食品安全；五是生产自动化，企业利用先进的现代化技术严格管理湖羊的生产经营活动。企业目前采用的"四自动一分离"（自动给水、投料、消毒、自动清理粪便和粪尿分离）技术属国内先进水平，其中公司自主研发的自动投料机、自动清粪系统已申请了国家专利；六是营养标准化，在饲料加工、饲喂工艺中，采用分舍、分类、分生长段，根据数据库信息对不同羊舍、不同生长阶段的羊只，加工生产所需营养饲料，并采用 TMR（全混合日粮）自动撒料车精准投喂；七是产业生态化，公司拥有自己的饲料加工厂，生产无害化饲料和青贮饲料，利用自动清粪系统一天两次清理粪污，并将每天产的羊粪尿通过微生物发酵、浓缩造粒等工艺制成利于农作物生长的有机肥料，不仅可提高土壤保水保肥的能力，还可减少盐类对种子和幼苗的危害，同时公司每年收购大量农作物秸秆作为储备饲料，减少了焚烧秸秆造成的碳排放和大气污染；八是食品安全化，采用互联网技术的信息化管理系统，对羊只从饲养、加工、贮藏、运输到销售建立全面化、信息化、可追溯管理系统，既方便羊场的管理，又便于消费者及售卖厂家对产品的监督。

在销售方式方面：公司生产的清真羊肉主要销往北京、天津、内蒙古、陕西、江苏、新疆、河南郑州、山东济南、青岛、香港等地区，并向沙特阿拉伯、阿联酋、科威特等信仰伊斯兰教的中东国家出口；公司分别在北京、上海、高唐、临清建设了肉制品销售门店，建有临清市润林火锅城餐饮店一处，并与多家超市厂家合作；为进一步打造"聊胜一筹"的羊肉品牌，公司入驻

"央视网商城"，加盟"淘宝网"实施线上销售，与顺丰快递公司签订合约，山东省内消费者可在 24 小时内享用到新鲜产品，年销售利润达 5 000 万元。

（3）经验借鉴 润林牧业作为山东省重点龙头企业，在生产经营活动各环节都有着自身的优势和特点，这些优势和特点对山东省肉羊养殖企业的发展具有重要的影响作用。第一，完整的产业链条。润林牧业拥有雄厚的资金基础，主要经营项目不仅仅局限于肉羊养殖，在肥料加工、饲料加工、屠宰、羊肉精加工等领域也都有所涉及，拥有种畜—饲料—饲养—屠宰加工—冷贮—运销为一体的产业链条。第二，完备的利益联结机制。润林牧业主要的经营模式为"公司＋合作社＋农户"，该模式的优势在于企业与养殖户合作，并为养殖户提供小羊、饲料、养殖技术等服务，最后企业回收成品羊，这种利益联结方式为养殖户创造了新的经济收入，同时企业向农户收购秸秆等农作物，不仅增加了农户的收入，对环境保护也做出了贡献。第三，规范的运营模式。润林牧业实行"八化"运营模式，在养殖技术、管理能力、规模化程度等方面都具有一定优势，这种规范的运营模式也符合当前肉羊产业发展的要求。第四，多样化的销售方式。润林牧业拥有自己的餐饮店、肉制品销售门店、淘宝店等多种销售渠道，其生产的清真羊肉更是远销到国外，多种销售渠道有效增加了企业的利润收入。

4.1.4 本节小结

本节首先对山东省肉羊养殖情况进行了分析，然后对肉羊大户养殖模式和肉羊企业化养殖模式的发展历程、模式特征及运营机制进行了阐述，并根据实地调研与调查问卷所得数据和资料，对山东省肉羊大户养殖模式和肉羊企业化养殖模式的案例进行分析，希望从案例中得到经验，以此促进山东省肉羊产业的发展。根据本章对不同肉羊养殖模式特征的分析，总结了两种养殖模式的特征及适用条件（表 4-1）。

表 4-1　山东省肉羊不同规模化养殖模式特征及适用条件

养殖模式	特征	适用条件
大户养殖模式	① 筹备资金能力较强 ② 产品定位能够满足市场需求 ③ 养殖规模较大，且追求适度规模经营，组织化程度高 ④ 生产经营方式多样，养殖技术水平高 ⑤ 具有稳定的产品销售渠道	① 资金来源丰富 ② 养殖户主文化水平较高 ③ 养殖户主中青年 ④ 所属地区特征为肉羊主产区
企业化养殖模式	① 以营利为主要目的的法人单位 ② 规模化、标准化 ③ 雄厚的资金基础、现代化的养殖技术和养殖设备、企业工作人员专业性较强 ④ 连续生产、投入期长、风险大、生产过程易受影响	① "公司＋农户"和"公司＋合作社＋农户"适用于自身能力不足却想要扩大规模的企业 ② "公司＋基地＋农户"适用于资金基础雄厚、政府扶持引导、具备适合肉羊养殖的区位优势和资源优势、当地经济发展水平高的地区

　　肉羊大户养殖模式与传统养殖模式相比较而言，规模化、标准化和专业化水平都较高。该模式养殖规模较大，要求其在养殖中要拥有较高的技术水平和管理能力，因此在选择该种养殖模式时要具备表 4-1 中的条件。肉羊企业化养殖模式是所有养殖模式中最高级的表现形式，标准化、规模化程度更高。这种养殖模式需要企业拥有较雄厚的资金基础，对养殖管理能力和技术水平要求也更高，养殖企业通过与周边养殖户合作可以在一定程度上增加周边养殖户的经济收入，对当地肉羊养殖的组织化程度也有一定的促进作用。

4.2 山东省肉羊不同规模化养殖模式生产效率分析

4.2.1 模型及指标的选取

本节选用 DEA 模型（规模报酬可变的 BCC 模型）对肉羊不同规模化养殖模式的生产效率进行测算。

基于 DEAP2.1 软件，并本着指标选取符合研究目标、代表性强及数据的可获得性的原则上，选取合适的投入指标和产出指标，并通过实地调研发放问卷获取的第一手数据对山东省肉羊不同规模化养殖模式的生产效率进行测算。尤其要说明的是，由于两种养殖模式的投入产出有所不同，所以在设计调查问卷时尽量选取了两种养殖模式相重合的投入和产出指标，并加入了其他费用投入、其他产品收入等问题，以保证两种养殖模式生产效率测算的正确性。

4.2.1.1 产出指标

以往研究肉羊生产效率，通常以出售肉羊作为主要产出指标，但在实际生产中，养殖户不仅出售肉羊，还出售羊毛、羊皮、羊粪等副产品来增加收益。因此，本文选取的产出指标包括主产品收入和副产品收入。主产品收入包括出售出栏肉羊（4 个月以上）和羔羊（1~4 个月）的总收入，副产品收入主要包括出售羊毛、羊皮、羊粪等获得的收入。其中，主产品包括出售的部分和养殖户自食部分。

4.2.1.2 投入指标

根据实际情况，本文所选取的投入指标有饲料费用、人工费用、折旧费用以及其他物质费用。本文选取的投入指标不再做细化，以下是对投入指标的详细说明：

(1) 饲料费用 饲料费用包括精饲料费与粗饲料费。精饲料主要有能量饲料（小麦麸、玉米皮、胡萝卜等）、蛋白质饲料

（豆粕、花生饼等）、矿物质饲料（钙、磷、铜、铁、锰、锌等）及维生素添加剂（维生素 A、维生素 D 等）等；粗饲料主要包括干草（羊草、青干草等）和秸秆饲料（玉米秸、麦秸、花生壳等）。

（2）人工费用　本年度雇佣工人的所有费用及家庭用工折价。养殖大户和养殖企业所雇佣的工人，主要包括养殖管理、技术、饲养等方面。其中养殖大户按雇佣时间将工人分为长期工和短期工，规模较大的养殖企业雇佣的劳动力通常为长期工且分工明确，工种主要包括管理人员、饲养人员、清洁工、技工、司机、防疫兽医及门卫保安等。由于部分养殖大户的养殖规模较小，所以本文以天为单位计算工资，养殖企业则以月为单位计算，最后折合为年度工资。

（3）折旧费用　折旧费用包括固定资产折旧费用、能繁母畜折旧费用及种公羊折旧费用，其中固定资产折旧费用包括圈舍、铡草机、饲料粉碎机、剪毛机、拖拉机、TMR 和其他设备的折旧费用，能繁母畜和种公羊的购买价格以 2018 年价格为标准计算。然后统一运用年限平均法计算年折旧率［年折旧率＝(1－预计净残值率)/预计使用寿命×100％，净残值率取 5％］，并根据实际情况计算每年的折旧费用（年折旧费用＝固定资产原值×年折旧率）。由于部分养殖大户对折旧费用没有概念，所以在调研中主要记录固定资产原值和 2018 年母畜及种公羊的市场价格，再选取统一的参数进行折旧计算。

（4）其他物质费用投入　本文对于其他物质费用的投入包括水电燃料动力费、运输费、疫病防治费、技术服务费、设备维修费、配种费、死亡损失费和其他费用。水电燃料费用是指本年度养殖肉羊所花费的所有水、电、燃料等的费用，根据调研情况，大部分养殖大户的养殖用水全部来自井水，故不存在用水费用；运输费，即将出栏肉羊和羔羊运往集市销售，购买种公羊或育肥羊、饲草料时所发生的运输费用，部分养殖大户及养殖企业的运输费用较少，购买的运输费用一般由卖方承担；疫病防治费，包括疫苗购买、注射、驱虫和药浴、消毒以及治疗等；技术服务费，即一年中养殖大户或养殖企业对提供技术服务的一方所花费的费用，实地调研结果显示，大部分养殖大户的技术服务费用微乎其微；设备维修费，即对铡草机、饲料粉碎机、剪毛机、拖拉机等一系列用于肉羊养殖的设备的维修管理费用；配种费，即2018年能繁母羊配种所发生的全部费用；死亡损失费，即2018年因病、因灾所造成的死亡损失，死亡损失费＝死亡肉羊数量×平均每只毛重×当时肉羊市场价格；其他费用，即除上述费用以外，饲养时产生的费用。

4.2.2　样本描述性统计分析

4.2.2.1　养殖大户的描述性统计分析

表4-2是关于养殖大户的受访者基本情况和养殖基本情况的描述性统计。从性别看，男性受访者的样本数量居多，为24，占比达85.70％；女性受访者的样本数为4，所占比例为14.3％。从年龄情况看，受访者年龄主要集中在46～55岁，样本数为11，占比为39.30％；其次是36～45岁，样本数为10，占比为35.71％；排名最后的是35岁及以下和56岁及以上，样本数分别为6、1，占比分别为21.43％、3.57％。可以发现，肉羊养殖者的年龄出现了年轻化。从文化程度看，养殖大户的受访者文化程度以初中水平为主，样本数超养殖大户总样本数的一半，占比为64.30％；其次为小学及以下和高中水平，样本数分别为5、4，所占比例为17.86％、14.30％；样本数最少的是大专及以上水平，仅为1，占比为3.57％。可以看出，肉羊养殖者的文化程度普遍偏低。从养殖年限看，养殖年限在1～3年的占比最多，为42.86％；其次为4～6年，占比为28.57％；7～10年和10年以上的占比相等，均为14.30％。从养殖规模看，养殖大户的养殖规模主要集中在100～499只，样本数量为19，占

比达到了 67.86％；最小规模的样本数为 4，占比为 14.30％；最大规模的样本数为 3，占比为 10.71％；占比最小的是 500～999 只的规模，为 7.14％，样本数为 2。从养殖种类看，受访养殖大户主要从事绵羊养殖，样本数为 23，占比为 82.14％；山羊养殖的养殖大户样本数为 5，占比为 17.86％。

表 4-2　肉羊养殖大户基本情况描述性统计

受访者基本情况	样本情况分类	样本数（个）	比例（％）	养殖基本情况	样本情况分类	样本数（个）	比例（％）
性别	男	24	85.70	养殖年限	1～3 年	12	42.86
	女	4	14.30		4～6 年	8	28.57
年龄	35 岁及以下	6	21.43		7～10 年	4	14.30
	36～45 岁	10	35.71		10 年以上	4	14.30
	46～55 岁	11	39.30	养殖规模	30～99 只	4	14.30
	56 岁及以上	1	3.57		100～499 只	19	67.86
文化程度	小学及以下	5	17.86		500～999 只	2	7.14
	初中	18	64.30		1 000 只及以上	3	10.71
	高中	4	14.30	养殖种类	山羊	5	17.86
	大专及以上	1	3.57		绵羊	23	82.14

4.2.2.2　养殖企业的描述性统计分析

表 4-3 是关于养殖企业的受访者基本情况和养殖基本情况的描述性统计。从性别看，受访者为男性的样本数为 6，女性受访者为 1，分别占比为 85.70％和 14.3％，可以看出从事肉羊养殖活动的男性较多。从年龄看，受访者年龄主要集中在 36～45岁，占比为 42.86％；46～55 岁和 56 岁以上的受访者样本数均为 2，占比均为 28.57％；35 岁以下的受访者为 0。从文化程度看，文化程度主要分布在大专及以上的程度，样本数为 4，占比达到 57.14％；高中水平的样本数为 2，所占比例为 28.57％；小学及以下水平的样本数仅为 1，占比为 14.3％；初中水平为

0。从养殖年限看，养殖年限样本数和占比最多的是 10 年以上；其次为 4～6 年，样本数和所占比例分别为 3 和 2、42.86％和 28.57％；1～3 年和 7～10 年的样本数和占比相同，样本数为 1，占比为 14.3％。从养殖规模看，受访养殖企业的养殖规模较大，5 000～10 000 只的养殖企业的数量有 3 个，占比为 42.86％；10 000 只以上的养殖企业有 2 个，占比为 28.57％；其余养殖规模样本数和占比相同，分别为 1 和 14.30％。从养殖种类看，养殖绵羊的养殖企业数量较多，占比达到了 71.43％；养殖山羊的占比则为 28.57％。

表 4-3　肉羊养殖企业基本情况描述性统计

受访者基本情况	样本分类	样本数（人）	比例（％）	养殖基本情况	样本分类	样本数（个）	比例（％）
性别	男	6	85.70	养殖年限	1～3 年	1	14.30
	女	1	14.30		4～6 年	2	28.57
年龄	35 岁以下	0	0		7～10 年	1	14.30
	36～45 岁	3	42.86		10 年以上	3	42.86
	46～55 岁	2	28.57	养殖规模	1 000 只以下	1	14.30
	56 岁以上	2	28.57		1 000～5 000 只	1	14.30
文化程度	小学及以下	1	14.30		5 000～10 000 只	3	42.86
	初中	0	0		10 000 只以上	2	28.57
	高中	2	28.57	养殖种类	山羊	2	28.57
	大专及以上	4	57.14		绵羊	5	71.43

4.2.3　整体样本的生产效率分析

运用 DEAP2.1 软件对各肉羊养殖模式及全样本投入产出指标进行了生产效率的测算和分解，将生产效率即综合技术效率

（TE），分解为纯技术效率（PTE）和规模效率（SE），具体分析结果见表 4 - 4。

表 4 - 4　肉羊规模化养殖模式 DEA 分析结果

养殖模式		均值	DEA 有效 ($\theta=1$)		无效程度低 ($0.7\leqslant\theta<1$)		无效程度中 ($0.4\leqslant\theta<0.7$)		无效程度高 ($0\leqslant\theta<0.4$)	
			均值	比例（％）	均值	比例（％）	均值	比例（％）	均值	比例（％）
TE	全样本	0.714	1	42.86	0.814	8.57	0.559	28.57	0.269	20
	养殖企业	0.812	1	71.43	0	0	0	0	0.343	28.57
	养殖大户	0.689	1	35.71	0.837	10.71	0.559	35.71	0.239	17.86
PTE	全样本	0.847	1	51.43	0.825	28.57	0.521	17.14	0.266	2.86
	养殖企业	0.916	1	85.71	0	0	0.417	14.30	0	0
	养殖大户	0.829	1	42.86	0.825	35.71	0.541	21.43	0.266	3.57
SE	全样本	0.784	1	42.86	0.849	40	0.571	17.14	0.289	11.43
	养殖企业	0.882	1	71.43	0.832	14.30	0	0	0.339	14.30
	养殖大户	0.821	1	35.71	0.850	46.43	0.564	7.14	0.272	10.71

注：DEA 无效程度分为无效程度低、中、高三种情况，θ为效率值。

（1）从综合技术效率计算结果来看　全样本的综合技术效率均值为 0.714，达到综合技术有效的样本占比为 42.86%。而从无效程度的分布情况看，无效程度低的效率均值为 0.814，且所占比例最低，为 8.57%；无效程度中的效率均值为 0.559，所占比例为 28.57%；无效程度高的效率均值为 0.269，占比为 20%。从以上分析可以看出，有 2/5 的样本实现了 DEA 有效，全样本的无效程度效率值主要集中在 0.4～0.7。综上所述，虽然受访肉羊养殖场的生产效率总体较高，但分布不均衡。

（2）从纯技术效率的计算结果来看　纯技术效率均值为 0.847，实现 DEA 有效的占比为 51.43%。从无效程度分布情况看，无效程度低的占比为 28.57%，效率均值为 0.825；无效程度中的占比为 17.14%，效率均值为 0.521；无效程度高的占比为 2.86%，效率均值为 0.266。这表明，过半的样本达到了纯技术效率有效阶段，且达到无效程度低的样本数在所有无效程度中占比最高，无效程度高的样本数占比最低，说明山东省肉羊养殖技术水平得到了提高，生产能力和管理能力水平较高。

(3) 从规模效率的计算结果来看 受访肉羊养殖场的规模效率均值为 0.784，达到 DEA 有效阶段的样本占比为 42.86%。效率无效程度的分布中，有 40% 的样本处于无效程度低的阶段，均值为 0.849；17.14% 的样本呈现无效程度中的状态，均值为 0.571；剩余 11.43% 的样本为无效程度高的情况，均值为 0.289。另外，规模效率均值与纯技术效率均值相比较低。以上说明山东省肉羊规模化养殖水平还有待提高。

4.2.4 肉羊不同规模化养殖模式生产效率差异分析

4.2.4.1 综合技术效率对比分析

从养殖企业和养殖大户的综合技术效率的测算结果看，养殖企业的综合技术效率均值为 0.812，养殖大户的综合技术效率均值为 0.689，两者之间差距明显；从 DEA 有效的占比情况看，实现 DEA 有效的养殖企业占比达到 71.43%，而养殖大户处于 DEA 有效占比仅为 35.71%，可以看出养殖企业比养殖大户的生产效率高；从技术无效程度的分布情况看，养殖企业的无效程度全部在无效程度高的阶段，无效程度均值为 0.343，占比为 28.57%，其余无效程度阶段占比均为 0，而养殖大户无效程度主要分布在无效程度中的阶段，无效程度值为 0.559，占比达到 35.71%，且全部无效程度阶段占比为 64.29%。可以发现，虽然个别养殖企业处于无效程度高的阶段，但却有 2/3 的养殖大户处于无效程度阶段，再一次说明了养殖企业的生产效率优于养殖大户。以上分析说明，标准化、规模化的养殖企业更有利于生产效率的提高。

4.2.4.2 纯技术效率比较分析

从两种养殖模式纯技术效率的均值来看，养殖企业纯技术效率均值为 0.916，养殖大户纯技术效率均值为 0.829，两者相比养殖企业的技术效率较高；从 DEA 有效的占比看，养殖企业纯技术效率实现 DEA 有效的比例高达 85.71%，养殖大户纯技术效率处于 DEA 有效阶段的占比为 42.86%，明显低于养殖企业。从无效程度的分布情况看，养殖企业纯技术无效全部处在无效程度中的阶段，所占比例为 14.3%；养殖大户无效程度主要分布于无效程度低的阶段，所占比例为 35.71%；且无效程度中的占比也大于养殖企业，为 21.43%。可以看出，养殖企业的纯技术效率值优于养殖大户，这表明养殖企业在先进的科学技术和机械设备的基础下，利用企业内部的管理制度加强了资源配置能力，且技术水平和管理能力都远远高于养殖大户，养殖大户的技术水平和管理能力还有待进一步提高。2011 年农业部的"十二五"规划提出在良种补贴、繁育、饲料、防疫等相关技术的研发及建设标准规模示范场等方面，通过政策扶持来促进肉羊规模生产经营的发展。这些政策的提出促进了肉羊养殖技术水平的提高。

4.2.4.3 规模效率对比分析

从两种养殖模式的整体均值来看，养殖企业规模效率均值为 0.882，养殖大户规模效率均值为 0.821，养殖企业略大于养殖大户；从 DEA 有效的占比看，养殖企业的养殖规模达到最优状态的占比高达 71.43%，养殖大户的养殖规模达到最优状态的占比为 35.71%，说明肉羊养殖企业的规模化程度高于养殖大户。从无效程度的角度看，养殖企业规模无效值主要集中在无效程度低和无效程度高的阶段，所占比例均为 14.3%；养殖大户的规模无效程度主要集中在无效程度低的阶段，均值为 0.850，所占比例为 46.43%；无效程度中和无效程度高的占比分别为 7.14% 和 10.71%，占比较小。综合以上分析认为，肉羊养殖企业的规模化程度较高，而养殖大户的规模化水平也在逐渐提高，说明肉羊养殖大户的规模养殖意识在逐渐增强。2010 年国家出台《关于加快推进畜禽标准化规模养殖的意见》《畜禽标准化示范场管理办法》等关于加快改善规模养殖场标准化建设的文件，2016年"十三五"规划中再次提出提高畜禽标准化、规模化养殖水平的相关政策，加之近年来非洲猪瘟的影响，都加快了山东省养殖企业和养殖大户向规模化发展的步伐。

4.2.5 肉羊不同规模化养殖模式规模报酬分析

规模报酬的变化情形有规模报酬递增、规模报酬不变及规模报酬递减 3 种。肉羊养殖过程中各投入要素增加的比例小于产出增加的比例时，称为规模报酬递增；各投入要素增加的比例等于产出增加的比例，称为规模报酬不变，此时达到最优生产规模；各投入要素增加的比例大于产出增加的比例，称为规模报酬递减。表 4-5 为肉羊规模化养殖模式规模报酬情况，下面将从全样本及各养殖模式的差异进行分析。

（1）**全样本规模报酬分析** 从全样本的规模报酬变化情况看，规模报酬递增的比例为 45.71%；规模报酬不变的比例为 42.86%；规模报酬递减的样本数量仅为 4，占比 11.43%。可以看出，近一半的样本达到了最优生产状态，处于规模报酬递增状态的样本可以适当扩大养殖规模，处于规模报酬递减状态的样本则应缩小养殖规模以提高资源利用率。

（2）**各养殖模式的差异对比分析** 从养殖企业的规模报酬变动情况看，养殖企业规模报酬情况主要集中在不变和递减的阶段，其中规模报酬不变的养殖企业占比为 71.43%，规模报酬递减的养殖企业占比为 28.57%，不存在规模报酬递增的养殖企业；从养殖大户的规模报酬变化情况看，养殖大户规模报酬主要集中在规模报酬递增阶段，占比为 57.14%，规模报酬不变的养殖大户占比仅为 35.71%，规模报酬递减的养殖大户占比为 7.14%。由以上分析可以看出，养殖企业的规模报酬情况较好，大部分养殖企业已实现了最优生产状态，处在规模报酬递增阶段的养殖企业和养殖大户，可以适当增加饲料投入、人工成本等生产要素的投入以便获得更多产出，并根据养殖情况调整养殖规模，以此实现最优生产状态；处在规模报酬递减阶段的养殖企业和养殖大户，应适当减少相关要素投入，缩小养殖规模，加强规范化管理，并合理利用资源，提高资源利用率。

表 4-5　肉羊规模化养殖模式规模报酬情况

养殖模式	规模报酬递增		规模报酬不变		规模报酬递减	
	数量	比例（%）	数量	比例（%）	数量	比例（%）
全样本	16	45.71	15	42.86	4	11.43
养殖企业	0	0	5	71.43	2	28.57
养殖大户	16	57.14	10	35.71	2	7.14

4.2.6　本节小结

在实地调研数据的基础上，本节通过对山东省肉羊不同规模化养殖模式生产效率的测算与分析，得出如下结论。

（1）**从受访者的基本情况看**　男性从事肉羊养殖活动居多，且通常以养殖绵羊为主。养殖企业和养殖大户的受访者年龄偏向年轻化，养殖企业受访者的文化程度较高，开展肉羊养殖活动的时间也普遍较长，养殖企业的养殖规模也明显大于养殖大户。

（2）**从整体的生产效率看**　受访肉羊养殖场的生产效率值较高，为 0.714，且达到最优生产状态的肉羊养殖场占比为 42.86%，说明山东省肉羊养殖资源利用效率较高。纯技术效率均值为 0.847，占比为 51.43%；规模效率均值为 0.784，占比为 42.86%。纯技术效率的值大于规模效率值，因此在未来发展中规模化水平的提高依然是重点。

（3）**肉羊不同规模化养殖模式间生产效率差异显著**　从综合技术效率值看，养殖企业大于养殖大户，且 DEA 有效占比远高于养殖大户；从纯技术效率值看，养殖企业的技术水平和管理能力更具有优势；从规模效率值看，养殖企业高于养殖大户，养殖企业的规模化养殖情况较好。

（4）从规模报酬情况看 所有受访养殖场中实现最优规模报酬的养殖场数量接近半数。其中，养殖企业处于规模报酬不变阶段的占比较高，养殖大户处于规模报酬递增阶段的占比较高，可以看出养殖企业实现最优生产状态的情况较好。

根据以上对生产效率的测算结果，不论是从全样本看还是单独从养殖大户和养殖企业看，纯技术效率值都大于规模效率值，说明山东省肉羊的养殖技术水平相对较好，规模化程度依然需要发展。其中养殖企业各效率值都优于养殖大户，这表明无论是技术水平、管理能力，还是规模化程度，与养殖大户相比，养殖企业都具有一定优势。

养殖企业之所以比养殖大户的生产效率高，从养殖企业的定义、发展概况和特征、运营机制可以看出，具有独立经济核算的法人单位的养殖企业在资金基础、现代化技术的掌握、专业人才的选择等方面都具有较大优势，这都更有利于山东省肉羊产业的发展。因此，农户在进行模式选择时，对于有能力的农户，尤其是拥有雄厚资金基础的农户，可以选择肉羊企业化养殖模式，利用自身优势不断提高养殖技术和规模化养殖程度；对于经济基础较差但又想从事肉羊养殖活动的养殖户，可以选择资金投入较少的肉羊大户养殖模式，在不断学习和资本积累的过程中，根据自身养殖情况开展适度规模经营或向养殖企业发展。

4.3 提升山东省肉羊规模化养殖模式生产效率的政策建议

通过对山东省肉羊养殖概况和肉羊不同规模化养殖模式的研究可知，为提高山东省肉羊养殖的生产效率和经济效益，下面将分别从肉羊养殖场（户）和政府两个角度对提高山东省肉羊养殖的生产效率提出几点政策建议。

4.3.1 基于肉羊养殖场（户）角度的政策建议

4.3.1.1 肉羊养殖大户方面

第一，积极参与养殖技术及管理的培训，提高自主经营能力。相较于传统养殖，规模较大的肉羊养殖大户在养殖技术水平、养殖效益等方面都具有一定优势，但养殖大户若想扩大规模增加收益，提升肉羊养殖技术及管理水平是关键。这就要求养殖大户要积极参与养殖技术培训，不断学习肉羊养殖相关知识，提升自身的专业化养殖水平。另外，养殖大户还可以利用网络、电视与报刊等现代化信息渠道学习最新的养殖技术和经营管理方法。第二，加强合作意识。肉羊养殖大户在肉羊养殖过程中应主动加入肉羊养殖专业合作社、肉羊行业协会、肉羊企业等相关组织，不断提高其组织化程度。肉羊养殖大户在加入这些组织后，可以通过参加培训活动学习到最新的肉羊养殖相关知识技能以及科学的生产经营管理方法，有利于提高养殖大户的经济收益与应对风险的能力，也可以通过这些组织提供的肉羊产业的最新信息及时了解肉羊市场的变化情况及羊肉价格走势，便于养殖大户对自身的生产经营做出正确及时的调整。第三，养殖大户适度扩大规模。实地调研过程中发现，养殖大户对近几年的肉羊养殖的经济收益情况较满意，部分养殖大户有扩大养殖规模的意愿。但是从对肉羊养殖大户生产效率的测算结果看，规模效率值小于纯技术效率值，养殖大户的规模化程度还需提高。因此，为提高山东省肉羊养殖大户规模效率，养殖大户应根据自身养殖情况，并结合政策导向和市场环境，发展适度规模经营，不断提高资金、土地、劳动力等生产要素的利用率，进而提高养殖大户的规模效率。

4.3.1.2 肉羊养殖企业方面

肉羊养殖企业是山东省所有肉羊养殖模式中养殖规模最大，

规模化、标准化及专业化程度最高的养殖模式，在整个肉羊产业链中占据着重要位置，养殖企业在发展过程中要坚持创新，坚持规模化养殖观念。首先，加强企业科技创新能力。企业应积极响应政府政策，在政策推动下积极与高等院校、科研单位等建立合作关系，增加对科技研发费用的投入，争取在良种培育技术、繁殖技术、饲料配置技术、疫病防治技术等方面取得突破，不断推进山东省肉羊产业的进步。其次，发展多种生产模式，建立完整产业链条。肉羊养殖龙头企业在肉羊养殖产业化体系中发挥着领头羊的作用，近几年政府也加大了对"公司＋基地""公司＋专业合作社＋农户"等生产模式发展的支持力度，企业也应利用自身的带头示范作用，带领周边养殖户共同富裕，同时合理利用政府资源积极打造地方优质羊肉品牌，健全饲养、屠宰、加工、销售等一体化产业链条。最后，重视适度规模生产经营。通过对山东省肉羊养殖企业生产效率的测算发现，肉羊养殖企业的规模报酬情况较好，但仍有少部分养殖企业还处于规模报酬递减的状态，此时养殖企业不可盲目扩大养殖规模，应发展适度规模养殖，在原有基础上适当缩小养殖规模以提高资源利用率，实现最佳经济效益。

4.3.2 基于政府角度的政策建议

4.3.2.1 不断发展适度规模经营，提高山东省肉羊规模化养殖程度

随着规模化养殖进程的加快以及环境监管力度的加强，肉羊散养户退出养殖的数量逐年增加。通过查阅资料得知，虽然肉羊散养模式增加了农户经济收益，但存在的环境污染严重、养殖技术落后等问题都减缓了山东省肉羊养殖向规模化养殖迈进的步伐。传统的肉羊散养模式已不再适合现如今社会及经济的发展。扩大养殖规模，发展适度规模经营已成为山东省肉羊产业的发展潮流。对此，提出以下几点政策建议：

第一，扶持养殖场（户）继续完善养殖基础设施设备。为提

高规模化养殖水平，政府应加大对养殖场（户）的扶持力度，适当降低养殖场（户）获取补贴的准入标准，对外购种羊、羔羊，购买饲料、兽药疫苗等加大资金补贴，为发展适度规模经营创造条件。进一步完善肉羊规模养殖所需的设施设备，加强水、电、路、粪污处理、防疫等配套设施及饲草基地的建设，采用先建后补、以奖代补、贷款贴息等方式进行扶持，提高自繁自养养殖场（户）新增母畜的补助标准，使其逐步增加基础母羊存栏量，促进养殖场（户）规模养殖，并逐步提高规模养殖比重。第二，鼓励肉羊养殖场（户）建立或加入专业合作社，提高当地肉羊养殖组织化程度。引导养殖场（户）建立合作社或加入当地合作社，一方面可以提高当地的组织化程度，降低市场风险；另一方面还便于组织开展养殖技术培训活动。同时邀请专家学者开展养殖讲座、座谈会，还可以通过网络、电视及报刊等加大对规模化养殖优势的宣传力度，积极宣传规模化养殖优势，使规模化养殖观念深入人心。第三，支持多种生产模式的发展，尤其要积极培育大型龙头企业。为促进产业化经营，政府应积极培育规模化养殖企业向龙头企业发展，支持"公司＋基地""公司＋专业合作社＋农户"等生产模式的发展，通过龙头企业带动周边农户提高当地的养殖组织化程度。

4.3.2.2 继续加强山东省肉羊产业科学养殖管理，提高肉羊养殖技术水平

规模化养殖已经成为山东省肉羊养殖的必然发展趋势，要想提高肉羊养殖的规模化程度，科学养殖和先进的养殖技术必不可少。首先，培养养殖场（户）科学养殖管理观念。传统的养殖方法已经不再适用于规模化养殖发展趋势，当肉羊养殖规模逐渐扩大时，肉羊养殖对管理人员、技术人员和饲养人员等工作人员专业能力的要求也逐渐提高，但据实地调研情况发现，大部分养殖场（户）为节约成本并未对工作人员进行科学明确的分工，养殖场（户）主或雇佣的劳动力往往一人身担数职，而这容易造成管

理混乱，不利于规模化养殖的发展，因此政府应积极开展关于科学养殖管理知识的讲座，不断向养殖场（户）灌输科学经营管理理念，引导肉羊养殖场（户）开展科学化、专业化的养殖活动。其次，加强肉羊养殖技术的培训和推广。鼓励养殖场（户）继续完善专业化管理能力，同时针对肉羊养殖场（户）的文化水平及科学文化素养普遍偏低的问题，相关部门应采取多渠道、多元化的方式加强养殖技术和管理能力的培训，如设置专门的养殖技术培训班，定期开展肉羊养殖技术专题讲座，并邀请肉羊养殖领域的专家、学者进村入户，进行一对一指导。再次，鼓励高校毕业生或专业技术人员进行肉羊养殖。肉羊的规模化养殖对养殖技术和管理能力都具有较高的要求，此时就要求肉羊养殖者具备一定的文化水平和学习能力，因此政府应积极鼓励并引导相关专业高校毕业生、专业技术人员从事肉羊养殖，运用自身的知识和技能不断促进山东省肉羊养殖技术水平和管理能力的提高。最后，继续加强基层畜牧技术服务体系建设。通过建立畜牧业养殖专业技术人才培训基地、学术交流、座谈活动等方式，加强对基层畜牧技术人员在养殖技术推广、疫病防治、养殖环境监督、饲料兽药监管等方面的技术管理水平，提升其业务水平和专业能力。

4.3.2.3　鼓励多种养殖模式共同发展

肉羊养殖规模化是大势所趋，也是推动山东省成为肉羊养殖强省的最重要方式，大户养殖模式、合作社养殖模式、养殖小区模式、企业化养殖模式等规模养殖模式的出现导致政府逐渐忽略了散养模式的重要性。传统的肉羊散养模式不仅有利于增加贫困家庭收入，还可以吸纳剩余劳动力和安排剩余劳动时间。农村留守老年人或妇女在从事种植业的闲余时间，也可以通过养羊增加家庭收入。因此，从贫困家庭的角度看，从事肉羊散养是他们脱贫的好机会。未来，政府应加强对肉羊散养模式的关注，努力促进散养模式、大户养殖模式、企业化养殖模式等多种养殖模式的共同发展。

5 | 山东省肉羊养殖户的生产经营 行为研究

5.1 山东省肉羊养殖户生产及销售行为分析

5.1.1 问卷设计与数据来源

本章以山东省为例，获取数据的方式主要为实地调研和委托调研两种。实地调研的数据主要是跟随导师及课题组于 2017 年 3—5 月以及 2017 年 8—10 月实地走访泰安、莱芜、聊城、临沂等地区的大型养殖场和部分养殖户获得；委托调研的数据主要通过山东农业大学经济管理学院的"三农"省情调研中心于 2017 年 7—8 月实地调查所得。数据获取过程中共发放问卷 320 份，收回问卷 267 份，回收率 83.44%，其中有效问卷 257 份，有效问卷率为 96.25%。样本养殖户的数据来自山东省 14 个市的肉羊养殖户的问卷调查。调查对象主要是一些养羊户和养羊场。本文使用的数据均来自该系列调研，但数据的选择根据研究目标的不同有所筛选。为了更方便进行数据描述，笔者团队对部分数据的表达进行了整理。数据处理以统计描述和计量分析为主，采用 Excel 2007 和计量软件 SPSS 22.0。

王维通、徐晓鹰（2001）依据厉以宁主编的《区域发展新思路》对区域经济发展有较大影响的理论模式对山东省进行区域划分，认为网络开发的模式较为科学、合理。按照该模式的思想，依据山东省的自然地理特征和相延而成的习惯，可以将全省分为 5 个经济区域，即半岛经济区，由青岛、烟台、威海 3 市构成；

鲁中经济区，由济南、淄博、潍坊、泰安、莱芜 5 市构成；鲁北经济区，包括聊城、德州、滨州、东营 4 市；鲁西南经济区，包括菏泽、济宁、枣庄 3 市，鲁南经济区，包括日照、临沂 2 市[①]。

调研数据包含山东省 5 个区域，14 个城市代表样本的肉羊养殖户的调查数据详见表 5-1。半岛经济区样本养殖户占全部样本的 17.91%。青岛 16 户，占全部受访样本的 6.23%；烟台 14 户，占全部受访样本的 5.45%；威海 16 户，占全部受访样本的 6.23%。鲁中经济区样本养殖户占全部样本的 26.45%。济南 9 户，占全部受访样本的 3.50%；潍坊 18 户，占全部受访样本的 7.00%；泰安 31 户，占全部受访样本的 12.06%；莱芜 10 户，占全部受访样本的 3.89%。鲁北经济区样本养殖户占全部样本的 10.21%。其中，聊城 10 户，占全部受访样本的 3.89%；德州 16 户，占全部受访样本的 6.23%。鲁西南经济区样本养殖户占全部样本的 21.79%。其中，菏泽 24 户，占全部受访样本的 9.34%；济宁 22 户，占全部受访样本的 8.56%；枣庄 10 户，占全部受访样本的 3.89%。鲁南经济区样本户占全部样本的 23.73%。其中，日照 9 户，占全部受访样本的 3.50%；临沂受访养殖户最多，共 52 户，占全部受访样本的 20.23%。

表 5-1　样本的地区分布情况

区域	地区	样本数（个）	比例（%）
半岛经济区	青岛	16	6.23
	烟台	14	5.45
	威海	16	6.23

① 王维通，徐晓鹰. 关于山东经济区域划分的思考 [J]. 华东经济管理，2001（2）：9-10.

（续）

区域	地区	样本数（个）	比例（%）
鲁中经济区	济南	9	3.5
	潍坊	18	7
	泰安	31	12.06
	莱芜	10	3.89
鲁北经济区	聊城	10	3.89
	德州	16	6.23
鲁西南经济区	菏泽	24	9.34
	济宁	22	8.56
	枣庄	10	3.89
鲁南经济区	日照	9	3.5
	临沂	52	20.23
合计		257	100

数据来源：由调查问卷整理所得。

5.1.2 肉羊养殖户基本情况

本文涉及的肉羊养殖户的基本情况，主要包括调查对象的性别、年龄、受教育程度、家庭年纯收入水平、养羊收入占总收入的比例，以及养羊年限。运用 SPSS 22.0 整理调查样本的基本个体特征情况详见表 5-2。

（1）样本养殖户的性别分布　在 257 位样本肉羊养殖户中，男性样本户居多，占受访样本户的 87.55%；女性样本户较少，占全部样本的 12.45%。可见从事肉羊养殖的多数为男性，男性作为家中主要的劳动力，对家庭活动的决策和行动起到主要作用。也可以看出大多肉羊养殖活动均是家庭主要劳动力在进行。

（2）样本养殖户的年龄分布　样本养殖户年龄总体偏大，46～60 岁的样本养殖户最多，占比 55.25%；其次是 60 岁以上的养殖户，占比 19.84％；36～45 岁的养殖户占总样本的 19.07％；35 岁以下的养殖户仅占受访样本的 5.84％。养殖户的年龄普遍偏大，从事肉羊养殖的普遍为中老年人，46 岁以上的养殖户占受访样本的 75.09％，超过 3/4。

(3) 样本养殖户受教育程度情况 山东省养殖户样本的受教育程度普遍偏低，初中以下教育程度的肉羊养殖户占全部受访样本的 85.99％。其中小学及以下教育程度的同样占据最多比例，占全部受访样本的 44.75％；初中教育程度的肉羊养殖户也很多，为全部受访样本的 41.24％；高中以上学历占全部受访样本的 14.01％；大专以上学历的养殖户仅占全部受访样本的 4.67％。养殖户的受教育程度普遍比较低，高中及以上学历的养殖户很少。

(4) 样本养殖户家庭收入情况 从事养羊行业的受访养殖户的家庭收入有所不同，且差异较大。经数据计算，年纯收入最低的为 1 300 元，最高的为 1 800 000 元，均值为 80 844.81 元，中位数为 30 000 元。受访养殖户年纯收入差异较大，样本数据的波动较大。总体来说，受访样本的年纯收入大部分低于样本均值。从事养羊的养殖户家庭年纯收入主要集中在 10 万元及以下水平，占全部受访样本的 85.60％；26.85％的样本养殖户其家庭年纯收入在 10 000 元及以下；年纯收入在 10 001～50 000 元的养殖户最多，占全部受访样本的 38.13％；年纯收入超过100 000元的养殖户占 14.40％。可见调查样本中，各个层次收入群体的养殖户都存在，肉羊养殖的进入门槛没有明显的收入方面的限制。

(5) 肉羊养殖户的专业化程度 养羊收入占家庭总收入的比例即养羊效益作为家庭经济来源的占比，通常用来表达养殖户的养殖专业化程度。养羊收入占总收入 30％以下的养殖户占全部受访样本的 22.18％；养羊收入占总收入 30％～49％的占 26.07％；养羊收入占总收入 50％～80％的占 29.18％；养羊收入占总收入的比重超过 80％ 的养殖户占 22.57％。由此可见，养殖户的专业化程度还不够高，但是专业化发展潜力巨大。虽然养羊收入占总收入的比重超过了 80％ 的养殖户不多，但是养羊收入占总收入的比重在 50％～79％ 的养殖户最多，养羊收入占总收入比重在 30％ 以下的养殖户最少。

（6）样本养殖户的养殖年限　在受访的全部养殖户中，养殖年限 3 年及以下的养殖户占全部受访样本的 16.73％；养殖年限 4～7 年的养殖户数量最多，占全部受访样本的 39.69％；养殖年限 8～10 年的养殖户占全部受访样本的 17.90％；养殖年限10 年以上的养殖户占全部样本的 25.68％。可见在受访的养殖户中，大多数养殖户的养殖年限比较长。有很多养殖户已经坚持了 10 年左右，将养羊当作事业来发展。新进入养羊行业的养殖户即 3 年及以下经验的也占据了 16.73％ 的比例。可见肉羊产业的发展仍然具有吸引力。

表 5-2　样本养殖户基本特征描述

类型	选项	样本数（个）	比例（％）
性别	男	225	87.55
	女	32	12.45
	总计	257	100
年龄	35 岁以下	15	5.84
	36～45 岁	49	19.07
	46～60 岁	142	55.25
	60 岁以上	51	19.84
	总计	257	100
受教育程度	小学及以下	115	44.75
	初中	106	41.24
	高中/中专/职高/技校	24	9.34

（续）

类型	选项	样本数（个）	比例（％）
	大专及以上	12	4.67
	总计	257	100
家庭年纯收入水平	10 000 元及以下	69	26.85
	10 001～50 000 元	98	38.13
	50 001～100 000 元	53	20.62
	100 000 元以上	37	14.40
	总计	257	100
养羊收入占总收入的比例	30％以下	57	22.18
	30％～49％	67	26.07
	50％～79％	75	29.18
	80％以上	58	22.57
	总计	257	100
养殖年限	3 年及以下	43	16.73
	4～7 年	102	39.69
	8～10 年	46	17.90
	10 年以上	66	25.68
	总计	257	100

数据来源：由调查问卷整理所得。

5.1.3　山东省肉羊养殖户生产行为分析

5.1.3.1　养殖品种选择

养殖品种选择主要包括养殖品种数量和种类的选择。受访肉羊养殖场（户）选择的养殖品种数量主要分为一种、两种及三种。84.43％的养殖户都选择只养殖一种肉羊。比较受欢迎的品种有波尔山羊、小尾寒羊、白山羊、青山羊、黑山羊、杜泊绵羊。养殖两种羊的养殖户占全部受访养殖户的 14.40%。比较受欢迎的养殖组合有小尾寒羊与波尔山羊、杜泊绵羊与波尔山羊。多数组合都是小尾寒羊或者是波尔山羊与其他种类羊的组合，可见小尾寒羊与波尔山羊在山东地区受欢迎程度比较高。选择三种品种养殖的养殖户比较少，占全部受访养殖户的 1.17%。选择三种养殖品种的养殖户，较喜欢从波尔山羊、黑山羊、白山羊、小尾寒羊等品种中选择组合。

大部分养殖场（户）选择养殖一种品种，通常因为同种羊的生活习惯相同，方便照料。选择两种养殖品种的养殖场（户）需要注意两种羊各自的生活习惯，但是在某种程度上可以平衡养殖收益。养殖三种及以上品种较为复杂，需要注意的事情较多，除了大规模的种羊场外，较少的养殖场养殖过多种类。山东地区养殖户养殖的品种大多是当地发展起来的小尾寒羊、白山羊、黑山羊、青山羊等，或者是较早引进的适合山东地区环境养殖的波尔山羊、杜泊绵羊等，当然也有近几年引进的外地羊如蒙羊、湖羊，甚至进口外国的羊，如美国白山羊、考力代绵羊、澳洲白山羊等，但是养殖人数相对较少，养殖户通常会选择别人养殖较多、适合当地环境、经济效益比较好的羊，可以直接借鉴养殖经验，需要付出的信息搜寻成本较少。较新的品种无法获得本地养殖的经验，只能作为开拓者尝试去养，需要付出较多的精力和成本。

5.1.3.2 养殖方式与养殖规模选择

在养殖方式的选择上，超过一半的受访养殖户选择半舍饲，占全部受访养殖户的 54.09%；全舍饲的养殖户占全部受访养殖户的 32.68%；全放养的养殖户占全部受访养殖户的 13.23%。或许是禁牧政策的施行大大减少了全放养的养殖方式，全放养养殖的养殖户比例最少。舍饲养羊便于进行管理和控制，而且能够克服北方寒冷的天气，全舍饲的养殖户占据了较多的比例。半舍饲作为舍饲和放养的结合方式，获得了养殖户们的青睐，大多数养殖户选择了半舍饲的养殖方式。由此可见，肉羊的养殖已渐渐由放养转变为舍饲和半舍饲方式，分散化的养殖正向相对集中的养殖方式转变，舍饲养殖趋势的转变利于肉羊养殖的规模化、标准化发展，而且利于肉羊产业的可持续发展。

在养殖规模的选择上，受访养殖户的养殖规模大多数集中在500只以下规模，其中30只以下规模的养殖户99人，占全部受访养殖户的38.52％；30~99只规模的养殖户占全部受访养殖户的38.13％。100只以下规模的养殖户就已占据全部受访样本的76.65％。100~499只养殖户43人，占全部受访养殖户的16.73％；500只及以上规模的养殖户相对较少，500~999只规模的养殖户占受访养殖户的4.28％，1 000只及以上规模的养殖户仅占受访养殖户的2.34％（详见表5-3）。总体来说，样本养殖户的养殖规模偏小，小规模分散的肉羊养殖户仍占非常大的比例。大规模养殖场数量较少。由于养殖规模大，面临的风险也较大，所以普通养殖户为了规避风险，选择收益较为稳定的小规模养殖。

表5-3 样本养殖户养殖规模情况

养殖规模（只）	频数（次）	比例（％）
1~29	99	38.52
30~99	98	38.13
100~499	43	16.73
500~999	11	4.28
1 000及以上	6	2.34
总计	257	100.0

数据来源：由调查问卷整理所得。

养殖户是否打算扩大规模影响着养殖规模的发展趋势。然而大多数养殖户不想扩大养殖规模，规模扩大意愿较低。不打算扩大养羊规模的养殖户有196个，占全部受访养殖户的76.26％；

只有 61 个养殖户愿意扩大养殖规模，占全部受访养殖户的
23.74%。根据表 5-4 可知，影响养殖户扩大养殖规模意愿的主
要因素是活羊的预期价格、拥有的资源量及政府的扶持力度。这
些主要因素均对养殖户的养殖规模扩大意愿产生正向的影响，认
为活羊预期价格较高的养殖户们会有扩大养殖规模的打算，而认

表 5-4　样本养殖户养羊规模扩大意愿及影响因素

| 项目 | 养羊规模扩大意愿 | | 项目 | 影响因素 | |
	频数（次）	比例（%）		频数（次）	比例（%）
不扩大	196	76.26	活羊预期价格较低	78	39.80
			羊绒预期价格偏低	10	5.10
			副产品预期价格偏低	16	8.16
			养殖成本较高	88	44.90
			缺乏资金	78	39.80
			缺乏劳动力	70	35.71
			草场面积有限	26	13.27
			养殖水平落后	42	21.43
			缺乏养殖管理知识	25	12.76
			政府扶持力度较弱	41	20.92
			禁牧政策限制	20	10.20
			其他原因	8	4.08
扩大	61	23.74	活羊预期价格较好	52	85.25
			羊绒预期价格较好	10	16.39
			副产品预期价格较好	10	16.39
			拥有较多资源（土地、资金、劳动力等）	23	37.70
			政府加大资金扶持力度	14	22.95
			其他原因	10	16.39

数据来源：由调查问卷整理所得。

为活羊预期价格较低的养殖户不打算扩大养殖规模。活羊的价格影响着养殖收益，所以是比较重要的意愿决定因素。拥有资源（土地、资金、劳动力）较多的养殖户比较愿意扩大养殖规模；缺乏资金、劳动力的养殖户没有扩大养殖规模的基本条件和动力，他们需要在自己拥有的资源范围内进行规模的选择。其次政府的扶持力度也对养殖户是否扩大规模的意愿产生较大的影响。政府扶持力度强，养殖户面对较好的政策环境，有较强的积极性与动力扩大规模；扶持力度弱，一些养殖户扩大养殖规模的动力也就减弱了。养殖户不愿意扩大养殖规模的重要原因还有养殖成本较高，扩大规模就得投入更多的成本。

5.1.3.3　养殖户要素投入行为

（1）资金投入行为　本文所研究的资金投入基本包括养殖过程中用到的所有资金，厂房设施等基础建设、机器设备也都算在资金投入中。养殖户进行怎样的投资和其获得投资的渠道有很大关系，所以本文所研究的资金投入行为主要是资金获得情况。受访养殖户大部分都是通过个人积蓄来养羊的，没有借贷资金行为的有 203 人，占全部受访样本的 78.99%；借贷资金的有 54 人，占全部受访样本的 21.01%，他们需要通过借贷资金来更好地实现资金的周转。由表 5-5 可知，在借贷资金的 54 位养殖户中，大多数养殖户借贷资金在 100 000 元及以下，占全部借贷资金样本养殖户的 83.33%。其中 1 万元及以下占全部借贷资金样本养殖户的 37.04%。借贷资金在 10 001～50 000 元的养殖户占全部借贷资金样本养殖户的 33.33%，借贷资金在 50 001～100 000 元的养殖户占借贷资金的样本养殖户的 12.96%。借贷资金在100 000元以上样本养殖户占全部借贷资金样本养殖户的16.67%。大多数养殖户借贷资金金额相对较少，可能是小规模养殖不需要太多资金，养殖户借贷一部分资金就足够周转，而且借贷大量资金也比较困难。而规模化、专业化的养殖场（户）通常需要大量的资金维持生产经营。

表 5-5 样本养殖户年借贷资金情况表

借贷资金金额	频数（次）	比例（%）
10 000 元及以下	20	37.04
10 001～50 000 元	18	33.33
50 001～100 000 元	7	12.96
100 000 元以上	9	16.67
总计	54	100

数据来源：由调查问卷整理所得。

在借贷资金的 54 人中，养殖户选择较多的借贷资金渠道是向农村信用社借贷以及向亲戚朋友借贷，其次是向银行借贷，这些借贷渠道较为正规，比较有保障。高利贷等其他借贷渠道相对来说风险较大，利率太高。农村信用社的选择率最多，占全部借贷资金养殖户的 53.70%；选择亲戚朋友借贷的也很多，占全部借贷资金养殖户的 50%；选择银行借贷的占全部借贷资金养殖户的 22.23%；选择高利贷及其他渠道的仅占 3.7%（详见表 5-6）。样本养殖户们普遍认为借贷资金难度很大，觉得借贷资金难度非常困难的占 11.11%，比较困难的占 35.19%，一般的占 35.19%，容易的仅占 18.51%。养殖户认为借贷困难的原因首先是缺少资金来源，有效可靠的借贷途径少。其次信用社、银行可贷额度不大，找人担保困难，抵押困难，而且办理程序较为烦琐。养殖风险大，规模小的养殖户借款困难，规模较大的养殖场借款相对容

表 5-6 样本养殖户借贷资金渠道选择情况

项目	农村信用社	银行	亲戚朋友	高利贷	其他借贷渠道
频数（次）	29	12	27	1	1
比例（%）	53.70	22.23	50.00	1.85	1.85

数据来源：由调查问卷整理所得。

易一点。最后身边的亲戚朋友也不富裕，或者不看好养羊不愿意借贷资金。

（2）**劳动力投入行为** 在受访样本中，一共有81位样本养殖户雇佣了劳动力，占全部样本的31.52%。176位养殖户选择利用家庭成员作为劳动力，没有雇佣劳动力，占全部受访样本的68.48%。由表5-7中81位样本养殖户雇佣劳动力的来源可以看出，58.02%的样本养殖户雇佣本村劳动力；38.27%的养殖户雇佣本乡镇其他村劳动力；养殖户雇佣本县其他乡镇劳动力的雇佣率为12.35%；仅有3.70%的样本养殖户雇佣本县以外劳动力。养殖户雇佣劳动力一般优先考虑本村的劳动力以及本乡镇其他村的劳动力，这些劳动力居住地离养殖地点较近，时间相对较灵活，雇佣较方便。本县其他乡镇劳动力和本县以外劳动力雇佣的人相对较少，因为工作距离较远，雇佣不方便。通常养殖户需要雇佣本乡镇缺乏的技术人员时，会考虑较远的劳动力。

表5-7　样本养殖户雇佣劳动力来源情况

项目	本村	本乡镇其他村	本县其他乡镇	本县以外
频数（次）	47	31	10	3
比例（%）	58.02	38.27	12.35	3.70

数据来源：由调查问卷整理所得。

在雇佣劳动力的81位样本养殖户中，认为雇佣劳动力非常困难占全部雇佣劳动力的养殖户的4.94%；比较困难的占19.75%；难度一般的占43.21%；较容易的占32.10%。总体来说，样本养殖户中大部分人觉得雇佣劳动力难度一般甚至是较为容易。较多养殖户缺少劳动力做些简单的清洁以及喂养工作，农村有较多的剩余劳动力可以完成养殖的基础工作。然而在雇佣劳动力的养殖户中仍有20位养殖户认为雇佣劳动力比较困难甚至是非常困难，他们认为雇佣劳动力很困难有以下原因：大部分青壮年劳动力外出打工，寻找工资较高的其他工作机会；劳动力大多年龄偏大。虽然雇佣的劳动力量多，但是质量不高，好多劳动力缺乏养殖知识，缺乏责任心，劳动力雇佣成本总体偏高。养殖专业技术人员较少，雇佣非常困难。

5.1.3.4 养殖户养殖技术选择行为

（1）养殖户参与相关技术培训的情况 由表5-8可以看出，养殖户参加技术及管理培训的比例很低，积极性不够高。有68.87%的样本养殖户近3年来没有接受过养殖技术及管理相关培训，剩下的80位样本养殖户近3年接受过养殖技术及管理相关培训，占总样本的31.13%。培训内容包括疾病观测、疫病防治、羊的繁殖与育肥知识、羊毛的处理以及剪毛技术、养殖饲料管理、养殖设备自动化、肉羊销售培训等。大多数养殖户参加的培训内容都是疾病观测、疫病防疫。

表5-8 样本养殖户年参加培训次数

年参加培训次数	样本数（个）	比例（%）
0	177	68.87
1～2	66	25.68
3～5	10	3.89
6～10	4	1.56
总计	257	100

数据来源：由调查问卷整理所得。

参与过相关培训的样本养殖户中，年均参加1～2次培训的养殖户占全部受访养殖户的25.68%；年均参加3～5次培训的养殖户占全部受访养殖户的3.89%；年均参加6～10次培训的养殖户仅占全部受访养殖户的1.56%。由此可见，养殖户接受养羊技术及管理培训的次数太少，大部分人没有参与过养殖相关培训，在参与过相关养殖技术管理培训的养殖户中，培训次数大多为1～2次。一方面可能是养殖户参与养殖相关培训的积极性不够；另一方面可能是社会上相关的培训机会较少，培训内容不够吸引养殖户，或者养殖户信息闭塞不了解培训消息。有一些养殖户抱怨并不知道相关的培训信息，培训信息没有普及到村里，或者有些培训是专门为养殖大户开设的。

由表5-9可以看出，养殖户较多地参与政府部门组织的养殖技术培训，以及一些合作社、协会等经济组织承办的培训活动，而参与企业组织以及科研机构、高校组织的养殖技术及管理培训相对少一些。原因可能是政府部门的培训活动宣传推广度相对较高，推广内容有普及性。合作社、协会等经济组织一般是组织内部人员参加，信息通知比较到位。科研机构和高校的培训内容比较专业，研究程度较深，组织培训相对较少，或者针对特定对象和试点。企业的技术培训群体也是具有针对性，推广给有合作的养殖户或是对企业产品有需求的养殖户。养殖户获取培训的信息途径也包括村内组织的培训、个体间的学习交流、动物检疫站的宣传指导、科研团队的指导或者科技人员的入户指导。

表5-9　样本养殖户参加培训组织方情况

项目	政府部门组织	合作社、协会等经济组织	科研机构、高校组织	企业组织
频数（次）	38	28	16	20
比例（%）	47.50	35.00	20.00	25.00

数据来源：由调查问卷整理所得。

养殖户对参与养殖技术、管理相关培训评价总体来说不够高。80位参与过养殖技术及管理培训的人，41.25%的样本养殖户对培训评价满意；51.25%的受培训养殖户对培训评价一般；7.50%的样本养殖户对参与的培训不满意。表示不满意的原因有培训内容大而空，理论性偏强，没有实际可应用到的知识；技术先进普及率低；难以学会使用高级设备；内容主要侧重产品推销。

（2）养殖户的技术应用情况　养殖户的技术应用水平普遍比较低，大多技术都是最基本的技术，新技术应用率低。养羊场

（户）认为养羊过程中，繁殖技术、养殖管理技术、疾病防疫技术的应用对养殖效益有实际帮助。

养殖户在育种方面普遍应用育种羔羊选种、青年羊选种、后备羊选种。选配、杂交的应用率相对较少。本交和人工辅助繁殖技术是人们普遍应用的技术，较为专业化的养殖户也应用人工授精、同期发情甚至是性别控制等技术。

养殖管理技术方面，养殖户普遍采用半舍饲和舍饲的方式，放牧的养殖户较少。但大多数只是简单的平顶式、单坡式羊舍。一些规模较大、较为专业化的养殖场给羊佩戴耳标，监测羊的身体状况，配备自动喂食机器、清粪机器等较为专业的养殖设备。

在饲料加工技术方面，切短、揉丝等简单加工草料的使用率仍然较高，青贮或颗粒饲料等较为先进的饲料作为搭配使用率非常高。全混合日粮（TMR）使用率不高，通常较为专业化的养殖户会配备补充营养的 TMR。

养羊过程中会遇到羊的多类疾病，在疫病防控方面使用的技术大多是疫苗防控和疫病防治，场地消毒的比较少。有些较为专业的养殖户运用消毒设备从根本上保持羊舍的卫生。样本养殖户遇到的主要有口蹄疫、小反刍兽疫、传染性胸膜肺炎、羊痘、布鲁氏菌病等羊传染病，肝包虫病、绦虫病、疥癣病、蜱虫病等寄生虫病，流产、难产等产科病，尿结石、微量元素缺乏症和维生素缺乏症等代谢病，有毒植物及饲料中毒、农药化肥及其他中毒。为了防御治疗这些疾病，样本养殖户通常采用场地消毒、药物防治、疫苗防控、布鲁氏菌病羊焚烧处理、定期驱虫、补充营养、人工助产、检查饲料、更换饲料等方法。

5.1.4 山东省肉羊养殖户销售行为分析

5.1.4.1 养殖户主要销售渠道及影响因素

（1）养殖户主要销售渠道 养殖户的销售行为对其养殖收益很重要。由表 5-10 可知，在养殖户销售肉羊的各种渠道中，商贩上门收购占 63.04％，到集市上销售的占 36.19％，通过合作社、协会等组织集中销售方式的占 8.56％，通过无书面合同的形式参与加工企业收购方式的占 6.61％，通过加工企业合同收购的方式占 6.23％，另外有 5.84％的养殖户选择其他销售渠道。其他销售渠道包括熟人订购、客户上门采购、售卖羊肉给附近的餐馆、自己食用等。总体来说，大部分养殖户都是通过到集市上销售、商贩上门收购的方式来销售，而采用加工企业收购和合作社协会等集中销售方式的相对较少。这主要是由于养殖户生产规模不够大，很难有机会和企业进行合作，或者是新型的合作组织发展不完善，使得养殖户在产品销售方面的整体组织化程度偏低。

表 5-10　样本养殖户销售渠道的选择情况

项目	商贩上门收购	到集市上销售	合作社、协会等组织集中销售	加工企业收购（无书面合同）	加工企业合同收购	其他销售渠道
频数（次）	162	93	22	17	16	15
比例（％）	63.04	36.19	8.56	6.61	6.23	5.84

数据来源：由调查问卷整理所得。

（2）养殖户销售渠道选择的影响因素　由表 5-11 可知，关于养殖户选择销售渠道的原因，选择没有其他有效渠道的养殖户占全部受访养殖户的 34.24％；选择付款有保障的养殖户占全部受访养殖户的 50.58％；选择价格合理的养殖户占全部受访养殖户的 65.76％；选择熟人关系销售的养殖户占全部受访养殖户的 32.68％；选择活动或者章程销售渠道的很少，占全部受访养殖户的 5.06％；选择其他影响因素的养殖户有 13 人，占全部受访养殖户的 5.06％。其他影响因素主要包括上门服务，售卖方便；货款面清，方便省时；随意性大，买卖随意；不通过合作社，自营自销等。由此可见，养殖户选择销售渠道的影响因素主要有 3 种：没有其他渠道，可选择渠道太少；价钱的合理性，付款的保障性；依靠社交，凭借熟人关系来选择销售渠道。因为通过合同收购的方式销售羊产品的养殖户较少，合同章程约定的方式不是主要影响因素。一定程度上因为产业组织运行的契约化程度不够高，或者是因为肉羊养殖户的合约意识较低。

表 5 - 11　样本养殖户销售渠道选择影响因素情况

项目	没有其他渠道	付款有保障	价格合理	熟人关系	合同或章程约定	其他影响因素
频数（次）	88	130	169	84	15	13
比例（%）	34.24	50.58	65.76	32.68	5.84	5.06

数据来源：由调查问卷整理所得。

5.1.4.2　销售价格的确定方式

销售价格是养殖户比较关注的事情，销售价格的确定方式对养殖户的行为有重大影响。销售价格完全由收购方决定的养殖户占全部受访养殖户的 5.06%，销售价格双方协商确定的养殖户占全部受访养殖户的 89.88%，销售价格以其他方式确定的占全部受访养殖户的 5.06%。绝大多数养殖户销售价格是买卖双方协商确定的，这种定价方式相对公平，能够让双方都满意，但是协商的过程会产生较多的交易成本。销售价格完全由收购方决定的相对较少，因为比较被动规定的价格通常让养殖户难以接受。销售价格以其他方式确定的养殖户均是根据市场价定价，或者是随市场行情根据羊的质量波动定价，是一个销售摸索的过程，将会产生较多的信息搜寻成本和交易费用。有些销售价格也算是与消费者讨价还价的协商定价。

5.1.4.3　销售收入情况

根据调查数据发现，在透露收入数据的 216 位样本养殖户中，2016 年养殖户销售收入最少的仅有 1 820 元，出栏量 3 只，养殖户收入最多的有 1 236 000 元，出栏量 1 200 只。收入水平差异较大，主要原因是出栏量以及养殖规模的差异。从表 5 - 12 中可以看出，样本养殖户的销售收入普遍集中在 50 000 元及以下，30 000 元以下的偏多，可见总体收入水平不是很高。样本养殖户的养殖规模普遍较小，这也是普遍收入不高的原因。销售收入较高的养殖户主要集中在 100 001～200 000 元，200 000 元以上收入的养殖户依次减少。

表 5 - 12　样本养殖户 2016 年销售收入情况

销售总收入	样本数（个）	比例（%）
10 000 元及以下	65	30. 10
10 001～50 000 元	104	48. 15
50 001～100 000 元	18	8. 33
100 001～200 000 元	18	8. 33
200 000 元以上	11	5. 09
合计	216	100

数据来源：由调查问卷整理所得。

销售收入情况与羊的品种、体重、出栏量有着密切的关系，所以通常养殖规模较大的养殖户，其销售收入比较高。在规模相似的养殖户中，羊销售收入来源越多，收入越多。本研究将养羊的销售收入分成了成年羊销售收入、羔羊销售收入、羊绒销售收入以及其他副产品收入。在透露收入的 216 位养殖户中，大部分养殖户都只靠出栏活羊销售收入和羔羊销售收入为主要收入，羊绒收入及其他副产品收入较少，现在普通绵羊、山羊的绒不都适合绒用，所以收购价格较低。但是已经有很多人开始开发羊的副产品收入，由于现在消费者食用肉类更加精细化，副产品收入也将是一笔可观的收入。规模大的养殖场，销售收入的来源更广泛。除了以上提到的收入，养殖场还通过养殖羊来获得更多附加收入。例如，通过羊粪制作有机肥来销售增加养殖的收入，制作青贮、颗粒饲料喂羊之余还可以售卖给其他的养殖户。所以随着养羊业的发展，未来养羊的销售收入来源将会越来越广泛。

5.2 山东省肉羊养殖户横向合作行为及影响因素分析

5.2.1 肉羊养殖户参与横向合作行为分析

5.2.1.1 养殖户参与合作社、协会等组织的基本情况

大部分受访的养殖户没有参加养羊合作社、协会等经济组织。参加养羊合作社、协会等组织的只有 37 人，占全部受访样本的 14.40%，没有参加这类组织自行生产经营的 220 人，占全部受访养殖户的 85.60%。可见养殖户的合作行为明显不积极。在这些加入组织的养殖户中大多数参加了养殖合作社，还有些养殖户与农场、养殖场以及公司有合作。

样本养殖户参加合作社、协会等经济组织的有 37 人，大多数养殖户参加组织的年限都在 5 年及以内，这是因为近些年上级政府部门极力宣传和推广农民专业合作社、行业协会等农业经济组织，使养殖户合作意识增强，加入农业经济组织的人数不断增多。前些年合作社、协会等经济组织并没有足够的数量以及宣传度，所以参与率低一些。参与的年限在 2 年以下的养殖户有 13 人，占全部参与经济组织的人数的 35.14%；参与年限 3~5 年的养殖户有 16 人，占全部参与到经济组织的人数的 43.24%；参与年限 6 年及以上的有 8 人，占全部参与到经济组织的人数的 21.62%（表 5-13）。

表 5-13 样本养殖户参加组织年限

参加组织年限	频数（次）	比例（%）
2 年及以下	13	35.14
3~5 年	16	43.24

（续）

参加组织年限	频数（次）	比例（%）
6 年及以上	8	21.62
合计	37	100

数据来源：由调查问卷整理所得。

5.2.1.2 养殖户参加养羊合作社、协会等经济组织的渠道

在 37 位肉羊养殖户参与合作社、协会等经济组织的参与渠道中，10.81%的养殖户通过互联网、报刊、广播、电视等媒体获知信息，自行联系加入组织；62.16%的养殖户通过亲友同行介绍加入组织；43.24%的养殖户通过当地政府宣传加入经济组织；21.62%的养殖户是被合作组织主动联系邀请而加入组织。8.11%的养殖户通过其他渠道加入组织。由此可见，养殖户主要是靠亲友同行介绍、当地政府宣传参加经济组织，由于对亲友的信任、对同行经验的认可，以及对政府宣传的支持和信任，大多数养殖户认为这些途径较为可靠。通过组织主动联系邀请加入经济组织的养殖户也较多，如今不少新出现的组织和想扩大发展规模的组织，会主动联系养殖户发展壮大组织。通过互联网、报刊、广播、电视等媒体获知信息自行联系的养殖户较少，可能因为养殖户的年龄普遍较大、不能熟练使用相关媒体工具，或者是对媒体上的信息不信任，更相信实实在在的真实情况与反馈。

表 5-14 养殖户参加养羊合作社、协会等经济组织的渠道

项目	通过互联网等媒体获知信息自行联系	亲友同行介绍	组织主动联系邀请加入	当地政府宣传	其他
频数（次）	4	23	8	16	3
比例（%）	10.81	62.16	21.62	43.24	8.11

数据来源：由调查问卷整理所得。

5.2.1.3　养殖户参与横向合作的组织服务的提供情况

由表 5 - 15 可知，样本养殖户所参与的组织中，提供技术培训和指导的组织最多，占样本养殖户参加组织数的 83.78%；提供统一防疫服务的组织有 29 个，占样本养殖户参加组织数的 78.38%；提供统一销售服务的组织有 21 个，占样本养殖户参加组织数的 56.76%；提供统一采购饲草料、统一配种服务的组织均有 18 个，分别占样本养殖户参加组织数的 48.65%；提供统一剪毛（抓绒）服务的组织有 13 个，占样本养殖户参加组织数的 35.14%；提供信贷担保服务的组织有 9 个，占样本养殖户参加组织数的 24.32%；提供统一种植牧草服务的组织有 4 个，占样本养殖户参加组织数的 10.81%；提供其他服务，主要是信息交流服务的组织有 5 个，占样本养殖户参加组织数的 13.51%。总体来说，参与组织的全部样本养殖户中，大部分养殖户都能获得技术培训和指导、统一防疫、统一销售的服务，这是组织中比较基本的服务。部分养殖户反映，统一销售是根据需求定量销售，多出规量的需要自行销售。还有很多养殖户在组织得到了统一采购饲料和统一配种的服务，这种服务一定程度上能够减小肉羊产品质量的差别。

表 5 - 15　样本养殖户参与横向合作的组织提供的服务

项目	统一销售服务	技术培训指导	统一采购饲草料	统一防疫	统一配种	统一种植牧草	提供信贷担保	统一剪毛	其他服务
频数（次）	21	31	18	29	18	4	9	13	5
比例（%）	56.76	83.78	48.65	78.38	48.65	10.81	24.32	35.14	13.51

数据来源：由调查问卷整理所得。

5.2.1.4　养殖户参与横向合作组织的作用

养殖户加入组织的变化详见表 5 - 16，在全部的变化中，变化较为明显有 6 个，86.49% 的养殖户通过加入组织，养殖技术水平提高；64.86% 的养殖户，疫病防控更加及时有效；56.76%

的养殖户通过加入组织，其养殖规模扩大；51.35％的养殖户加入合作组织后，收入增加；48.65％的养殖户认为参加组织后，销售更有保障；养殖品种改善的养殖户占全部参加组织的样本养殖户的43.24％。总体来说，参加组织的养殖户不仅在生产品种、养殖技术、疫病防治等方面受益，而且加入组织后很多养殖户的养殖规模在逐渐扩大，利于规模化的发展。非常重要的是加入组织还能使销售更有保障。还有养殖户认为加入经济组织带来的其他变化包括获得较多的信息交流以及饲养技术指导。当然也不乏收入减少的养殖户，毕竟养殖面临的风险还是存在的。

表 5-16　样本养殖户加入组织的变化情况

项目	销售更有保障	品种改善	养殖技术水平提高	养殖规模扩大	收入增加	收入减少	疾病防控更加及时有效	其他变化
频数（次）	18	16	32	21	19	5	24	4
比例（％）	48.65	43.24	86.49	56.76	51.35	13.51	64.86	10.81

数据来源：由调查问卷整理所得。

5.2.1.5　养殖户未参加组织原因

从表5-17可以看出，未参加经济组织的220位养殖户，未参加组织的原因是多种的，其中60.91％的养殖户未参加组织的原因是当地没有该组织。可见很多地区仍然不存在养羊合作社、协会等经济组织，自然就减少了养殖户参与横向合作的机会和意愿，限制了养殖户的横向合作行为。因不了解而未参加该组织的养殖户占全部未参加组织养殖户的22.73％。养殖户对经济组织的认知不清、不了解，所以不会参与组织，也不想承受未知的风险。14.09％的样本养殖户不参加经济组织的原因是当地的组织不完善。不完善的组织难以达到养殖户的满意度，有些服务或者内部体制不健全，养殖户便不会参与组织。有18.64％的样本养殖户参加过经济组织，但是发现作用不大而后退出了组织，阻断了养殖户参与横向合作行为。有 6.82% 的养殖户认为参加经济组织的门槛过高，组织门槛过高，就会阻碍很多小规模、不够专业化的养殖户参与横向合作。为了方便管理和保障组织成员收益，有些组织确实对养殖的规模、养殖的专业化程度有要求。可见养殖的规模化以及专业化已经是发展的必然趋势。养殖户还有其他未参加组织的原因，如加入程序复杂、规模太小、有组织但没有交流过、不了解组织等。

表 5-17　样本养殖户未参加组织原因

项目	当地没有该组织	不了解该组织	当地有组织但不完善	参加该组织门槛过高	参加后作用不大	其他原因
频数（次）	134	50	31	15	41	4
比例（%）	60.91	22.73	14.09	6.82	18.64	1.82

数据来源：由调查问卷整理所得。

5.2.2　肉羊养殖户参与横向合作行为影响因素的实证分析

从上述调查结果来看，尽管参与横向合作对品种的改善、养殖技术水平的提高、规模的扩大、疾病的有效防控、收入的增加都有较为明显的作用，但目前山东省养羊场（户）的横向合作程度整体上并不高。下文将对肉羊养殖户横向合作行为的影响因素进行分析。

5.2.2.1　研究假说

结合现有的研究成果，以及本研究关于养殖户参与组织的情况，本章将养殖户参与横向合作的影响因素分为个体特征变量、生产经营特征变量两部分。

（1）养殖户个体特征变量　诸多学者针对农户的年龄、性别、文化程度、身份等个人特征对影响农户参与横向合作行为进行研究（史冰清等，2010；蔡荣，2011）。本章选取肉羊养殖样本户的性别、年龄和受教育程度 3 个个体特征变量。H1－1：性别影响养殖户参与横向合作行为的方向不确定。通常男性对合作社等组织的了解和认知度较好，也能较快地接受并融入新事物，但是通常女性低风险偏好程度较高，可能会通过寻求合作来降低风险，从而增加其横向合作行为。H1－2：年龄影响养殖户参与横向合作行为的方向不确定。年龄越小的养殖户的信息获取能力和应用新发展模式的积极性较高，但年龄较大的养殖户受身体状况及养殖能力的局限，可能会因为组织内部的管理使其相对轻松而参加合作组织。H1－3：受教育程度对肉羊养殖户参加横向合作行为有正向影响。通常情况下，受教育程度越高的养殖户接受和处理信息的能力越强，能深刻认识参加合作社带来的长远利益（陈新华、方凯，2016）。

（2）养殖户生产经营特征变量 目前很多学者的研究结果认为经营规模、农业收入占家庭收入的比重以及是否参加过农业技术培训显著影响农户的横向合作行为（郭红东，2010；占小军，2012）。本章选取受访养殖户的养殖年限，养殖规模，养羊收入占总收入的比例，近三年是否参加养殖技术、管理培训 4 个变量。H2－1：养殖户的养殖年限对养殖户参与横向合作行为的影响不明确。因为养殖年限越久，饲养的经验越丰富，应用技术水平会提升，拥有相对稳定的产品销路，这将降低养殖户加入合作组织的积极性；然而受其拥有资源（土地、资金、劳动力等）的制约，可能通过加入组织以取得更好的经营状况。养殖年限较短的养殖户也可能为了追求较规范的养殖管理、先进的技术和更多可选择的销售渠道参与合作组织。H2－2：养殖规模对横向合作产生正向影响。本文以养殖规模区间为衡量标准，认为养殖规模越大，为减少或分担风险，越愿意选择参与横向合作。H2－3：肉羊养殖户专业化程度对养殖户参与横向合作有正向影响。养殖户的专业化程度主要通过养羊收入占总收入的比例来进行衡量，假设养殖户专业化程度越高,对通过养羊提高收入的期望与需求越高,因此更愿意参与横向合作。H2-4:参加过农技培训的农户比没参加过农技培训的农户更愿意加入农业合作组织。本章以近三年内是否参加养殖技术及管理培训为标准,认为参加技术培训对养殖户参与横向合作有正向影响。

综上所述,肉羊养殖户参与横向合作行为的 7 个影响因素的变量及其预期影响方向可以归纳为表 5-18。

表 5-18　影响肉羊养殖户参与横向合作行为的变量及其预期作用方向

项目	变量	预期影响方向
个体特征	性别	+/-
	年龄	+/-
	受教育程度	+
生产经营特征	养殖年限	+/-
	养殖规模	+
	专业化程度	+
	是否参加养殖技术管理培训	+

5.2.2.2　变量选择及模型构建

（1）**变量选择**　依据上述研究假说,首先将样本肉羊养殖户的性别、年龄、受教育程度、养殖年限、养羊专业化程度（即养羊收入占总收入的比重）、养殖规模、是否参与养殖技术及管理培训采用单因素分析对 7 个自变量进行进一步筛选。由于表 3-3 中已将养殖年限分类统计,因此以上 7 个变量均为分类变量,即采用卡方检验对变量分布情况进行差异检验,检验显示性别和养殖年限的 P 均大于 0.05,年龄、受教育程度、专业化程度、养殖规模、是否参加技术培训对养殖户是否参与横向合作在 1% 水平下呈显著影响,检验结果详见表 5-19。

表 5 - 19 影响养殖户参与横向合作行为的分类变量检验

变量	卡方	P
性别	0.748	0.387
年龄	29.972	0.000***
受教育程度	13.345	0.004***
养殖年限	1.130	0.770
专业化程度	15.184	0.002***
养殖规模	44.926	0.000***
是否参加养殖技术管理培训	59.435	0.000***

注：***表示在 1% 水平下显著，**表示在 5% 水平下显著。

综合上述单因素分析结果，本研究将肉羊养殖户参与横向合作行为作为因变量，以样本养殖户的年龄、受教育程度、专业化程度、养殖规模、是否参加技术管理培训 5 个因素为自变量构建回归模型，变量具体定义和赋值见表 5 - 20。

表 5 - 20 各变量的定义和赋值

变量类	变量定义	变量赋值
因变量	参与横向合作行为（Y）	未参与横向合作＝0，参与横向合作＝1
自变量	年龄（X_1）	35 岁及以下＝1，36～45 岁＝2，46～60 岁＝3，60 岁以上＝4
	受教育程度（X_2）	小学及以下＝1，初中＝2，高中/中专/职高/技校＝3，大专及以上＝4
	专业化程度（X_3）	30% 以下＝1，30%～49%＝2，50%～80%＝3，80% 以上＝4
	养殖规模（X_4）	1～29 只＝1，30～99 只＝2，100～499 只＝3，500～999 只＝4，1 000 只及以上＝5
	是否参加养殖技术管理培训（X_5）	否＝0，是＝1

（2）模型构建　二元 Logistic 回归模型（Binary Logistic Regression）是将逻辑分布作为随机扰动项概率分布的二元离散选择模型（高铁梅，2006），用于检验"因果关系假设"，通常用来研究行为选择。本研究以山东省肉羊养殖户是否参与横向合作为因变量 Y_i，不参与横向合作为 0，参与横向合作为 1。则二元 Logistic 回归方程为：

$$P_i = \frac{1}{1+e^{-Y_i}} = \frac{1}{1+e^{-(a+\sum\beta_i X_i + \mu)}} \tag{5-1}$$

整理后得：

$$Logistic(P_i) = \ln\left(\frac{P_i}{1-P_i}\right) = \alpha + \beta_1 X_1 + \beta_2 X_2 + \cdots + \beta_5 X_5 + \mu \tag{5-2}$$

式中，P_i 为肉羊养殖户参与横向合作的概率；X_i（$i=1$，2，3，4，5）为解释变量，即变量选择部分假设的 5 个影响因素；β_i（$i=1$，2，3，4，5）为自变量的回归系数；α 为常数项；μ 表示随机误差项。该模型回归系数的含义为，在其他变量不变的前提下，第 i 个自变量每变化一个单位，参与横向合作与不参与横向合作比率的变化值为 $EXP(\beta_i)$。

5.2.2.3　模型结果与分析

基于上文的研究假设、变量及模型的选择，本章利用 SPSS22.0 软件运用二元 Logistic 回归模型，采用逐步向前法，进行模型的调整，直到所有变量都在 5% 的水平上统计显著。表 5-21 为最终回归方程的估计结果。

表 5-21　Logistic 模型的最终回归结果

变量	系数（β）	统计量（$Wald$）	显著性	幂值[$EXP(\beta)$]
年龄	-0.903	7.529	0.006***	0.405
专业化程度	0.852	7.850	0.005***	2.344

（续）

变量	系数（β）	统计量（$Wald$）	显著性	幂值 $[EXP（\beta）]$
养殖规模	0.841	7.938	0.005***	2.319
是否参加养殖技术管理培训	2.061	13.026	0.000***	7.853
常数	−5.113	10.391	0.001	0.006
	卡方	101.042		
	−2对数似然值	109.840		

注：***表示在1%水平下显著，**表示在5%水平下显著。

　　模型的最终回归结果显示，Logistic模型对山东省肉羊养殖户参与横向合作行为的预测准确率非常高，而且有所提升，预测正确率为90.9%；该回归方程模型的H-L拟合优度检验，卡方为3.777，相应的P为0.877＞0.05，说明该模型与总体养殖户的样本数据拟合较好，4个因素变量能对肉羊养殖户参与横向合作的行为进行很好的解释。对表5-21模型最终回归结果的分析如下：

　　肉羊养殖户的个人特征中，养殖户的年龄系数B＝−0.903，对参与横向合作行为呈现负相关关系，且在1%水平下显著，年龄每降低一个单位区间，参加横向合作的发生比将提高59.5%。因此，可以确定在本研究中关于年龄对养殖户参与横向合作行为的作用方向为负。根据变量的赋值，年龄较小的养殖户参与合作社行为的概率比较高。这是因为年龄较大的养殖户比较相信自己的养殖经验，不够了解如今生产形式的变化；而年龄较小的养殖户，比较了解生产形式的变化以及养殖的发展趋势，敢于尝试新的产业组织形式。

　　肉羊养殖户的生产经营特征中，养殖户的专业化程度、养殖规模及是否参加技术管理培训对参与横向合作行为有显著影响。具体影响情况如下：

（1）养殖户的专业化程度系数 B 为 0.852，在 1％水平下显著，且与养殖户参与横向合作行为呈现正相关关系，与预期作用方向相同。养殖户专业化程度每提高一个单位区间，参加横向合作的发生比将增加 134.4％。养殖专业化程度较高的养殖户大部分收入来源来自肉羊养殖，他们希望通过肉羊养殖获得更高、更稳定的收入，所以通过横向合作来寻求更先进的养殖技术、管理经验和广泛的销售渠道，通过合作不仅节约交易成本，而且能够提高市场地位，更利于养殖的长久发展以及收入的提高。养殖专业化程度较低的养殖户，肉羊经济效益对于他们来说是小部分的收入来源，可能不会把过多的精力放在通过合作来提高收入上。

（2）养殖户的养殖规模系数 B 为 0.841，在 1％水平下显著，对养殖户参与横向合作的意愿呈正向影响，与预期影响方向相同。养殖规模每提高一个单位区间，参加横向合作的发生比将增加 131.9％。养殖规模越大的养殖户会面临更大的养殖风险。他们更倾向于通过横向合作来获得更多、更先进的养殖技术、管理经验、市场信息和广泛的销售渠道，提高生产效率、提升市场地位的同时还能够分散风险，有利于养殖经济效益的提高。同时，现实中还存在规模小的养殖户会被一些经济组织拒绝。

（3）是否参与养殖技术管理培训的系数 B 为 2.061，在 1％水平下显著，且对养殖户参与横向合作行为呈正相关关系，符合预期作用方向。由于变量只有 2 个值，近 3 年参与养殖技术管理培训每提高一个单位值，参加横向合作的发生比将增加 685.3％，影响程度特别明显，可见养殖户参与技术培训对合作的影响是非常明显的。技术管理培训的主要作用在于使养殖户了解养殖技术的重要，并增加养殖户的技术及管理需求，从而通过横向合作的渠道来获得一些先进的养殖技术，并学习先进的管理经验。同时参加培训肯定会增进对经济组织的了解，增加对组织的认知，从而促进养殖户参与横向合作。

5.2.3 本节小结

在调研数据的基础上，本节通过对山东省肉羊养殖户横向合作行为的研究，认为山东省肉羊养殖户有以下横向合作行为的特征：参与横向合作行为普遍较低，参与的组织大多是合作社。养殖户参与组织等横向合作的渠道大多是靠亲友同行介绍、政府部门的宣传、组织的主动邀请。参与的组织提供养殖技术、统一销售、疫病防疫、统一配种以及统一购买饲草料等基础性服务的比较多，而相对应养殖户参与横向合作的作用比较明显的有养殖技术水平提高、养殖规模扩大、防疫水平提高、收入增加。通过对养殖户没有参加组织的原因分析可知，当地是否有组织是影响养殖户横向合作行为的主要因素，其他影响因素包括养殖户自身对组织的了解程度、组织是否完善、组织给参与成员带来的作用等。

本研究将养殖户参与横向合作的影响因素分为个人因素以及生产经营特征因素。通过二元 logistic 模型分析发现，对养殖户横向合作行为产生显著影响的个人因素为年龄，且在 1% 显著水平下对养殖户参与横向合作行为产生显著反向影响。生产经营特征因素包括养殖专业化程度、养殖规模及是否参与技术培训，且这 3 个因素均在 1% 水平上对养殖户参与横向合作行为产生显著正向影响。

5.3 山东省肉羊养殖户生产经营行为优化的对策建议

5.3.1 养殖户自身层面

5.3.1.1 积极采用专业化与适度规模养殖

专业化与适度规模养殖发展，能够使养殖户充分利用土地、资金、劳动力等要素，提高效率。目前，养殖户的养殖规模普遍偏小，众多小规模养殖户不利于各项要素的充分利用。养殖户应根据现有的要素与经营环境决定养殖的适当规模。从本研究的数据可知，规模较大、养殖较为专业化的养殖户参与合作的可能性较大。合作能够节约交易成本，提高养殖水平，通过规模的扩大以及合作关系的形成，养殖户在市场的地位也会有所提升。而且规模的适当扩大利于养殖户的未来发展和产品销路，专业化的养殖与适当的规模能够保障产品的数量和质量，同样也能获得稳定的销售途径。

5.3.1.2 积极参与养殖技术及管理的培训

如今先进的养殖技术较多，但是养殖户的应用率较低，许多养殖户信息闭塞，没有接触到较为先进的技术，只是依靠自身及周边同行多年的经验，不主动接受较为先进的技术及管理知识。本研究发现，养殖户参与养殖技术及管理培训不够积极，近 3 年的参与率仅 31.13%，且参与次数也不多。养殖技术培训能够使养殖户在养殖过程中借鉴较多先进的经验和技术，技术的适当应用同样有利于提高养殖的效率。养殖品种的选择、规模的选择、饲草料的加工技术或者购买选择、羊的育种以及繁殖技术、疫病防治技术、养殖的管理（环境、设备、效率）以及养羊的有关政策、销售渠道、合作方式等多方面的培训能够免去较多的信息搜寻成本。养殖户通过积极参与肉羊养殖技术及管理的培训，能够了解更多先进和适合的养殖技术及管理知识，这不仅能提高新技术的应用率，还能提高养殖效率。而且本研究发现，积极参加技术及管理培训对养殖户的横向合作行为也有促进作用。

5.3.1.3 加强合作意识

不同肉羊养殖户通过横向合作成为一个适当规模的群体，能有效增加相关要素规模和产品交易规模，还能获得更多技术支持和信息服务，拓宽销售渠道。这样一来，肉羊养殖户的市场风险就能降低，其市场谈判能力得到提高，从而获得更高的效益。从横向合作的内部管理来说，组织化的提升能够适度地分离经营者和管理者，使其发挥各自领域的能力，利于资源的合理配置。但是，从本研究的数据分析情况来看，肉羊养殖户的横向合作比例很低，横向合作组织的带动效果有限。横向合作程度低的主要表现为参与横向合作的养殖户比例较低，很多地方不存在合作社、协会等组织。对于肉羊养殖户而言，加强合作意识不仅增加参与横向合作的意识，还要促进全面合作。本研究对于养殖户未参与横向合作的原因进行了调查。结果显示，22.73％的养殖户因为"对该经济组织不了解"而未参与横向合作。因此，未参与横向合作的养殖户应积极了解经济组织的运行机制与作用，提高横向合作的参与意识；对于已参与横向合作的养殖户来说，在技术培训与指导、统一集中销售、疫病防疫等方面合作程度较高，统一配种方面合作程度较低。生产要素方面，饲草供应、资金的担保支持等合作程度比较低。产品销售方面，合作机制不完善，很多产品需要养殖户自行销售。生产到销售没有实现全面合作，可能导致合作组织销售的产品数量规模有限且不稳定，不利于小规模养殖户整体议价能力的提升、新销售渠道的开拓和维护，进而削弱了养殖户参与合作的积极性。养殖户应意识到全面合作对于生产经营的重要性，通过主动参与，提高生产经营各环节的合作程度，这样有益于合作组织和养殖户的持续发展。

5.3.1.4　拓展销售渠道

调查得知，养殖户销售渠道主要是靠集市上售卖和商贩上门收购等较为传统的销售方式，不仅产生较多的谈判、信息搜寻等交易费用，而且还不能保证销量。参与合作的养殖户则通过与合作的组织统一销售、企业合同收购等渠道来售卖。随着电商发展日渐成熟，农产品电商发展迅速，政府也鼓励各大电商企业在农村建厂设仓。农产品电商将会对农产品的经营模式、销售价格产业链增值以及农业技术应用方面产生重大的影响，利于探索农业的更多可能性。养殖户可以通过互联网平台利用电商、微商介绍自己的羊，通过打造知名度和口碑，实现稳定销路和适当溢价。当然，配送的冷链物流是如今正在发展中的，冷链物流覆盖到的地区一定要利用好这类物流资源。近年来，网络直播解决农产品销路的例子屡见不鲜，可视农业也伴随着传统农业的改革与创新，电商下乡、订单农业、升级农业商铺对接餐饮等形式活跃于农村市场。网络直播、可视农业（依靠互联网、物联网、雷达技术及现代视频技术将农作物或者畜禽生长过程的模式、手段、方法呈现在公众面前）等方式能够让消费者实时观看到羊的养殖过程，增强用户对产品的信心，还可以快速推广传播产品。可视农业还可以通过订单效应让更多的消费者、投资者利用网络平台观察并下订单，监督自己所订羊的生产管理过程，解决产品销路、资金短缺以及产品安全等问题。相似的认养营销模式是通过众人透明化认养羊，在享受认养乐趣的同时监督羊的生产管理过程。这些新型的营销模式与营销渠道能够顺利应用，养殖户的产品销路就能够得到保障，从而增加养殖户的收入和养羊的专业化程度。

5.3.1.5 充分发掘肉羊附加收入

大部分养殖户的销售收入主要是活羊买卖以及羊肉销售，羊的其他副产品收入比较少。羊的部位精细化销售已成为趋势，养殖户应努力寻求与屠宰加工企业的合作，从而增加羊的副产品收入。有些规模较大的养殖场内部设有屠宰加工厂，能够更加精细化地分割羊肉以进行差别销售，从而带来更多收入。如今山东省正在积极推进畜禽养殖废弃物资源化利用工作，很多大型养殖场将羊粪通过发酵、混合秸秆、生物菌搅拌等方式转化为有机肥，大大减少了粪污的排放。小规模养殖户也应更加关注羊粪带来的收益，积极寻求与养殖场、经济组织等合作，通过集中收购转化为有机肥来节约养殖户的交易成本，并带来附加的收入。羊粪作为有机肥能够为养殖户带来不少的收益，而且还能解决粪便污染问题。

5.3.2　社会及政府层面

5.3.2.1　扶持养殖户进行标准化与规模化规模养殖

　　标准化与规模化养殖是肉羊产业转型升级重要的一步。标准化与规模化养殖不仅利于肉羊的现代化管理，还能提升养殖户的市场地位。同时，本文的研究表明，养殖规模对养殖户的横向合作行为产生正向影响。肉羊养殖户不愿扩大规模的原因主要与羊的预期价格、自身拥有的资源（土地、资金、劳动力）、政府的扶持程度有关。因此，需要政府加大对肉羊产业的扶持程度，解决养殖户们普遍遇到的困难，营造一个积极的环境。引导和鼓励农业银行、农村商业银行等金融部门加大对肉羊产业的信贷支持力度，进一步推广"免抵押免担保"普惠金融，降低经营风险；引入社会资本尤其是民营资本建设肉羊产业，建立并完善多元化的投融资渠道；采用贴息等方式，落实肉羊生产需要的水、电、土地等扶持政策，加大对应用肉羊产业相关新机械设备的购买及使用的补贴力度，减少养殖成本。给予扶持政策，培养和吸纳优秀专业化人才进入肉羊养殖行业，提高养殖主体的专业化水平，促进规模化发展。

5.3.2.2　加强养羊技术及管理的推广与指导

　　本研究可知，养殖户参加养殖技术及管理培训的内容总体来说较为全面，但是培训频率较多的是疫病防治方面，关于其他生产经营方面各个环节的培训也需加强。不仅仅需要在疫病防控措施等方面下功夫，更应加大先进实用性技术的应用推广力度，让技术传播更为迅速，根据调查情况推广适宜的养羊相关的饲草加工、育种繁殖、饲养管理等技术，选择技术推广人员有针对性地分片入户指导，到生产一线进行精准技术服务，提高实地、实训的指导比例。让养殖户们实实在在地感受到技术带来的作用。寻求与研发机构、高校等部门合作，经过较为权威的部门进行技术应用的分析指导，从产业发展角度进行养殖的规划建议，根据当地肉羊产业发展的状况特点，开设有针对性的技术应用及养殖管理培训。由部门牵线，能够激励合作社、协会等组织或者农业企业与养殖户合作，给养殖户带来更好的发展。通过专业推广人员以及研究部门、机构的推广与精准的应用指导能够带来双赢的结果。同时，为了提高养殖户对新技术的应用率，应该推广并加大新技术应用的补贴政策，比如人工授精配种费用补贴、信息化设备购买补贴、支持分期降息购买等，提高养殖户应用新技术的积极性。

5.3.2.3 引导养殖户积极进行横向合作

养殖户的合作行为对规模化发展、产业的关联发展以及养殖户增收有着很大的促进作用。本研究中横向合作的占比非常少，仅占受访样本的14.40%。因此，引导养殖户积极进行横向合作是必要的过程。引导主要分为两个方面。

（1）鼓励相关组织的成立与模式的创新并给予适当的宣传

本研究中养殖户没有参与横向合作的主要原因是所在地没有合作社、协会等组织，养殖户想参与横向合作可选择的合作方很少，积极性自然也就缺乏。①相关部门应鼓励横向合作缺乏地区成立经济组织，通过特定人员对养殖户的调查分析，通过政策扶持、科研机构的规划指导等方式适当促成各方面实力相匹配的养殖户成立组织或者参与其他合作。②政府应大力推进各种行业协会和合作组织的建立与发育，鼓励新型合作模式的创新，促进肉羊产业的升级和结构的改革。帮助合作组织或协会强化发展能力，给予资金、税收等各方面政策扶持，并组织业务上的各类合作，联结更多更好的资源。构建合作信息平台，组织肉羊养殖场（户）、种羊繁育场、羔羊生产场（户）、饲料企业、屠宰加工企业等组成产业一体化合作经济组织，构成一个产业化发展的网络体系，规范组织秩序，针对各个环节完善服务，促进新技术的推广应用，加强组织化发展。③政府部门也应该加大协助宣传优秀的合作经济组织的力度。很多养殖户因不了解组织而不敢贸然参与合作，因此组织本身也需要加强宣传，让养殖户了解组织的基本概况、运作模式等。政府的宣传会使组织更加努力完善内部管理，也会让养殖户对组织更加信任。

（2）加大对合作经济组织政策法规的宣传与规范　大力宣传合作经济组织的相关政策，能够吸引养殖户更了解组织的意义，同时信息更加全面和透明利于组织的公平公正发展。本研究中有些养殖户因参加组织后作用不大而选择退出合作。据相关研究，有些组织的成立确实只是为了套取国家扶持资金或者优惠政策。有些组织发展不够规范，导致组织成员利益受损。因此促进横向合作，至少要营造好的外部环境条件，尽快完善相关政策法规，不仅要在组织成立时进行审查，还应持续关注组织的后续发展，并给予评判，防止虚假经济组织的成立与存在。同时还要规范经济组织的发展，公平对待成员，杜绝为私人谋利而损害成员利益的行为，让养殖户放心参与横向合作。

5.3.2.4　加快构建"互联网＋肉羊产业"的网络体系

如今互联网作为联通整个世界的新媒体正在被广泛地应用于各个行业。近些年，国家一直在提倡发展"互联网＋农业"，信息化时代已经到来。山东省作为农业大省尤其是农区羊产业发展第一大省，更应加快构建及完善"互联网＋肉羊产业"的网络体系，让肉羊产业与大数据结合，建设肉羊产业大数据平台，将肉羊产业涉及的各个行业信息集中起来，使信息更加完善和透明，从而使养殖户了解更多的肉羊养殖技术、养殖经验、肉羊产业的市场信息，按照信息来决定养殖的规模，了解不同地区的需求情况。利用互联网的销售平台解决养殖户的产品销售问题，还可以打破地域的局限进行一系列生产销售等行为的选择。通过有序的肉羊生产经营行为，肉羊产业的发展将会稳步升级。

6 山东省肉羊养殖成本效益分析

6.1 肉羊养殖成本及其规模的界定

6.1.1 成本的含义及肉羊养殖成本

成本的概念随着商品交换而产生，又随商品经济的发展不断改变其表现形式，即使在商品经济日渐成熟的今天，其内涵和外延也由于管理的需要而不断发展与延伸，形成了多元化的成本概念体系。

美国会计学会与标准委员会对成本给出了比较广义的界定，认为成本是为了一定的目的而付出（或可能付出）的用货币测定的价值牺牲。按照定义，劳动成本、资金成本、开发成本、资产成本、质量成本、人力成本、环境成本等都包括在成本中，可形成不同范围、不同管理要求的不同成本组合。

随着人们对成本含义的进一步认识，在成本核算和控制中不断推出了诸如变动成本、固定成本、目标成本、标准成本、可控成本、机会成本、边际成本等新的成本概念。单纯使用"成本"一词已很难确切表明它的含义，只有指明是什么具体成本时，才能对它的特定目标和问题做出较为准确的表达。

本书中所分析的肉羊养殖成本是肉羊饲养过程中发生的全部支出，包括物资服务费用、人工成本和土地成本。其中，物资服务费包括生产过程中消耗的各种生产资料的费用、购买的各项服务支出以及与生产相关的其他物质性支出，分为直接费用和间接费用两部分。人工成本指生产过程中直接耗费的劳动力成本，包括雇工费用和家庭用工作价两部分。该部分成本以实物形式支付的按支付期市场价格折价计量。土地成本指生产者为获得饲养场地（包括土地及其附着物，如羊舍）的经营使用权而实际支付的租金或承包费。由于山东省肉羊养殖多采取散养的模式，养殖占用自家居住场所的土地，所以山东省肉羊养殖成本统计一般不包括土地成本，本书中散养模式下的养殖成本分析剔除了土地成本之外的生产成本，也就是说山东省肉羊养殖总成本就是山东省散养肉羊的土地成本之外的生产成本。一般而言，各具体的成本项目中仔畜费用、精饲料费、青粗饲料费、燃料动力费、医疗防疫费、死亡损失费、固定资产折旧费和人工费用所占比重较大。报告中用到的肉羊养殖成本的具体数据取自《全国农产品成本收益资料汇编》。

6.1.2　肉羊养殖规模

肉羊养殖规模是基于饲养场地和生产能力水平的平均存栏数量，反映的是平均每批次的生产能力。

平均存栏数量＝（期初存栏数量＋期末存栏数量）/2

本书沿用 2004 年度《全国农产品成本收益资料汇编》的分类标准，肉羊散养指年平均存栏肉羊数量在 100 只及以下（含 100 只）的养殖组织形式；肉羊规模养殖指年平均存栏肉羊数量在 100 只以上的养殖组织形式。根据该标准，我国的肉羊养殖规模被分为散养和规模养殖两种类型。而山东省肉羊养殖规模以散养为主，本书分析的山东省肉羊养殖成本效益就是指散养肉羊的不包含土地成本的生产成本效益。

6.2　山东省肉羊养殖成本分析

6.2.1　山东省肉羊养殖成本变动趋势

根据《全国农产品成本效益资料汇编》（2005—2017）数据

资料，得出山东省 2004—2016 年每只出栏肉羊的养殖生产成本及其增长幅度数据，详见表 6－1。

表 6－1　山东省 2004—2016 年每只出栏肉羊的养殖生产成本及其增长幅度

年份	生产成本（元/只）	增长额（元/只）	增长幅度（%）
2004	251.72	—	—
2005	266.43	14.71	5.84
2006	318.63	52.20	19.59
2007	398.82	80.19	25.17
2008	455.91	57.09	14.31
2009	511.42	55.51	12.18
2010	600.33	88.91	17.38
2011	781.91	181.58	30.25
2012	922.98	141.07	18.04
2013	1 019.35	96.37	10.44
2014	1 120.90	101.55	9.96
2015	1 109.33	−11.57	−1.03
2016	1 135.11	25.78	2.32

　　由表 6－1 可以看出，山东省肉羊养殖成本虽偶有波动，但是总体上呈增长趋势。2004—2016 年的平均年增长金额为 73.62 元/只，平均年增长幅度为 13.7%。肉羊养殖成本增长金额和增长幅度最大的年份均是 2011 年，比 2010 年增长 181.58 元/只，增长 30.25%。2016 年山东省肉羊养殖成本达到1 135.11 元/只，比 2004 年肉羊养殖成本增长了 883.39 元/只，是 2004 年肉羊养殖成本的 4.51 倍。2004—2014 年，山东省肉羊养殖成本一直呈现出增长趋势，但是增长幅度不同；2014—2015 年肉羊养殖成本出现小幅度降低；2015—2016 年肉羊养殖成本有回升之势。

　　下文根据肉羊养殖成本主要构成及其变动趋势进行分析，结

· 128 ·

合各年度宏观环境变化情况，揭示每只肉羊养殖成本变动的原因。

6.2.2　山东省肉羊养殖成本主要构成变动趋势

由表6-1数据可看出，2004—2016年山东省每只出栏肉羊养殖成本经历了一次小幅度的下降。具体变动表现在：

2004—2007年，肉羊养殖成本大幅度增长，平均年增长16.87%。2007—2009年，肉羊养殖成本增长幅度减慢，平均年增长13.25%。2009—2011年，肉羊养殖成本大幅度增长，平均年增长23.82%。2011—2014年，肉羊养殖成本增长幅度减慢，平均年增长12.81%。2014—2015年，肉羊养殖成本出现小幅度下降，平均年下降1.03%。2015—2016年，肉羊养殖成本小幅度增长，平均年增长2.32%。

从图6-1可看出，仔畜费用、精饲料费、青粗饲料费、饲料加工费、燃料动力费、医疗防疫费、固定资产折旧费和人工成本所占比重较大，是肉羊养殖成本的主要组成项目。下面分别对肉羊养殖成本增长出现波动的时间段内主要构成项目进行分析，研究其变动趋势及影响。

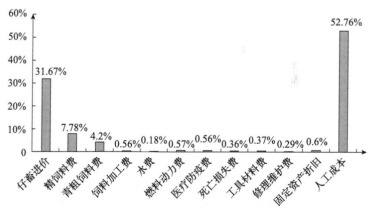

图6-1　山东省2004—2016年肉羊养殖成本各项目平均占比情况

（1）**2004—2007 年肉羊养殖成本主要构成变动趋势**　根据农产品成本收益汇编数据，对 2004—2007 年仔畜费用、精饲料费、青粗饲料费、饲料加工费、燃料动力费、医疗防疫费、固定资产折旧费和人工成本进行分析，分别计算其平均年增长幅度及金额。计算结果见表 6 - 2。

表 6 - 2　山东省 2004—2007 年肉羊养殖成本主要构成变动情况

项　目	平均年增长金额（元/只）	平均年增长幅度（％）
仔畜进价	31.83	38.32
精饲料费	0.32	1.63
青粗饲料	−0.05	−0.35
饲料加工	0.04	2.38
燃料动力	0.51	39.87
医疗防疫	0.19	8.33
固定资产折旧	−0.64	−19.03
人工成本	16.53	11.42

分析表 6 - 2 可得，2004—2007 年山东省肉羊养殖成本大幅度增长是由仔畜费用和人工成本大幅度增长引起的。2004—2007 年，山东省每只肉羊养殖的仔畜费用平均年增长 31.83 元，平均年增长 38.32％；人工成本平均年增长 16.53 元，平均年增长 11.42％。燃料动力费的年增长幅度较大，但是年增长金额较小；精饲料费、饲料加工费和医疗防疫费虽然有变化，但是变动金额和幅度较小，对 2004—2007 年的肉羊养殖成本影响较小。而青粗饲料费和固定资产折旧费呈负向变动，不予考虑其对成本大幅度增长的影响。

（2）**2007—2009 年肉羊养殖成本主要构成变动趋势**　根据农产品成本收益汇编数据，对 2007—2009 年仔畜费用、精饲料费、青粗饲料费、饲料加工费、燃料动力费、医疗防疫费、固定

资产折旧费和人工成本进行分析，分别计算其平均年增长幅度及
金额。计算结果见表6-3。

表6-3 山东省2007—2009年肉羊养殖成本主要构成变动情况

项 目	平均年增长金额（元/只）	平均年增长幅度（%）
仔畜进价	16.32	10.02
精饲料费	8.03	24.9
青粗饲料	0.52	3.87
饲料加工	−0.09	−3.7
燃料动力	0.67	23.39
医疗防疫	−0.35	−9.11
固定资产折旧	0.59	36.66
人工成本	26.165	13.66

与表6-2数据比较得出，仔畜进价增长幅度的下降是肉羊
养殖成本增长幅度下降的最主要因素。2007—2009年山东省每
只肉羊养殖的仔畜进价平均年增长金额比2004—2007年的平均
年增长金额少15.51元，平均年增长幅度降低28.3%。尤其是
2008—2009年的平均年增长金额仅为3.75元，平均年增长幅度
为1.99%。燃料动力费和医疗防疫费增长幅度也有大幅度下降，
但是影响金额较小；饲料加工费的增长金额和增长幅度都比较
小，影响也是非常小。

从表6-3中数据得出，虽然精饲料费和固定资产折旧费变
动幅度较大，但是与2007—2009年山东省肉羊养殖成本增长幅
度下降的趋势相悖，且影响金额较小，不是肉羊养殖成本增长速
度下降的因素。因此，仔畜进价增长幅度的下降是山东省
2007—2009年肉羊养殖成本增长幅度下降的主要原因。

(3) 2009—2011年肉羊养殖成本主要构成变动情况 根据
农产品成本收益汇编数据，对2009—2011年仔畜费用、精饲料

费、青粗饲料费、饲料加工费、燃料动力费、医疗防疫费、固定资产折旧费和人工成本进行分析，分别计算其平均年增长幅度及金额。计算结果见表6-4。

表6-4 山东省2009—2011年肉羊养殖成本主要构成变动情况

项目	平均年增长金额（元/只）	平均年增长幅度（％）
仔畜进价	39.67	19.3
精饲料费	5.69	11.69
青粗饲料	10.66	56.51
饲料加工	0.65	28.44
燃料动力	−0.01	3.35
医疗防疫	1.13	46.28
固定资产折旧	0.34	11.73
人工成本	78.83	29.67

从表6-4数据中可以看出，青粗饲料费、饲料加工费、医疗防疫费、人工成本增长幅度变动较大。其中，2009—2011年的青粗饲料费平均年增长幅度最高为56.51％，平均年增长10.66元/只；2009—2011年的人工成本平均年增长金额最高为78.83元/只，平均年增长幅度为29.67％；饲料加工费和医疗防疫费对成本增加的影响较小。2010年每只肉羊养殖的青粗饲料费达到26.85元，比2009年增长了11.7元，比2009年增长77.23％；2011年肉羊养殖的人工成本比2010年增长95.73元，增长幅度为2004—2016年中最高，达到32.61％。因此，青粗饲料费和人工成本成为2009—2011年山东省肉羊养殖成本大幅度增长的主要原因。

（4）2011—2014年肉羊养殖成本主要构成变动情况 根据农产品成本收益汇编数据，对2011—2014年仔畜费用、精饲料费、青粗饲料费、饲料加工费、燃料动力费、医疗防疫费、固定资产折旧费和人工成本进行分析，分别计算其平均年增长幅度及金额。计算结果见表6-5。

表6-5　山东省2011—2014年肉羊养殖成本主要构成变动情况

项　　目	平均年增长金额（元/只）	平均年增长幅度（%）
仔畜进价	16.85	5.91
精饲料费	3.67	5.86
青粗饲料	3.59	9.29
饲料加工	1.14	27.04
燃料动力	0.31	9.14
医疗防疫	−0.15	−2.42
固定资产折旧	−0.1	−2.82
人工成本	87.8	19.01

与表6-4数据比较分析发现，仔畜进价、青粗饲料费、医疗防疫费和固定资产折旧费平均年增长幅度出现大幅度下降。2011—2014年每只肉羊养殖的仔畜进价平均年增长金额比2009—2011年的平均年增长金额减少了22.82元，平均年增长幅度下降了13.39%；2011—2014年每只肉羊养殖的青粗饲料费平均年增长金额比2009—2011年的平均年增长金额减少了7.07元，平均年增长幅度下降了47.22%；2011—2014年每只肉羊养殖的医疗防疫费平均年增长金额比2009—2011年的平均年增长金额减少了1.28元，平均年增长幅度下降了48.7%；2011—2014年每只肉羊养殖的固定资产折旧费平均年增长金额比2009—2011年的平均年增长金额减少了0.44元，平均年增长幅度下降了14.55%。医疗防疫费和固定资产折旧费变动幅度虽大，但是影响金额较小。引起2011—2014年山东省肉羊养殖成本增长幅度下降的主要原因是仔畜进价和青粗饲料费。

从表6-5数据可以看出，饲料加工费和人工成本平均年增长幅度较大，但是与 2011—2014 年山东省肉羊养殖成本增长幅度下降相悖，不予考虑其对该时间段成本的影响。

（5）**2014—2015 年肉羊养殖成本主要构成变动情况**　根据农产品成本收益汇编数据，对 2014—2015 年仔畜费用、精饲料费、青粗饲料费、饲料加工费、燃料动力费、医疗防疫费、固定资产折旧费和人工成本进行分析，分别计算其平均年增长幅度及金额。计算结果见表 6 - 6。

表 6 - 6　山东省 2014—2015 年肉羊养殖成本主要构成变动情况

项　　目	平均年增长金额（元/只）	平均年增长幅度（%）
仔畜进价	−28.74	−8.91
精饲料费	−11.92	−17.01
青粗饲料	0.46	0.97
饲料加工	0.05	0.74
燃料动力	−0.23	−4.69
医疗防疫	2.4	62.66
固定资产折旧	0.19	6.03
人工成本	26.44	4.05

由表 6 - 6 可以看出，仔畜进价、精饲料费和燃料动力费与成本的变动方向相同。其中，仔畜进价和精饲料费的降低是 2015 年肉羊养殖成本降低的主要原因。2015 年山东省每只肉羊养殖的仔畜进价下降 28.74 元，下降了 8.91%；精饲料费下降 11.92 元，下降了 17.01%；燃料动力费对生产成本有较小的影响。

由于国家加大对环保的重视，医疗防疫费投入增加，2014—2015 年平均年增长 62.66%，但是与肉羊养殖成本变动方向相悖，不予考虑其因素。

（6）**2015—2016 年肉羊养殖成本主要构成变动情况**　根据农产品成本收益汇编数据，对 2015—2016 年仔畜费用、精饲料

费、青粗饲料费、饲料加工费、燃料动力费、医疗防疫费、固定
资产折旧费和人工成本进行分析，分别计算其平均年增长幅度及
金额。计算结果见表6-7。

表6-7　山东省2015—2016年肉羊养殖成本主要构成项目变动情况

项　目	平均年增长金额（元/只）	平均年增长幅度（%）
仔畜进价	−15.5	−5.28
精饲料费	−4.09	−7.03
青粗饲料	0.79	1.66
饲料加工	0.05	0.73
燃料动力	0.02	0.43
医疗防疫	−1.81	−29.05
固定资产折旧	0.15	4.49
人工成本	45.8	6.74

由表6-7数据可得，青粗饲料费、饲料加工费、燃料动力
费、固定资产折旧费和人工成本与肉羊养殖成本变化方向相同。
其中，人工成本是主要原因。2016年山东省肉羊养殖的人工成
本达到724.95元/只，比2015年人工成本增加45.8元，增长了
6.74%；固定资产折旧费平均年增长幅度较大，但是影响金额却
很少；饲料加工费和燃料动力费平均年增长幅度和平均年增长金
额均不高，对成本的影响也较小。

医疗防疫费的平均年增长幅度变动最大，但是影响金额偏
小，而且与肉羊成本变动的方向相悖，不予考虑其对成本增加变
动的影响。仔畜进价和精饲料费增长变动方向也与成本变动的方
向相悖，不予考虑。

综上所述，山东省肉羊养殖成本在2004—2016年除2014年
成本有所波动外，总体上呈现较为稳定的增长趋势。仔畜进价、
青粗饲料费和人工成本是影响肉羊养殖成本的3个重要因素，也

是控制成本需要注意的关键因素。社会经济的发展，带动了工资水平的上调，使得人工成本不断增加，仔畜进价和青粗饲料费的支出也在不断增加。随着肉羊养殖现代化和标准化水平的提高，机械设备自动化水平提高，固定资产折旧费用也在不断增加。国家生态文明建设的政策，使得医疗防疫等方面的支出增加，加大着对成本的影响。同时与肉羊饲养有关的油价、运输成本和兽药等物资价格的上涨都对肉羊养殖成本变动产生一定影响。

6.2.3 山东省肉羊养殖成本与全国的比较分析

为分析山东省肉羊养殖成本在全国所处的位置，现将山东省散养肉羊养殖成本与全国最高、最低和平均成本进行比较，根据不同年份和不同阶段的对比发现山东省肉羊养殖在全国范围的优势和劣势。

根据《全国农产品成本效益调查资料汇编》（2005—2017）数据，得出山东省及全国散养肉羊成本数据，详见表 6-8。

表 6-8 山东省 2004—2016 年散养肉羊养殖成本及全国成本比较情况（元/只）

年份	全国最高	全国最低	全国平均	山东省
2004	366.11	166.03	243.52	251.72
2005	381.24	214.55	260.34	266.43
2006	336.99	231.22	282.88	318.63
2007	514.78	355.24	416.61	398.82
2008	904.46	369.57	523.43	455.91
2009	666.46	379.84	520.18	511.42
2010	852.98	477.49	639.67	600.33
2011	1 065.9	648.86	814.44	781.91
2012	1 383.94	787.28	980.46	922.98

（续）

年份	全国最高	全国最低	全国平均	山东省
2013	1 420.68	884.11	1 078.06	1 019.35
2014	1 259.74	883.48	1 084.81	1 120.9
2015	1 109.33	803.64	1 002.11	1 109.33
2016	1 154.78	810.92	1 017.03	1 135.11

分析表 6-8 数据可得，山东省肉羊养殖成本与全国最高水平相比，优势地位显著，13 年间的平均差距为 194.2 元/只。其中，差距最大的年份是 2012 年，差距为 460.96 元/只；差距最小的年份是 2015 年，差距为 0 元/只，山东省的肉羊养殖成本就是全国最高水平。自 2014 年开始，与全国最高水平的差距在逐渐减小。

山东省的肉羊养殖成本与全国最低水平相比，有很大的差距，13 年间的平均差距为 144.66 元/只。其中，差距最大的年份为 2016 年，比全国最低水平高了 324.19 元/只；差距最小的年份为 2007 年，比全国最低水平仅高了 43.58 元/只。山东省肉羊养殖成本自 2011 年开始与全国最低水平的差距在逐渐拉大。

山东省的肉羊养殖成本与全国平均水平相比，平均差距相差不大，13 年间的平均差距为 -2.25 元/只。差距最大的年份是 2016 年，山东省肉羊养殖成本比全国平均水平高 118.08 元/只；差距最小的年份是 2005 年，山东省肉羊养殖成本比全国平均水平低 6.09 元/只。其中，2007—2013 年山东省肉羊养殖成本高于全国平均水平，2004—2006 年、2014—2016 年均低于全国平均水平。自 2014 年开始，山东省肉羊养殖成本与全国平均水平的差距在不断拉大。

综上所述，山东省肉羊养殖成本控制情况并不乐观。与全国最高水平相比有优势，但是差距逐渐在缩小，优势逐渐在变为劣势；与全国最低水平相比，自 2014 年开始远远地超过最低水平；与全国平均水平相比优势并不明显，除 2007—2013 年山东省肉羊养殖成本有微小优势外，其他年间的山东省肉羊养殖成本均高于全国平均水平。

6.3 山东省肉羊养殖效益分析

6.3.1 每只肉羊收入及其构成分析

肉羊的效益分析分两方面考核：第一，肉羊养殖的直接效益；第二，与肉羊养殖相关的综合效益。影响肉羊养殖的直接效益主要有两个方面：养殖成本和市场销售情况。本章第二部分（6.2）已对成本做过分析，本部分重点是分析肉羊的市场销售情况，市场的销售主要以销售价格为主导，以每只肉羊销售收入为考核指标。

（1）**每只肉羊收入及其构成分析** 肉羊养殖收入包括两个方面：主产品销售收入和副产品销售收入。主产品收入主要包括出售肉羊及肉羊产品的收入以及出售仔畜的收入；副产品收入则主要包括出售羊毛、养殖副产品等产生的收入。

根据《全国农产品成本效益调查资料汇编》（2005—2017）数据，得出 2004—2016 年山东省每只肉羊的收入及构成数据，详见表 6-9。

表 6-9 山东省 2004—2016 年肉羊散养每只羊的收入情况

年份	总收入（元/只）	主产品收入（元/只）	主产品收入占比（%）	副产品收入（元/只）	副产品收入占比（%）
2004	308.56	283.23	91.79	25.33	8.21
2005	329.35	304.75	92.53	24.60	7.47
2006	457.08	432.28	94.57	24.80	5.43
2007	594.58	569.47	95.78	25.11	4.22

（续）

年份	总收入 （元/只）	主产品收入 （元/只）	主产品收入 占比（%）	副产品收入 （元/只）	副产品收入 占比（%）
2008	515.94	492.10	95.38	23.84	4.62
2009	571.20	548.99	96.11	22.21	3.89
2010	762.31	730.04	95.77	32.27	4.23
2011	866.57	832.46	96.06	34.11	3.94
2012	915.18	876.64	95.79	38.54	4.21
2013	1 027.54	986.09	95.97	41.45	4.03
2014	943.35	902.82	95.70	40.53	4.30
2015	780.27	740.72	94.93	39.55	5.07
2016	785.51	751.39	95.66	34.12	4.34

综合分析表6-9数据，2004—2016年每只肉羊总收入、主产品收入以及副产品收入有波动增长的趋势，平均年增长金额为39.75元/只，平均年增长幅度为9.41%。总收入及主产品收入变动方向一致。2013年山东省肉羊总收入达到1 027元/只，比2004年肉羊总收入高718.98元/只，是2004年肉羊总收入的3.33倍。2004—2016年山东省肉羊总收入出现了三起三落的情况。3次高速增长阶段：2005—2007年平均年增长34.43%，2009—2011年平均年增长23.58%，2012—2013年平均年增长12.28%；3次负增长阶段：2007—2008年平均年下降13.23%，2013—2014年平均年下降8.19%，2014—2015年平均年下降17.29%。

同时还可以得出，山东省肉羊总收入主要来源于主产品收入，总收入的变化也主要来源于主产品收入的变化。2004—2016年，山东省肉羊主产品收入占总收入的平均比重为95.08%，副产品收入仅占4.92%。2009年山东省肉羊主产品收入占到了总收入的96.11%。下面根据主产品收入变动情况来分析总收入的变动情况。

(2) 主产品收入及其构成因子分析　根据《全国农产品成本效益调查资料汇编》(2005—2017) 数据，得出 2004—2016 年山东省每只肉羊的主产品收入情况，详见表 6-10。主产品收入是主产品出售价格乘以主产品产量的积。本书中分析主产品收入可以从两个构成因子入手分析。

表 6-10　山东省 2004—2016 年肉羊散养每只羊的主产品收入情况

年份	主产品收入（元/只）	主产品价格（元/千克）	主产品产量（千克/只）
2004	283.23	8.85	32
2005	304.75	9.26	32.9
2006	432.28	13.68	31.6
2007	569.47	17.69	32.2
2008	492.1	15.67	31.4
2009	548.99	15.78	34.8
2010	730.04	22.5	32.44
2011	832.46	24.61	33.82
2012	876.64	26.98	32.49
2013	986.09	30.54	32.29
2014	902.82	27.69	32.60
2015	740.72	22.38	33.10
2016	751.39	22.48	33.43

综合分析表 6-10 数据，2004—2016 年山东省肉羊主产品收入总体呈增长趋势，平均年增长幅度为 9.92%。主产品收入最高的年份是 2013 年，主产品收入为 986.09 元/只，比主产品收入最低的年份 2004 年的主产品收入高 2.48 倍。与总收入变化方向相同，主产品收入也经历了三起三落。在 2005—2007 年、2009—2011 年、2012—2013 年这 3 个时间段里分别平均年增长

36.79%、23.5%、12.49%；在 2007—2008 年、2013—2014 年、2014—2015 年这 3 个时间段内分别平均年下降了 13.59%、8.44%和 17.95%。

同时，主产品价格的变动方向与主产品收入、总收入均相同。在 2005—2007 年、2009—2011 年、2012—2013 年这 3 个时间段里分别平均年增长 38.52%、25.98%、13.19%；在 2007—2008 年、2013—2014 年、2014—2015 年这 3 个时间段里出现负增长，平均年下降 2.02%、2.85%、5.31%。

而对于主产品产量来说，山东省每只肉羊的主产品产量虽有变化，但是变化很小，平均年增长仅为 0.12 千克，平均年增长幅度为 0.46%，对主产品收入的影响较小。只有 2008—2009 年，肉羊主产品产量骤升，平均增长 3.4 千克/只。

6.3.2　肉羊养殖净利润与成本利润率分析

对肉羊养殖的利润分析主要从净利润与成本利润率两方面进行。肉羊养殖的净利润受收入与成本双重因素的影响，为总收入与总成本的差额，反映了肉羊养殖投入资源的净回报。成本利润率表明肉羊养殖取得利润所付出的代价，为净利润占成本的比率，反映了肉羊养殖的盈利能力，数值越大，盈利能力越强。根据《全国农产品成本效益调查资料汇编》（2005—2017）数据，计算得出 2004—2016 年山东省肉羊饲养净利润与成本利润率，详见表 6-11。

表 6-11　山东省 2004—2016 年肉羊散养每只羊净利润与成本利润率情况

年份	总收入（元/只）	总成本（元/只）	净利润（元/只）	成本利润率（%）
2004	308.56	251.72	56.84	22.58
2005	329.35	266.43	62.92	23.62
2006	457.08	318.63	138.45	43.45

（续）

年份	总收入 （元/只）	总成本 （元/只）	净利润 （元/只）	成本利润率 （%）
2007	594.58	398.82	195.76	49.08
2008	515.94	455.91	60.03	13.17
2009	571.20	511.42	59.78	11.69
2010	762.31	600.33	161.98	26.98
2011	866.57	781.91	84.66	10.83
2012	915.18	922.98	−7.8	−0.85
2013	1 027.54	1 019.35	8.19	0.80
2014	943.35	1 120.90	−177.55	−15.84
2015	780.27	1 109.33	−329.06	−29.66
2016	785.51	1 135.11	−349.60	−30.80

　　综合分析表 6 - 11 可以看出，2004—2016 年，山东省每只肉羊养殖净利润存在较大的波动，2007 年实现最高净利润额为 195.76 元/只，从 2012 年开始出现亏损，2016 年亏损金额达到了 349.60 元/只。从成本利润率来看，2004—2007 年呈增长趋势，由 2004 年的 22.58% 增长至 2007 年的 49.08%，2008—2011 年成本利润率起伏不定，2008 年骤降至 13.17%，2009 年继续下降至 11.69%，随后有所回升但又立即回落，而 2012 年也是肉羊养殖盈利的低谷，肉羊养殖盈利状况不稳定。2014 年以来，肉羊成本利润率大幅度下降，2016 年下降至 −30.8%。整体看，山东省肉羊养殖的净利润与成本利润率的走势比较吻合。

6.4　山东省肉羊养殖效益与全国效益比较分析

　　为分析山东省肉羊养殖效益在全国所处的水平，现将山东省散养的每只肉羊的效益与全国最高、最低和平均效益进行比较。这里仍采用成本利润率作为肉羊养殖效益的评价指标。根据《全国农产品成本效益调查资料汇编》（2005—2017）数据，计算得出山东省散养肉羊的成本利润率，详见表6-12。

表6-12　山东省及全国2004—2016年肉羊散养的成本利润率比较分析（％）

年份	全国最高	全国最低	全国平均	山东省
2004	72.55	3.36	35.19	22.58
2005	42.13	−11.07	18.34	23.62
2006	53.28	2.86	31.95	43.45
2007	58.23	21.00	37.60	49.08
2008	57.06	7.74	26.11	13.17
2009	34.76	11.69	21.63	11.69
2010	33.31	9.96	21.22	26.98
2011	33.81	8.38	22.12	10.83
2012	44.65	−0.85	20.18	−0.85
2013	29.65	0.80	15.54	0.80
2014	20.29	−15.84	3.59	−15.84
2015	10.77	−29.66	−6.59	−29.66
2016	11.89	−30.80	−6.68	−30.80

由表6-12可以看出，与全国最高水平比较，山东省肉羊养殖的成本利润率远低于全国最高水平。2004—2016年山东省肉羊养殖的成本利润率与全国最高水平之间的平均年差距为29.03％。差距最大的年份是2004年，山东省与全国最高水平之间的差距为49.97％；差距最小的年份是2010年，差距为6.33％。2013—2016年，山东省与全国最高水平之间的差距逐渐在拉大。

与全国最低水平比较，山东省肉羊养殖的成本利润率在2004—2011年明显高于全国最低水平，平均年差距为18.44%；2012—2016年，山东省散养肉羊的成本利润率就是全国最低的成本利润率。

与全国平均水平相比，山东省肉羊养殖的成本利润率围绕着平均水平上下波动。除了2005、2006、2007、2010这4个年份山东省肉羊养殖成本利润率低于全国平均水平外，其他年份均高于全国平均水平。2011—2016年，山东省肉羊养殖成本利润率高于全国平均水平的差距逐渐拉大。

6.5 结论与政策建议

6.5.1 研究结论

本章第二部分和第三部分（6.2和6.3）对山东省肉羊养殖成本和效益数据进行了系统分析，得出如下结论。

（1）山东省肉羊养殖成本在2004—2016年经历了一次小幅度下降，2014—2015年肉羊养殖成本小幅度下降，平均降低11.57元/只，平均下降1.03%，仔畜进价和精饲料费是引起成本下降的主要原因。

（2）对山东省2004—2007年、2007—2009年、2009—2011年、2011—2014年、2015—2016年5个肉羊养殖成本增长幅度不同的时间段进行主要构成项目分析发现，仔畜进价、青粗饲料费和人工成本的增减是引起成本增减变动的主要因素，精饲料费、饲料加工费、燃料动力费的变动对肉羊养殖成本的变动影响较小；医疗防疫费、死亡损失费和固定资产折旧费的变动对肉羊养殖成本的影响力加深。

（3）对2004—2016年山东省及全国散养肉羊养殖成本进行比较发现，山东省肉羊养殖优势并不明显。与全国最高水平相比有优势，但是差距逐渐缩小，优势逐渐变为劣势；与全国最低水平相比，自 2014 年开始远远地超过最低水平；与全国平均水平相比优势并不明显，除 2007—2013 年山东省肉羊养殖成本有微小优势外，其他年间的山东省肉羊养殖生产成本均高于全国平均水平。因此，山东省肉羊养殖的生产成本降低还有很大的空间，成本控制必须实施到位。

（4）结合实际调查还有进一步的结论，肉羊养殖成本与养殖数量即养殖规模有关。养殖数量越少，成本越高；养殖数量越多，成本反而越少。肉羊养殖数量多，可以集中化管理、规模化养殖，减少养殖场地、燃料动力等费用的支出。

（5）中央和地方各级政府出台的一系列稳定市场的政策措施也对肉羊养殖成本产生一定影响。建设生态文明社会以来，国家不断加大对环保的重视，导致肉羊养殖卫生保护、医疗防疫等方面的支出增多。

（6）对 2004—2016 年山东省每只肉羊总收入及构成分析发现，总收入和主产品收入的变动方向一致，总收入的来源主要是主产品收入。

（7）对 2004—2016 年山东省每只肉羊主产品收入及构成因子分析发现，主产品收入的变动主要受出售价格变动的影响，即总收入的变动主要是受主产品价格变动的影响。

（8）对 2004—2016 年山东省肉羊养殖净利润与成本利润率分析发现，净利润与成本利润率的走势相同，而成本利润率更能反映肉羊养殖的投入产出情况。2012 年以来，山东省肉羊养殖的投入产出情况不容乐观，也反映了高成本低利润的实际情况。

（9）2004—2016 年，山东省散养肉羊成本利润率与全国水平比较，盈利情况不容乐观，劣势逐渐凸显。尤其是 2012 年以来，山东省肉羊养殖盈利状况持续成为全国最差的省市，提高肉羊养殖效益还有很大的空间。

（10）结合实际发现，肉羊主产品销售价格不仅受市场供求关系的影响，还受疫情、政府政策、养殖户专业素质等外在因素的影响。

6.5.2　政策建议

山东省是我国肉羊生产的优势区域之一，拥有肉羊养殖良好的饲养环境和饲养资源与产业基础。然而近年来，肉羊养殖成本的高涨和产品价格的不稳定导致肉羊养殖净利润与成本利润率波动频繁，加之一系列不利因素的存在，一定程度上束缚了山东省肉羊养殖业的发展。为了实现肉羊养殖的可持续发展，需要控制成本，推行规模化经营、标准化生产和组织化管理，具体建议如下：

6.5.2.1　优化肉羊养殖管理体系，控制生产成本

（1）引进优良品种，提高肉羊质量　肉羊的品种和羊肉的品质是养殖户在市场中取胜的关键条件。养殖户必须引进先进的杂交体系，引进优质肉羊品种，调整肉羊品种结构。肉羊优良品种的引进要结合山东省天气、自然资源等实际情况，选择合适的优良肉羊品种。引进优良品种之后，广泛开展杂交，逐步建立起适应山东省肉羊品种改良的繁育体系，推广良种繁育关键技术，健全良种繁育专业配套设施，降低繁育仔畜的成本，实现技术向生产力的转化。

（2）广泛开辟饲料资源，保障饲料质量安全　饲料费是影响肉羊成本的一项重要因素，尤其是青粗饲料费。笔者团队认为应当合理利用山东省拥有的丰富饲草饲料资源，降低饲料费的支出，增加肉羊养殖业收益。山东省可以学习国外在饲料处理方面的先进技术，将大量的稻草、麦秸等农作物副产品进行氨化、盐化、微贮处理后转变为肉羊的饲料，减少饲料费的支出，降低成本，实现资源的循环利用。除此之外，养殖户还可以利用自家羊舍周围的闲置土地种植一些可以喂养肉羊的牧草，降低饲料费的支出，节约肉羊养殖成本。饲料的安全卫生状况会直接影响肉羊

的质量与效益。因此，政府要加强肉羊的饲料质量安全保障建设，重点进行饲料安全评价基地、饲料安全检测和饲料安全监督执法等工程项目建设，建立安全评价、检验检测、监督执法三位一体、部省市县职能各有侧重的饲料安全保障体系，基本满足饲料管理部门依法履行饲料质量安全职责、保障动物性食品生产源头安全的需要。养殖户在喂养肉羊时要提高饲料配制的科学合理性，因地制宜，通过日粮平衡和科学使用饲料添加剂等技术，扩大能量饲料和蛋白质饲料的选择范围，降低日粮配制成本。在使用饲料添加剂时，应按照缺什么补什么、缺多少补多少的原则，合理添加各种营养性添加剂，以实现促进肉羊生长和提高饲料利用率的目的。

（3）发展规模化养殖，扩大养殖规模　山东省肉羊养殖多采取散养的模式，以家庭为单位的养殖方式缺乏专业的技术指导和风险承受能力，养殖规模往往很小，既降低了人力资源的利用效率，增加了人工成本，养殖收益情况也并不乐观。根据规模经济理论，成本一般随着经营规模的扩大而下降，山东省肉羊养殖业发展规模化养殖势在必行。发展规模化养殖可以使人力资源得到有效利用，降低人工成本，降低风险水平。政府要对肉羊养殖业加大投入力度，建造规模化栏舍、帮助培训规模化养殖技术人员等。

6.5.2.2　推行产供销一体化，提高肉羊养殖效益

山东省肉羊养殖业的发展还处在初级的生产销售阶段，单个养殖户自养自产自销，出现了管理粗放、竞争无序、产销脱节、质优低价的情况，严重影响到肉羊养殖业的健康发展，肉羊产供销经营模式势在必行。这里的肉羊产供销一体化不是指单个养殖户独自建立起一条产业链，而是与消费者或者经销商建立起的一条互动互助的发展模式。

实现产销供一体化的重要方面就是培育龙头企业。转变肉羊养殖方式的动力来自市场，开拓市场的主要力量是畜产品加工龙

头企业。龙头企业具有较强的市场竞争能力和重要的示范带动力量，能够极大地提高畜牧业的组织化程度，是引导农民发展现代农业的重要组织力量。政府应积极鼓励龙头企业建设标准化生产基地，采取"公司＋基地＋农户"的生产经营模式，通过利益机制实现产销和服务的对接，通过与养殖场（户）签订购销合同，组织农户按标准和合同规定安排饲养，规避市场风险，实现企业与养殖户双赢的局面。养殖户通过与企业建立直销关系和"利益共享、风险共担"的利益联合机制，减少中间环节，"公司＋基地＋农户"的产业化经营方式，不仅减少了交易成本、降低了风险，而且养殖户能够获得更高收益。

养殖户还可以通过"线上"和"线下"结合的方式直接寻找商家，减少市场环节，实现肉羊直销。

6.5.2.3　加强建设动物疫病防控工程

生态文明社会的建设对肉羊的医疗防疫提出了严厉的要求。本研究发现，医疗防疫费对生产成本的影响在增加。应重视对动物疫病的防控措施，加强肉羊疫病公共防控体系，坚持以预防为主，免疫与扑杀相结合。

（1）实施动物疫病防控工程。政府应建立健全动物防疫、监测、检疫监督体系，建立动物疫情风险评估和预警预报机制，建立畜牧兽医与卫生管理部门信息沟通和联防联控机制，积极开展对重大人畜共患病的净化行动。

（2）加强动物隔离场和病死畜禽无害化处理场的建设。加强动物疫病可追溯体系建设。加大财政支持力度，完善动物防疫、检疫和监督基础设施建设，将重大动物疫病防控所需疫苗、耗材、人工、监测及应急物资储备经费列入省市县财政预算；提高因防疫需要而扑杀的肉羊的补助标准，做到病死羊坚决不宰杀、不食用、不出售、不转运，坚决进行无害化处理。

（3）完善重大动物疫情应急预案，落实队伍、资金、技术、物资储备，提高应急能力。

（4）对于养殖户一方，要加强疫病防控意识，彻底转变"只治不防"的错误观念，克服对疫病的畏惧心理，在饲养的各个阶段加强防治措施；坚持自繁自养的原则，拒绝购买不合格羔羊；按免疫程序实施各个阶段的防疫注射，并适时做好疫病监测工作，一旦发现疫情，应及时采取无害化处理；加强防疫基础设施建设，认真做好猪舍的环境卫生和清洁消毒工作。

6.5.2.4　建立和完善肉羊价格调控机制

价格是影响收入的最关键因素之一。要想提高肉羊养殖收入，必须得对肉羊的价格进行控制。建立和完善以储备制度为基础的防止肉羊价格过度下跌的调控机制和保障市场供应机制，充分发挥储备调控市场的作用，积极应对市场周期性波动，有效维护生产者、消费者和经营者的合法权益。肉羊生产周期长，价格波动周期短，国家有必要强化调控手段，从容应对突发事件和市场波动，保障肉羊及其制品稳定供应。在供应相对稳定后，尚未建立羊肉等副食品储备的地方，要视情况尽快建立起地方储备制度；已经建立起地方储备制度的，要根据调控需要进一步加以完善，适当增加储备规模，科学安排储备品种，合理调整储备结构和布局，逐步形成中央与地方上下联动、合力调控的格局，更好地稳定肉羊生产与市场供应，保障养殖户的合理收益。

6.5.2.5　完善"肉羊养殖业＋数据管理"体系

随着数据资源在管理中的作用越来越大，数据信息管理也越来越得到重视，农产品成本效益统计资料也越来越重要。但是山东省养殖户多为个体，且没有健全的会计核算制度，很难将肉羊养殖业的成本资料数据做得详细完整。政府应该从技术、财政和管理三方面给予支持，投入资金建立完整的数据信息系统和培训专业技术人员，使全社会能够提供更加真实、更加完备的数据信息。养殖户可以在专业人员的指导下记录肉羊养殖的全面数据，包括成本收益数据的日记账，客观真实地对养殖过程中的各种耗费、损失和收益以及全部数据进行流水账式的记录和反映，形成详细完整的原始资料，为以后实行全面、完整的成本核算做准备。相关部门也要建立处理这些原始资料的数据库，及时收集整理相关会计信息，将会计电算化、云会计、大数据会计等现代化的信息处理方式应用于肉羊养殖业的管理与成本效益的核算中，控制成本的同时提高管理效率，促进传统的养殖业向数据信息化管理的方向转变。

7 | 盈亏平衡分析在肉羊养殖业中的应用研究——基于 R 公司调研数据

7.1 研究的基本理论与基础模型

7.1.1 盈亏平衡分析的界定

盈亏平衡分析是在成本性态分析和变动成本法的基础之上发展起来的，是不确定性分析的一种，也是一种重要的管理会计工具。根据商品销量、成本、利润之间的关系进行数据分析。在众多现代管理技术中，选择盈亏平衡分析是因为它是一种具有很高实用价值的方法。实际中，利用盈亏平衡分析进行科学预测的同时，还可以借助一些其他的财务分析手段，增加预测的准确性。

7.1.2 盈亏平衡分析应用的前提条件——成本划分

本文运用盈亏平衡理论进行分析的目的是降低肉羊成本，提高养殖户的收益。为此，本文对肉羊养殖过程中的成本进行了深入的研究。对养殖成本从理论和实际生产上进行划分，是应用盈亏平衡理论的基础，也是盈亏平衡分析的前提。肉羊养殖的成本包括固定成本和变动成本。固定成本是指建场初期建造场房、购进机器设备、引进羔羊所支出的费用，基本不随肉羊养殖小范围内变动而变化的一部分费用。变动成本是指随着养殖数量的变化而变化的费用，与养殖的数量有很大关系。

7.1.3 盈亏平衡分析的基础模型

7.1.3.1 基础模型建立的条件

模型的建立有几个前提条件。第一，线性关系假设。为了保证模型的稳定性，在进行盈亏平衡分析时，假设固定成本、单位变动成本、肉羊销售价格稳定不变，并且各因素与总利润是线性关系。第二，静态模型假设。在盈亏平衡分析的研究周期内，基础模型中的数据在这个周期内保持不变，不考虑模型中的量在不同时间段上的变化。尤其是价格、生产能力等相关因素。第三，不计融资成本以及企业所得税。为了更清晰地进行讨论，暂不计入融资成本和企业所得税。

7.1.3.2 基础模型分析

（1）盈亏平衡点的含义　盈亏平衡点又称零利润点、保本点。假定利润为零，利润为目标利润时，基于盈亏平衡分析计算的平衡点，是多方案相对评价指标，但实际上并不是真正意义上的"保本点"。假定销售利润为零，这对于投资者来说不仅没有利益，而且仅靠折旧摊销偿还本金，必然会失去原始资本，实际是一个亏损点。但为了便于谈论计算，对盈亏平衡点的计算设定了前提条件。而且由于每年或每个计算周期的固定成本和可变成本不同，每年的销售价格、销售额不同，所以每年或每个计算周期的盈亏平衡点也会有所变化。这几个不确定性因素的变化会影响投入的经济效益，当变化达到某一临界值时，就要对经营方案作出选择。

（2）盈亏平衡点的计算公式　当净利润为零时：

盈亏平衡点＝固定成本/（单位产品销售收入－单位产品变动成本）

＝固定成本/（1－变动成本/销售收入）

假设固定成本为 A，单位产品售价为 P，单位产品成本为 V。

$$则盈亏平衡点＝\frac{A}{P-V} \quad\quad (7-1)$$

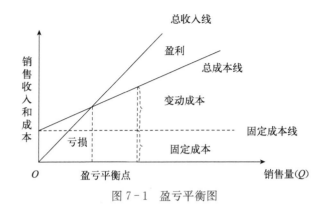

图 7 - 1   盈亏平衡图

用盈亏平衡分析的基础模型进行决策有局限性。第一，盈亏平衡分析应用的三个前提条件：线性关系假设、静态模型假设、不计企业所得税和融资成本，在实际中并不是如此，所以难以全面反映实际情况。第二，羊肉市场价格的波动引起肉羊市场价格的变动，而且不同品种肉羊、不同阶段的肉羊价格也不一样；并且肉羊价格也会受国内社会整体经济态势和进口肉羊价格的影响。销售收入是由销量和销售价格共同决定的，也不是一成不变的。第三，养殖户的养殖规模不同，肉羊的单位变动成本也不同。大规模化养殖，总养殖成本平均分到每只肉羊上的单位成本会比小规模养殖的单位成本低一些。影响因素中固定成本基本不会有太大的改变，饲料成本也会相应降低，这样，总成本受单位变动成本的影响也很大。

7.1.4   盈亏平衡分析的应用价值

盈亏平衡分析可以对企业的生产经营活动进行预测、决策、计划和控制。掌握盈亏平衡的变化规律，可以指导公司降低生产经营成本，其中包括固定成本和变动成本，以最小的成本达到生产要求，以使企业获得最大的利益；可以引导企业在把握市场价格走向基础上，确定销售价格，合理安排生产；盈亏平衡分析也可以在生产经营面临市场风险的情况下进行科学的判断，为决策提供依据。

7.2 肉羊养殖业的成本划分及收入、利润分析

7.2.1 肉羊养殖业的生产经营特点

肉羊养殖业是畜牧业的重要组成部分。在世界肉羊养殖业迅猛发展的今天，中国肉羊养殖业也取得了长足的发展，养殖方式在转变，生产水平在不断提高，饲养量和产量也在持续快速增长。肉羊养殖业主要特点如下：

（1）饲料成本相对较低 理论上来讲，羊不像鸡、鸭等家禽家畜以粮食为主要饲料，羊是食草家畜，可采食牧草和秸秆等植物，最终将其转化为人们所需的羊肉蛋白。所以，山东省有很多农村家庭，利用自家田地种植的植物叶子、山间的草为饲料养几只羊，饲料成本较低。

（2）经营风险大 肉羊养殖业，受自然因素影响较大，突然的暴风雨、寒潮会增加养殖风险，导致羊受惊吓，或者经受不住恶劣的天气。而且养殖动物很容易受到疫病侵袭，一个羊场一旦感染上某种疫情，出于企业社会责任，羊场里的羊无法再流通市场，只能掩埋处理，还需要整个羊场的大规模消毒。这些成本和后期多项资金的投入，可能很难收回。

（3）肉羊养殖业要平衡社会效益和生态效益 肉羊养殖要在发挥地区资源优势基础上，对资源合理配置利用，带动区域经济的发展。这就决定了肉羊养殖的报酬率较低，也决定了其投资回收期较长，一般需要3~5年时间。

（4）市场变化周期逐渐缩短 市场行情变化较快，投资者需要关注经济规律，把握市场行情，适度投资。在行情不景气的情况下，要减少投资，避免不必要的损失。

7.2.2 肉羊养殖成本的划分

肉羊养殖成本，即肉羊养殖业的生产成本，是指肉羊养殖过程中，为生产一定数量和质量肉羊所投入的必要社会劳动和物质消耗量。从刚开始建场投入到后期不断追加投入，都要按比例计入各批肉羊的总成本。散养一直是山东省肉羊养殖的主要方式，近几年，随着肉羊养殖业的发展，规模化养殖开始发展。

7.2.2.1 散养肉羊成本划分

将散养肉羊的成本，按照成本形态划分为固定成本与变动成本，进而将固定成本与变动成本进行细分，其具体的分类如表 7-1：

表 7-1　散养肉羊养殖成本划分

成本划分	项　目	说　明
固定成本	固定资产折旧费	对投入的厂房和设备账面价值的折旧额
	修理维护费	对场房、设备的修理维护费用
	仔畜费	新购进羔羊所发生的费用
	管理费	咨询招待专家的费用
变动成本	饲料费	羊耗用饲料费用的总和
	医疗防疫费	羊生产过程中防疫费、治疗费用和防疫部门的动物检疫费
	死亡损失费	死亡损失费用总和
	水费	羊饮用以及冲刷羊圈等用水费用总和
	燃料动力费	电费、取暖费、煤费及运输费用的总和
	销售费	销售产品发生的费用总和
	家庭用工折价	养羊花费的家庭劳动用工按照合理的单价折合的成本
	雇工费用	雇佣工人的成本
	其他费用	低值易耗品及发生与羊的生产有关的其他费用的总和

特别说明的几点：

（1）**固定资产折旧费** 包括肉羊养殖连续使用年限大于一年的生产用房屋、机器、运输工具和其他生产使用相关设备，场房和机器设备的折旧年限分别为 20 年和 10 年，预计净残值率为 10％。

（2）**仔畜费** 固定成本的主要组成部分，固定购进的羔羊费用支出占总固定成本的 90％以上。

（3）**饲料费** 肉羊养殖变动成本的重要组成。羊精饲料的主要原料是玉米、豆粕、花生粕、麸皮等；粗饲料有紫花苜蓿、羊草、青干草、豆秸、青贮玉米秸等；也包括一些矿物质饲料，如钙、磷、氯化钠、小苏打等。

（4）**财务费用** 包括生产经营期间发生的利息支出、汇兑净损失、金融机构手续费以及其他财务费用，在这里不予列入。在之前假设中也提过，假设不考虑企业的融资成本。

（5）**销售费用** 包括销售产品或提供劳务过程中发生的各项费用，具体有运输费、装卸费、包装费、保险费、代销手续费、广告费、展览费、专业销售人员的费用等，也没有列入。在实际调查羊场过程中没有具体列出，所以计算时也没有考虑。

（6）**人工成本涉及家庭人工折价** 家庭用工天数；雇工费用：雇工天数和雇工工价等项目。在散养模式中，家庭用工折价在变动成本中占据主要位置。

7.2.2.2 规模化（羊场）肉羊养殖成本的划分

饲养一批育肥羊支出费用的总和构成了该批育肥羊的总成本。本文以每只羊的支出费用为单位产品成本。规模化肉羊养殖成本按成本性态划分为固定成本与变动成本，其具体的分类如下表 7 - 2：

表 7-2 规模化肉羊养殖成本划分

成本划分	项目	说明
固定成本	固定资产折旧费	对投入的厂房和设备账面价值所规定的回收额
	修理维护费	对场房、设备的维修费用
	摊销费	对引种的账面价值所规定的回收额
	仔畜费	新培育的羔羊按市场价格折算的费用
	管理费	管理人员的工资，差旅费、招待费、会议费、车辆费、宣传费等
变动成本	精饲料费	购进精饲料原料费用总和
	粗饲料费	购进粗饲料原料费用总和
	饲料加工费	购进饲料按比例配置加工晾晒费用总和
	医疗防疫费	羊生产过程中防疫费、治疗费用和防疫部门的动物检疫费
	死亡损失费	死亡损失费用总和
	水费	羊饮用以及冲刷羊圈等用水费用总和
	燃料动力费	电费、暖气费、煤费及运输费用的总和
	工资福利费	支付给一线工人及技术人员的工资及福利
	其他费用	低值易耗品及发生与羊的生产有关的其他费用的总和

特别说明：

（1）摊销费 指对引进基础母羊公羊所用费用的摊销。摊销年限 5 年，预计净残值率为 15%。规模化养殖的管理费相比散养费用会更多，构成也更加复杂。

（2）饲料费 规模化肉羊养殖的主要成本，与散养肉羊有些差异，规模化养殖饲料成本占总成本的比例为 60% 左右。一批育肥羊的饲料费用核算包含两大部分，一部分是基础母羊从怀孕到产下仔羊，再到仔羊 50～60 日龄断奶所消耗的饲料；另一部分是仔羊断奶后育肥 4.5~5 个月出栏这段时间消耗的饲料。

（3）规模化养殖不涉及家庭用工折价这一问题 雇佣一线工人以及技术人员，支付的工资，以及给员工的福利政策，计入工资福利费。若公司机械化程度高，饲料配比合理，3 个饲养员可以管理近 5 000 只育肥羊。

7.2.3 肉羊养殖的收入构成

肉羊养殖的主要收入是直接的销售收入，另外还有不能继续生产的种羊和备用羊的销售收入。收入主要包括以下几个方面：

（1）销售收入 包括销售育肥羊、销售羔羊的收入。

（2）淘汰羊的收入 包括淘汰育肥羊、公羊、母羊的收入。

（3）副产品收入 主要包括销售羊毛、羊皮、羊粪加工后的有机肥料的收入。

7.2.4 肉羊养殖的利润

肉羊养殖的利润是养殖户劳动，生产经营销售的最终收益。获得和积累的利润，可对前期的费用支出进行补偿，提高养殖户的养羊积极性。也可以利用利润进行扩大再生产，适度地投资建场，改善羊场的养殖条件，引进新的养殖技术和机器设备，从而获得更多的利润。如此良性循环，也有利于肉羊养殖业的良好发展。

肉羊养殖的利润总额等于销售的总收入减去肉羊养殖的总成本。细化计算公式为：

总收入＝育肥羊销售单价×销售量＋淘汰羊销售收入＋

其他副产品收入

收入的计算方式可以是每只羊的销售单价乘以羊的销售量，这是在育肥羊体重相差不大，并且销售量很大的情况下使用；另外还有一种计算方式就是每千克羊的销售价格乘以羊的销售量，乘以每只羊的平均体重。这种计算方法可以在销售量不大的时候使用。

总成本＝平均每只育肥羊的养殖成本×育肥羊销售数量

从计算公式中可以看出，肉羊养殖利润与销售的总收入及肉羊养殖成本密不可分。想要获得更高的收益，唯有从提高总收入、降低养殖成本入手。而收入的影响因素是销售时的出场单价。羊肉市场价格一直在波动，也就影响着肉羊的出场单价，另外销售量或出栏重也从另外一个方面影响着销售收入。所以出栏时机的选择尤为重要。另外，控制养殖成本也可以有效提高收益，包括固定成本和变动成本两部分。

本文将从以下两方面进行研究，分析山东省的肉羊养殖成本利润，以及在全国范围内其处于何种水平；选择何时出栏，才能不亏损，并且找到利润变动的趋势，帮助养殖户获得最大的收益，促进山东省肉羊养殖的健康发展。

7.3 山东省散养肉羊盈亏平衡分析及与全国和相关省份比较分析

山东省是中国最大农区肉羊产业大省之一，羊品种资源丰富，在规模上占据全国前列，而且屠宰企业覆盖率也非常高，其发展潜力巨大，这些发展优势推动着山东省肉羊产业的升级转型。山东省羊品种类别繁多，其中绵羊品种有大尾寒羊、小尾寒羊、鲁中山地绵羊、洼地绵羊和鲁西黑头羊等，山羊品种有济宁青山羊、鲁北白山羊、沂蒙黑山羊、莱芜黑山羊和牙山黑绒山羊等。

传统肉羊普遍存在某一个缺陷，要么生产周期长，要么产肉量低，一般情况下二者不能兼顾。例如，小尾寒羊虽然生长周期相对较短，但肉产量低。为了解决这一问题，山东省致力于保护不同品种资源的遗传多样性，根据不同历史阶段培育适合市场需求的新品种。2018 年 1 月，农业部发布公告，由山东省农业科学院畜牧兽医研究所历时 18 年潜心培育的鲁西黑头羊通过审定，成为我国北方农区第一个国审肉用绵阳新品种。鲁西黑头羊新品种，是由黑头杜泊绵羊与山东省地方品种小尾寒羊杂交培育而成。R 公司的负责人表示，"每只鲁西黑头羊种羊比当地绵羊多增收 1 000 余元，每育肥 1 只鲁西黑头羊比当地绵羊多增收 200 元"。

山东省羊产业发展聚集程度较高的地区分布在菏泽、临沂、济宁、泰安、济南、聊城、德州、枣庄、潍坊 9 个市。同时这 9 个城市也是山东省羊产业发展的主要城市。2016 年，这 9 个市羊存栏总量占全省的 85.73%，羊出栏总量占全省的 80.74%[①]。

7.3.1 山东省散养肉羊盈亏平衡分析

肉羊养殖业盈亏平衡的分析，可以帮助养殖户找到能获得最大收益的出栏重，评估料重比的水平。当肉羊养殖按照盈亏平衡理论进行分析达到平衡时，销售总收入等于总养殖成本，影响总收入的主要因素是销售量、平均每只羊的出栏重及羊的出场单价。总成本包括固定成本和变动成本。用公式表达如下：

总收入＝销售商品羊数量×平均每只羊的出栏重×每只羊的出场单价

总成本＝固定成本＋变动成本

＝固定成本＋商品羊的单位变动成本×销售商品羊数量

由此推导：

平均每只羊的出栏重＝总成本/（销售商品羊数量×每只羊出场单价）

商品羊的边际贡献＝销售商品羊数量×平均每只羊的出栏重×每只羊的出场单价－变动成本

变动成本＝非饲料成本＋出栏重×商品羊销售数量×料重比×饲料价格

用字母简化公式：平均每只羊的出栏重为 W，销售商品羊

---

① 数据来源：山东省统计年鉴（农业篇），2017。

数量为 Q，固定成本为 A，变动成本为 V，每只羊的出场单价为 P，料重比为 B，饲料价格为 C，非饲料成本为 c_1，则有：

$$W = \frac{A+V}{PQ} \tag{7-2}$$

$$B = \frac{PQW - A - c_1}{QWC} \tag{7-3}$$

可以直观地从公式中得到：商品羊的出栏重和出场单价是主要影响因素。通过以上两公式，结合整理的数据，可以计算出肉羊养殖盈亏平衡点的出栏重、盈亏平衡点的料重比、盈亏平衡点的出场单价。

表 7-3 是根据《全国农产品成本效益调查资料汇编》整理的山东省 2012—2016 年散养肉羊成本资料。

表 7-3　2012—2016 年山东省散养肉羊平均每只成本资料（元）

成本划分	项目	2012 年	2013 年	2014 年	2015 年	2016 年
固定成本	固定资产折旧费	3.17	3.11	3.15	3.34	3.49
	修理维护费	2.14	2.18	2.04	1.95	2.04
	仔畜费	292.83	319.47	322.49	293.75	278.25
	总固定成本	298.14	324.76	327.68	299.04	283.78
变动成本：饲料费	精饲料费	62.49	65.85	70.08	58.16	54.07
	粗饲料费	39.20	39.43	47.22	47.68	48.47
	饲料加工费	4.29	6.11	6.76	6.81	6.86
	总饲料费	105.98	111.39	124.06	112.65	109.40
非饲料变动成本	医疗防疫费	3.44	4.03	3.83	6.23	4.42
	死亡损失费	2.62	2.53	2.76	2.77	2.87
	水费	2.38	2.26	2.30	2.30	2.40
	燃料动力费	5.47	5.21	4.90	4.67	4.69
	其他费用	2.46	2.53	2.66	2.52	2.60
	家庭用工折价	502.49	566.64	652.71	679.15	724.95
	总非饲料变动成本	518.86	583.20	669.16	697.64	741.93

（续）

成本划分	项目	2012 年	2013 年	2014 年	2015 年	2016 年
总变动成本		624.84	694.59	793.22	810.29	851.33
总成本		922.98	1 019.35	1 120.90	1 109.33	1 135.11

数据来源：《全国农产品成本效益调查资料汇编》（2013—2017）。

说明：资料中山东省散养肉羊没有管理费、销售费以及雇佣费用，所以表中也没有列出。

由表 7-3 可以看出，山东省近 5 年单只肉羊养殖总成本呈递增趋势，由 2012 年的 922.98 元/只增长到 2016 年的 1 135.11 元/只，增长了 212.13 元/只。固定成本中，除仔畜费有所变化，其他固定成本几乎保持不变。仔畜费的变化趋势是先略有增加后降低，但变化不大。变动成本中，饲料费用几乎没有太大变动，非饲料变动成本呈增长的趋势。医疗防疫费、死亡损失费、水费、燃料动力费、其他费用变动不大，家庭用工折价增长较快，由 2012 年的 502.49 元/只增长到 2016 年的 724.95 元/只，增长了 222.46 元/只，可以说是一个较大的增长，劳动力价格的增长也是导致家庭用工折价剧增的重要原因，进而导致总变动成本的逐年递增，最终导致肉羊养殖总成本的增长。近 5 年来，平均成本为 1 061.53 元/只。

另查阅资料编汇计算可得，山东省 2012—2016 年平均散养肉羊出场单价分别为 26.98、30.54、27.69、22.38、22.48 元/千克。

7.3.1.1 散养肉羊盈亏平衡点出栏重的分析

由表 7-3 可知，2012—2016 年，散养肉羊平均每只的总成本分别是 922.98、1 019.35、1 120.90、1 109.33、1 135.11 元。带入公式（7-2）可得 2012—2016 年的盈亏平衡点每只羊出栏重分别为 34.21、33.38、40.48、49.57、50.49 千克。这 5 年的盈亏平衡点平均出栏重为 41.63 千克。在其他因素保持不变的情况下，盈亏平衡点的出栏重如果达不到以上计算的数值，养殖户就有可能发生亏损。

但由于肉羊品种不同，出场单价不同。计算时，带入公式中的出场单价是平均值，计算得到的盈亏平衡点的出栏重也是平均值。最低平均出栏重是 2013 年的 33.38 千克，最高的平均出栏重是 2016 年的 50.49 千克，跨度 17.11 千克之大。其主要原因源于以下两个方面：一是家庭用工折价的变动幅度相对较为显著，2016 年平均每只羊的家庭用工折价比 2012 年提高了 222.46元；二是受肉羊平均出场单价的变动影响，肉羊出场价格在2013 年之后大幅下降。

7.3.1.2 散养肉羊盈亏平衡点的料重比分析

山东省农民勤劳朴实，生活在农村里会利用闲暇时间养羊，补贴家用。人们会利用自然条件，因地制宜放养肉羊，在山坡上、丛林里羊会自由食草，这样喂养羊的饲料成本就会相对降低，所以对于饲料成本不能准确核算。

出于计算的需要，结合总饲料费用，合理估算饲料价格为4.80 元/千克，出栏重为 60 千克。带入公式（7-3）可得 2012—2016 年盈亏平衡点的料重比分别为 2.78、3.21、2.31、1.20、1.12。这 5 年盈亏平衡点的料重比平均值为 2.12。在其他因素保持不变的情况下，盈亏平衡点的料重比如果达不到以上计算的数值，养殖户就可能发生亏损。

虽然肉羊品种不同，其出栏重也有较大差异，但该研究是尝试将盈亏平衡的理论应用于肉羊养殖行业，从一个行业角度去分析。显然，结果是成立的。并且可以看到，2012—2016 年，盈亏平衡点的料重比呈一个下降的趋势，用的饲料少但增长的肉多，对用料配比的要求越来越高。2016 年盈亏平衡点 1.12 的料重比水平显然很难达到，但这个结果也与 2016 年净利润为负值相吻合。

7.3.1.3 散养肉羊盈亏平衡点的出场单价分析

同上，按肉羊平均体重为 60 千克计算，带入公式（7 - 2）可得 2012—2016 年盈亏平衡点的出场单价分别为 15.38、16.99、18.68、18.49、18.92 元/千克。这 5 年的盈亏平衡点的平均出场单价为 17.69 元/千克。在其他因素保持不变的情况下，盈亏平衡点的出场单价如果达不到以上计算的数值，养殖户就有可能收不回投入的资金成本。

由计算可以看出，山东省 2012—2016 年盈亏平衡点的出场单价有逐渐上升的趋势。从 2012 年的 15.38 元/千克，到 2016年的 18.92 元/千克，上升了 3.54 元/千克。这也与经济大环境，物价上涨有一定的关系。

7.3.2 全国平均散养肉羊盈亏平衡分析

根据《全国农产品成本效益调查资料汇编》整理的 2012—2016 年全国平均散养肉羊成本资料如表 7 - 4。

表 7 - 4 2012—2016 年全国平均散养肉羊平均每只成本资料（元）

成本划分	项目	2012 年	2013 年	2014 年	2015 年	2016 年
固定成本	固定资产折旧费	5.43	5.40	5.46	5.60	5.50
	修理维护费	2.35	2.36	2.44	2.18	1.99
	仔畜费	401.55	441.77	421.18	342.84	345.43
	管理费	0.01	0.02	0.01	0.01	0.42
	总固定成本	409.34	449.55	429.09	350.63	353.34
变动成本：饲料费	精饲料费	154.94	158.76	159.9	139.75	134.19
	粗饲料费	62.85	58.65	63.10	62.12	61.68
	饲料加工费	3.65	4.21	4.28	4.45	4.32
	总饲料费	221.44	221.62	226.97	206.32	200.19
非饲料变动成本	医疗防疫费	5.45	5.53	5.35	5.94	5.70
	死亡损失费	7.44	7.11	7.53	7.05	7.43

（续）

成本划分	项目	2012 年	2013 年	2014 年	2015 年	2016 年
	水费	2.40	2.06	1.49	1.63	1.68
	燃料动力费	3.19	2.66	2.39	2.37	2.48
	销售费	2.79	3.39	3.36	3.46	3.31
	其他费用	2.45	2.65	2.51	2.39	2.44
	家庭用工折价	303.07	360.06	398.26	416.36	431.43
	雇工费用	22.89	23.36	7.86	5.96	9.04
	总非饲料变动成本	349.68	406.89	428.75	445.16	463.50
总变动成本		571.12	628.51	655.72	651.48	663.69
总成本		980.46	1 078.06	1 084.81	1 002.11	1 017.03

数据来源：《全国农产品成本效益调查资料汇编》（2013—2017 年）。

　　另查阅资料汇编计算可得，2012—2016 年全国平均散养肉羊出场单价分别为 26.80、28.27、25.74、20.95、21.38 元/千克。

　　由表 7 - 4 可以看出，固定成本部分，除仔畜费有降低的趋势外，其他费用基本保持不变。仔畜费的降低也是由于需购进的新仔畜的数量有所下降，这也导致总固定成本有所降低。饲料费几乎没有太大的变动，只有精饲料的费用有所下降。由于饲养水平的提高，对于饲料的配比更加得当，减少了不必要的浪费。饲料变动成本中，水费、雇佣费用下降；销售费用、家庭用工折价有所上升；医疗防疫费、死亡损失费、燃料动力费几乎保持稳定。由于市场中养殖户越来越多，再加上规模化养殖公司、进口肉羊的冲击，导致销售费用增加；散养肉羊越来越少地雇佣工人，一般家庭成员共同承担饲养任务，这也造成家庭用工折价上升，雇佣工人的费用下降。总体而言，非饲料变动成本逐年增加，但总成本近 5 年没有太大波动，平均总成本为 1 032.49 元。

7.3.2.1 全国散养肉羊综合盈亏平衡点出栏重的分析

由表 7-4 可知，2012—2016 年，散养肉羊平均每只的总成本分别为 980.46、1 078.06、1 084.81、1 002.11、1 017.03 元。根据公式计算可得 2012—2016 年的盈亏平衡点的出栏重分别为 36.58、38.13、42.14、47.83、47.57 千克。这 5 年的盈亏平衡点平均出栏重为 42.45 千克。盈亏平衡点的出栏重近 5 年呈逐步上升态势，自 2012 年的 36.58 千克至 2016 年的 47.57 千克，增加了 10.99 千克。盈亏平衡点的出栏重增加，说明要达到保本，肉羊的出栏重需要达到的数值越来越大。

7.3.2.2 全国散养肉羊综合盈亏平衡点的料重比分析

出于计算的需要，结合总饲料费用，合理估算饲料价格为 4.80 元/千克，出栏重为 60 千克。计算可得 2012—2016 年的盈亏平衡点的料重比分别为 2.95、2.92、2.41、1.63、1.65。这 5 年的盈亏平衡点的料重比为 2.31。盈亏平衡点的料重比整体上呈逐年下降趋势，料重比的降低，也可以说明肉羊养殖业对于饲料的配比越来越科学合理，饲料利用率越来越高。

7.3.2.3 全国散养肉羊综合盈亏平衡点的出场单价分析

按肉羊平均体重 60 千克计算，可得 2012—2016 年的盈亏平衡点的出场单价分别为 16.34、17.97、18.08、16.70、16.95 元/千克。这 5 年的盈亏平衡点的出场单价为 17.21 元/千克，变化幅度不大。盈亏平衡点的出场单价的稳定，也得益于养殖技术的不断进步以及饲料配制的合理性。

7.3.3 山东省邻近省份散养肉羊养殖盈亏平衡分析

近年来，山东省肉羊的存栏量和出栏量虽然在持续上涨，但是养殖成本控制方面，山东省较其他发展早、基础好的省份还有一定的差距。因此，本研究挑选了与山东省的地理位置、市场环境和季节气候等各方面外部环境都很接近，并且在肉羊养殖方面发展较好的河北省和河南省两个省份，以及全国肉羊养殖成本全国统计数据的平均值进行计算比较分析，通过对比盈亏平衡点的数值发现其中的差异，体现出山东省肉羊养殖成本方面的真实情况，了解山东省肉羊养殖的真实水平，以及在成本控制以及饲料配比方面与我国其他地区的优势、劣势，为山东省小规模肉羊养殖户进一步削减饲养成本、提高效益提供参考。

表 7-5 是根据《全国农产品成本效益调查资料汇编》整理的 2012—2016 年河北省散养肉羊成本资料。可以看出近 5 年来河北省散养肉羊总的成本变动趋势为先增加后下降。2013 年总成本上升，主要原因是家庭用工折价的急剧增长，由 2012 年的 305.48 元/只增长到 2016 年的 422.30 元/只，增长了 116.82 元/只；然后总成本在 2015 年又急剧下降，是由仔畜费的降低导致的，由 2012 年的 320.51 元/只下降到 2016 年的 210.85 元/只，减少了 109.66 元/只之多。

表 7-5　2012—2016 年河北省散养肉羊平均每只成本资料（元）

成本划分	项目	2012 年	2013 年	2014 年	2015 年	2016 年
固定成本	固定资产折旧费	3.52	3.58	3.67	4.22	4.01
	修理维护费	1.00	1.37	1.53	1.53	1.45
	仔畜费	320.51	340.26	295.83	219.22	210.85
	总固定成本	325.03	345.21	301.03	224.97	216.31
变动成本：饲料费	精饲料费	96.69	99.71	102.65	101.90	102.58
	粗饲料费	44.58	45.94	45.12	46.42	49.56
	饲料加工费	0	0	0	1.12	1.21
	总饲料费	141.27	145.65	147.77	149.44	153.35
非饲料变动成本	医疗防疫费	6.74	6.83	7.60	7.85	8.19
	死亡损失费	3.99	3.96	3.78	4.37	6.18
	水费	0.16	0	0	0.48	0.53

（续）

成本划分	项目	2012 年	2013 年	2014 年	2015 年	2016 年
	燃料动力费	0.77	1.02	1.08	1.12	1.40
	其他费用	3.84	2.54	2.75	2.79	2.66
	家庭用工折价	305.48	378.90	419.47	412.62	422.30
	总非饲料变动成本	320.98	393.25	434.68	429.23	441.26
总变动成本		462.25	538.90	582.45	578.67	594.61
总成本		787.28	884.11	883.48	803.64	810.92

数据来源：《全国农产品成本效益调查资料汇编》（2013—2017 年）。

但河北省散养肉羊总成本却比山东省要低得多，近 5 年河北省散养肉羊平均总成本为 883.89 元/只，比全国平均水平低 198.60 元/只，比山东省低 227.64 元/只。主要是因为仔畜费、精饲料费用低，使得总成本与全国各大养羊省份相比有极大的优势。

表 7-6 是根据《全国农产品成本效益调查资料汇编》整理的 2012—2016 年河南省散养肉羊成本资料。由此可以看出，河南省近 5 年散养肉羊养殖总成本呈递增趋势，由 2012 年的 886.80 元/只增长到 2016 年的 1 069.10 元/只，增长了 182.30 元/只。固定成本基本保持不变。变动成本中，饲料费用有稍微增长趋势，变动不大。非饲料变动成本呈增长趋势。医疗防疫费、水费、燃料动力费、其他费用变动不大，死亡损失费有所增长，家庭用工折价增长较快，由 2012 年的 502.49 元/只增长到 2016 年的 724.95 元/只，增长了 222.46 元/只，可以说是一个较大的增长，劳动力价格的增长也是导致家庭用工折价剧增的重要原因。进而导致总变动成本的逐年递增，最终导致肉羊养殖总成本的增长。近 5 年来，平均成本为 1 012.82 元/只。

表 7 - 6　2012—2016 年河南省散养肉羊平均每只成本资料（元）

成本划分	项目	2012 年	2013 年	2014 年	2015 年	2016 年
固定成本	固定资产折旧费	4.04	4.05	4.06	4.00	3.98
	修理维护费	2.45	2.43	2.45	2.46	2.42
	仔畜费	338.25	362.39	368.83	367.19	358.81
	总固定成本	344.74	368.87	375.34	373.65	365.21
变动成本：饲料费	精饲料费	73.08	84.91	88.62	83.69	78.55
	粗饲料费	40.66	43.20	44.04	44.12	44.00
	饲料加工费	3.18	4.13	4.14	4.09	3.89
	总饲料费	116.92	132.24	136.80	131.90	126.44
非饲料变动成本	医疗防疫费	4.77	4.82	4.86	4.82	4.87
	死亡损失费	2.24	3.45	3.59	3.47	3.69
	水费	2.14	2.28	2.30	2.28	2.33
	燃料动力费	3.30	3.37	3.34	3.30	3.22
	销售费	2.29	2.35	2.37	2.39	2.34
	其他费用	2.55	2.57	2.58	2.61	2.51
	家庭用工折价	407.85	475.12	512.32	545.22	558.49
	总非饲料变动成本	425.14	493.96	531.36	564.09	577.45
总变动成本		542.06	626.20	668.16	695.99	703.89
总成本		886.80	995.07	1 043.50	1 069.64	1 069.10

数据来源：《全国农产品成本效益调查资料汇编》（2013—2017 年）。

另查阅资料汇编计算可得，河北省 2012—2016 年平均散养肉羊出场单价分别为 23.22、23.51、20.84、14.75、14.76 元/千克；河南省 2012—2016 年平均散养肉羊出场单价分别为 26.21、28.36、28.47、28.28、27.63 元/千克。

7.3.3.1 山东省邻省河北、河南省散养肉羊盈亏平衡点出栏重的分析

由表 7 - 5 可知，2012—2016 年，河北省散养肉羊平均每只的

总成本分别是 787.28、884.11、883.48、803.64、810.92 元；由表 7-6 可知，河南省散养肉羊平均每只的总成本分别是 886.80、995.07、1 043.50、1 069.64、1 069.10 元。计算可得 2012—2016年河北省散养肉羊的盈亏平衡点的出栏重分别为 33.91、37.61、42.39、54.48、54.94 千克/只，这 5 年的盈亏平衡点平均出栏重为 44.67 千克/只。2012—2016 年河南省散养肉羊的盈亏平衡点的出栏重分别为 33.83、35.09、36.65、37.82、38.69 千克/只，这5 年的盈亏平衡点平均出栏重为 36.42 千克/只。

7.3.3.2 山东省邻省河北、河南省散养肉羊盈亏平衡点的料重比分析

出于计算的需要，结合总饲料费用，合理估算饲料价格为4.80 元/千克，出栏重为 60 千克/只。计算可得 2012—2016 年河北省散养肉羊的盈亏平衡点的料重比分别为 2.59、2.22、1.78、0.80、0.79，这 5 年河北省散养肉羊的盈亏平衡点的平均料重比为 1.64。2012—2016 年河南省散养肉羊的盈亏平衡点的料重比分别为 2.38、2.98、2.85、2.70、2.55，这 5 年河南省散养肉羊的盈亏平衡点平均料重比为 2.69。

7.3.3.3 山东省邻省河北、河南省散养肉羊盈亏平衡点的出场单价分析

按肉羊平均体重为 60 千克来计算，可得 2012—2016 年河北省散养肉羊的盈亏平衡点的出场单价分别为 13.12、14.74、14.72、13.39、13.52 元/千克，这 5 年河北省散养肉羊的盈亏平衡点的平均出场单价为 13.90 元/千克。2012—2016 年河南省散养肉羊盈亏平衡点的出场单价分别为 14.78、16.59、17.39、17.83、17.82 元/千克，这 5 年河南省散养肉羊的盈亏平衡点的平均出场单价为 16.88 元/千克。

7.3.4 山东省与邻近省份以及全国平均水平散养肉羊养殖利润分析

畜牧业中的养殖行业，养殖的成本利润率以及净利润可以反

映出养殖的收益情况。成本利润率是利润与养殖成本的比率,成本利润率越高,养殖效益相对越好。净利润更是可以直接反映出生产经营的好坏。下面根据《全国农产品成本效益调查资料汇编》(2005—2017)数据,计算得出 2004—2016 年山东省肉羊饲养净利润与成本利润率,详见表 7-7。

表 7-7　山东省肉羊饲养净利润与成本利润率情况

年份	总收入 (元/只)	总成本 (元/只)	净利润 (元/只)	成本利润率 (%)
2004	308.56	251.72	56.84	22.58
2005	329.35	266.43	62.92	23.62
2006	457.08	318.63	138.45	43.45
2007	594.58	398.82	195.76	49.08
2008	515.94	455.91	60.03	13.17
2009	571.20	511.42	59.78	11.69
2010	762.31	600.33	161.98	26.98
2011	866.57	781.91	84.66	10.83
2012	915.18	922.98	-7.8	-0.85
2013	1 027.54	1 019.35	8.19	0.80
2014	943.35	1 120.90	-177.55	-15.84
2015	780.27	1 109.33	-329.06	-29.66
2016	785.51	1 135.11	-349.60	-30.80

数据来源:《全国农产品成本效益调查资料汇编》(2005—2017 年)。

　　根据表 7-7,绘制 2004—2016 年肉羊饲养收入、成本和利润走势图 7-2。综合分析图 7-2 可以看出,2004—2016 年,山东省每只肉羊养殖净利润存在较大的波动,2007 年实现最高净利润额为 195.76 元/只,从 2012 年开始出现亏损,2016 年亏损

金额达到了 349.60 元/只。从成本利润率来看，2004—2007 年
呈增长趋势，由 2004 年的 22.58% 增长至 2007 年的 49.08%，
2008—2011 年成本利润率起伏不定，2008 年骤降至 13.17%，
并在 2009 年达 11.69%，随后有所回升但又立即回落，而
2012 年也是肉羊养殖盈利的低谷，肉羊养殖盈利状况不稳定。
2014 年以来，肉羊成本利润率大幅度下降，2016 年下降至
−30.8%。从整体来看，山东省肉羊养殖的净利润与成本利润率
的走势比较吻合。

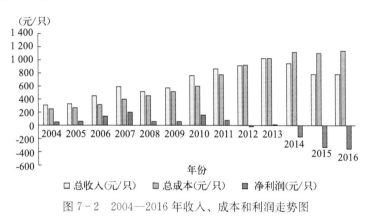

图 7-2　2004—2016 年收入、成本和利润走势图

根据《全国农产品成本效益调查资料汇编》（2005—2017）
数据，计算得出 2004—2016 年山东省及其邻省以及全国平均水
平肉羊饲养净利润与成本利润率，详见表 7-8。

表 7-8　河北省、河南省、山东省与全国平均水平肉羊养殖
净利润与成本利润率情况

年份	河北省		河南省		山东省		全国平均水平	
	净利润（元/只）	成本利润率（%）	净利润（元/只）	成本利润率（%）	净利润（元/只）	成本利润率（%）	净利润（元/只）	成本利润率（%）
2004			62.87	30.71	56.84	22.58	85.69	35.19
2005			99.56	42.13	62.92	23.62	47.80	18.34

（续）

年份	河北省		河南省		山东省		全国平均水平	
	净利润（元/只）	成本利润率（%）	净利润（元/只）	成本利润率（%）	净利润（元/只）	成本利润率（%）	净利润（元/只）	成本利润率（%）
2006	—		94.46	34.64	138.45	43.45	90.38	31.95
2007	141.78	39.49	153.59	43.24	195.76	49.08	157.12	37.60
2008	153.71	41.59	156.79	35.12	60.03	13.17	136.67	26.11
2009	132.05	34.76	141.42	26.433	59.78	11.69	112.50	21.63
2010	148.98	31.20	177.28	29.51	161.98	26.98	135.74	21.22
2011	219.41	33.81	210.62	28.19	84.66	10.83	180.18	22.12
2012	134.33	17.06	165.00	18.61	−7.8	−0.85	197.84	20.18
2013	86.88	9.83	157.37	15.81	8.19	0.80	167.51	15.54
2014	−9.26	−1.05	119.00	11.40	−177.55	−15.84	38.91	3.59
2015	−158.17	−19.68	87.50	8.18	−329.06	−29.66	−66.03	−6.59
2016	−170.35	−21.01	63.36	6.49	−349.60	−30.80	−67.96	−6.68

数据来源：《全国农产品成本效益调查资料汇编》（2005—2017 年）。

由表 7-8 可以看出，整体看，各省肉羊养殖净利润和成本利润率在 2007 年有一个突破性的增长，持续增长至 2011 年。2012 年开始逐年下降，近 3 年出现负净利润和负成本利润率的情况。与河北省、河南省以及全国平均水平相比，山东省的净利润要低很多，相应的成本利润率也低。

2004—2016 年全国肉羊养殖业的成本利润率呈先迅速递增后迅速递减的变化趋势。2007 年达到成本利润率最高 37.60%，2016 年低至 −6.6%。随着我国养羊业由以毛为主转向肉毛兼用，再发展到以肉用为主，国内的羊肉价格一路攀升。价格的上涨导致成本利润率大幅度递增，但在后期，高成本利润率导致饲养量增加，尽管羊肉价格仍然上涨，但饲养肉羊的成本利润率已经开始下降了。

我国肉羊养殖业的净利润呈现先增长后降低的变化态势。2004—2011 年，肉羊养殖业的净利润基本呈上升的趋势，每只羊的平均获利从 85 元增长到 180 元；2012—2016 年，肉羊养殖业的净利润急剧下降，每只羊的平均获利从 197 元下降至－68元。我国肉羊养殖业的净利润急剧下降，是因为高成本利润率导致饲养数量增加，最终致使每只羊所获的净利润减少。

7.3.5　小结

本部分内容分析了山东省散养肉羊养殖成本、固定成本、变动成本构成项目数据与周边相邻省份河北省、河南省以及全国平均值的异同点。根据《全国农产品成本收益资料汇编》（2013—2017）的统计数据，通过对比分析得出，山东省散养肉羊养殖成本不仅高于河北省和河南省，而且与全国水平也存在一定的差距。河北省、河南省的仔畜费、精饲料费有很大的优势，而且河北省、河南省的雇工费用为零，家庭用工费用与山东省相比，也有一定的优势。

表 7－9　各省散养肉羊盈亏平衡点对比分析

项　　目	山东省	全国平均值	河北省	河南省
平均出栏重（千克）	41.63	42.45	44.67	36.42
平均料重比	2.12	2.31	1.64	2.69
平均出场单价（元/千克）	17.69	17.21	13.90	16.88

在盈亏平衡点方面，各省盈亏平衡点的出栏重、出场单价呈上升趋势，料重比呈下降态势。近 5 年山东省盈亏平衡点的平均出栏重与全国平均水平相差不大，比河北省略低，比河南省高；盈亏平衡点的平均料重比比全国平均值低 0.19，比河北省高 0.48，比河南省低 0.57；盈亏平衡点的出场单价，与全国平均值差不多，与河北省、河南省相比较高。虽然每个省份

的肉羊品种不完全一致，但盈亏平衡点的计算在一定程度上也反映出了问题。达到盈亏平衡点时，选择出售肉羊，才能一定程度上避免亏损。多省的对比分析也可以看出，山东省散养肉羊盈亏平衡点数值接近于全国平均值，甚至有一点相对优势。

2007—2012 年，河北省、河南省散养肉羊的平均获利较为稳定，与全国平均水平较为接近，甚至赶超全国平均水平；而山东省的获利波动较大，与全国平均水平相差也较大。

综上所述，山东省作为我国肉羊养殖的重要省份，其肉羊养殖的成本总体上在全国范围来看处于中游水平，甚至在一些方面表现出较为明显的劣势。通过同相邻省份河北省和河北省散养肉羊的成本、盈亏平衡点、成本利润率以及净利润数据对比分析来看，山东省在肉羊养殖成本和饲料费等主要成本构成项目上并没有优势，虽然在医疗防疫费、死亡损失费两个方面有些优势，但是由于医疗防疫费和死亡损失费在饲养成本中占比较小，使得整体优势并不明显。而在有的方面例如仔畜费、精饲料费方面甚至表现出较大的劣势，由于仔畜成本是肉羊养殖成本重要的组成部分，这对数量众多的山东省小规模养殖户而言，想要尽量降低饲养成本、提高饲养经济效益显得更加困难。经过本章的研究分析，发现了山东省肉羊养殖成本与周边省份在一些成本项目上的差距，为下文研究个体案例、更加深入地挖掘山东省规模养殖在成本方面的优势和劣势奠定基础。

7.4 R 公司肉羊养殖盈亏平衡分析及与山东省比较分析

7.4.1 R 公司肉羊生产现状

R 公司是中国目前最大规模的湖羊繁育基地，始建于 2012 年，总投资 1.8 亿元，场区内划分为 5 个养殖分场，养殖存栏湖羊种羊 6 万多只，年出栏优质湖羊种羊 8 万只，优质肉羊 10 万多只。公司主要培育湖羊和鲁西黑头羊，实行舍养模式。公司首创"八化运营模式"和"湖羊规模化生态养殖经营模式"，已获得中国畜牧业协会优秀创新奖。2013 年，公司被评定为国家级标准化示范养殖场、聊城市农业产业化重点龙头公司。2017 年 8 月，R 公司被山东省畜牧兽医局认定为湖羊原种场；2017 年 12 月，R 公司顺利通过了布鲁氏菌病净化场验收。

该公司通过使用互联网技术，实现工业化养殖和自动化养殖，包括羊场的全方位安保、羊舍的养殖状态自动监控和自动化喂水、标准化喂料，饲料厂和有机育肥料厂也实现了自动化生产管理。整个公司实现了办公自动化和各部门流通的电子商务平台操作，做到信息精准、技术共享、环环紧扣，达到提高养殖效率和经济效益的目的，发挥养殖场的规模效应，实现经济和环保双赢。

养殖过程的精细化管理是最困难的环节之一，公司依托信息系统实现对养殖过程的精细化管理。拥有权限的人只要有需要，在任何一个地方都能够跟踪到每一笔业务。报表上的所有分析数据全部直接来源于生产一线业务环节的原始数据，保证了数据的及时性、真实性。借助信息系统，公司实现了规范管控，为公司决策提供了完整、及时、真实的数据，打通了整个产业链、上下游业务的衔接，为所有合作社的生产经营活动提供了一个共享的信息平台，实现数据共享，帮助合作社改进生产经营能力。

7.4.2　R 公司盈亏平衡点的分析

R 公司作为一家规模化养殖肉羊的公司，养殖成本和料重比的控制、出栏重和出栏价格的确定尤为重要。而盈亏平衡分析可以在前期进行定量计算，分析规模化肉羊养殖公司的问题，帮助公司做好决策工作。例如在市场竞争激烈的情况下，公司可以考虑降低销售价格，但要保证不亏损，就需要结合盈亏平衡分析结果进行决策，结合料重比，选择适宜的出栏重。通过对 R 公司的实地调查研究，根据 R 公司相关管理人员、技术人员、财务人员提供的基本原始数据和实地调研数据，整理了 2016 年 10 月末的 R 公司湖羊养殖生产资料如下：

（1）2016 年 10 月，羊场存栏量为 60 000 只，其中繁殖母羊 20 000 只，后备母羊 150 只，种公羊 80 只，育肥羊 8 000 只，羔羊 14 000 只。

（2）湖羊一年四季发情，繁育母羊分 8 个月生产，每胎平均产仔 2 只，羊场一批育肥羊（5 000 只）的成本资料。

经过汇总、整理和分析，绘制 R 公司每批育肥羊的成本资料（表 7 - 10）。

表 7 - 10　R 公司每批育肥羊的成本资料

成本划分	项　　目	金额（万元）
固定成本	折旧费	14.20
	修理费	2.90
	摊销费	20.40
	仔畜费	110.0
	管理费	2.40
	总固定成本	149.90
饲料变动成本	精饲料费	129.99
	粗饲料费	115.27
	饲料加工费	6.40
	总饲料变动成本	251.66
非饲料变动成本	医疗防疫费	3.49
	死亡损失费	0.79
	水费	2.20
	燃料动力费	4.75

（续）

成本划分	项　目	金额（万元）
非饲料变动成本	工资福利费	6.00
	其他费用	2.00
	总非饲料变动成本	19.23
	总变动成本	270.89
	总成本	420.79

由以上数据计算可得：每只羊的单位变动成本为 541.78 元。

（3）其他条件。根据中国畜牧业协会调查数据可知，R 公司湖羊出栏的肉羊价格为 24～26 元/千克，计算时取平均值，大约为 25 元/千克。结合市场价格调查，询问有关管理人员得知市场平均饲料价格为 4.85 元/千克。

7.4.2.1　公司盈亏平衡点出栏重分析

根据掌握的资料，$P=25$ 元/千克；$Q=5\,000$ 只；$A+V=420.79$ 万元。假设这批肉羊出栏重至少达到 W 千克才不会亏损。代入公式（4-1）可得：$W=33.66$ 千克。

在其他影响因素保持不变的情况下，该批肉羊每只体重至少要达到 33.66 千克时出售才不会发生亏损。若每只羊体重小于 33.66 千克，则该批羊亏本；若每只羊体重大于 33.66 千克，则盈利。企业管理者要根据实际情况，适时做出是否出售的决策，以保证企业获得较好的经济效益。

7.4.2.2　公司盈亏平衡点的料重比分析

仍以 R 公司为例，已知：$C=4.85$ 元/千克，$P=25$ 元/千克，$Q=5\,000$ 只，$c_1=19.23$ 万元，$A=149.90$ 万元。当肉羊体重达到 45 千克，料重比达到 B，才能盈亏平衡。代入公式（4-2）可得：$B=3.60$。

在其他影响因素保持不变的情况下，料重比最多达到 3.60 才不会严重亏损。料重比若大于 3.60 则该批羊亏本，若小于

3.60 则该批羊盈利。管理者要做到心里有数，想尽办法提高饲料转化率，降低料重比。

7.4.2.3 公司盈亏平衡点的商品羊销售价格分析

仍以该场为例，已知：$Q=5\,000$ 只，$A+V=420.79$ 万元。该批羊每只体重已达到 45 千克，假设盈亏平衡价格为 P。代入公式（4-1）可得：$P=18.70$ 元/千克。

计算结果表明，出售的这批育肥羊每只体重达到 45 千克时，出场价格高于 18.70 元/千克才可能保本。若出场价格小于 18.70 元/千克该批羊亏损，若大于 18.70 元/千克该批育肥羊则盈余。

根据以上公式的推算情况可再进一步推算出，不同的出栏重和销售价格所得到的不同的经营效果。

表 7-11 出栏重、销售单价变动对利润（万元）的影响

销售单价	出栏重（千克/只）					
（元/千克）	18	18.5	19	19.5	20	20.5
43	−33.79	−23.04	−12.29	−1.54	9.21	19.96
44	−24.79	−13.79	−2.79	8.21	19.21	30.21
45	−15.79	−4.54	6.71	17.96	29.21	40.46
46	−6.79	4.71	16.21	27.71	39.21	50.71
47	2.21	13.96	25.71	37.46	49.21	60.96

7.4.3 相关因素变动对盈亏平衡点和目标利润的影响

公司实际生产经营会受到各种因素的影响，例如：肉羊市场售价的变动；饲料价格与粮食供求关系导致饲料价格变动，饲料价格变动会引起肉羊单位变动成本的变动。这些不确定性因素会导致前面为了进行盈亏平衡分析而设立的某些基本假定条件不再成立，进而影响盈亏平衡点和目标利润的确定。因此，在这里探

究相关因素变动对盈亏平衡分析的影响是十分重要的。

7.4.3.1　商品羊销售价格变动的影响

市场供求条件的变化一定程度上影响着肉羊销售价格。肉羊销售价格的变动也是影响盈亏平衡点及目标利润的一个重要因素。在单位变动成本和固定成本保持不变的情况下，肉羊销售价格上升，则销售收入增加，盈亏平衡点就会相应降低，同样的销售量实现的利润就会减少。

仍以该 R 公司为例，盈亏平衡时商品羊销售单价 $P=19$ 元/千克。目标商品羊出栏重 45 千克，则盈亏平衡点销售总量 $Qr1$ 和目标利润 $M1$ 为：

$$Qr1=4207900/19=221468.42\ 千克$$

$$M1=QrP-A-C=5000\times45\times19-4207900=67100（元）$$

若其他因素保持不变，商品羊销售单价从 $P1=19$ 元/千克上升到 $P2=20$ 元/千克，则新的盈亏平衡点 $Qr2$ 和目标利润 $M2$ 为：

$$Qr2=4207900/20=210395\ 千克$$

$$M2=Q_t P2-A-C-5000\times45\times20-4207900=292100$$
（元）

7.4.3.2　单位变动成本变动的影响

在固定成本和销售价格保持不变的情况下，变动成本的降低同样会使边际贡献增加，进而降低盈亏平衡点的销售水平，同样的销售量实现的利润增加；反之变动成本升高，同样的销售量实现的利润就减少。

7.4.4　R 公司与山东省肉羊养殖盈亏平衡的比较分析

山东省肉羊产业总体上处于一个摸索前行的阶段。山东省 R 牧场作为大规模养殖肉羊的一个牧场，以湖羊舍养为主，体系较为完善。表 7 - 12 是 R 公司与山东省近 5 年的肉羊养殖盈亏平衡点数据。

表 7-12　肉羊养殖盈亏平衡点数据

项　　目	山东省					2012—2016 年山东省平均	2016 年R 公司
	2012 年	2013 年	2014 年	2015 年	2016 年		
盈亏平衡点的出栏重（千克）	34.21	33.38	40.48	49.57	50.49	41.63	33.66
盈亏平衡点的料重比	2.78	3.21	2.31	1.20	1.12	2.12	3.60
盈亏平衡点出场单价（元/千克）	15.38	16.99	18.68	18.49	18.92	17.70	18.70

7.4.4.1　盈亏平衡点出栏重比较分析

从盈亏平衡点出栏重这一角度来讲，R公司与山东省整体水平相比，差异不大。2012—2016 年山东省散养肉羊盈亏平衡点平均出栏重为 41.63 千克，R公司规模化养殖湖羊盈亏平衡点为 33.66 千克，相差 7.97 千克，考虑到湖羊体只偏小，R公司对于出栏重的把握应该是合理的。只有单只肉羊出栏重大于 33.66 千克，该公司才可能盈利；而对于山东省肉羊散养户而言，由于有些肉羊品种体重偏大，单只肉羊体重达到 41.63 千克出栏也应该不难。

R公司应在每批肉羊即将投入市场之前，计算此批肉羊盈亏平衡点的出栏重，以保证公司不会亏损。对于规模养殖的羊场，也应该对每批次羊的养殖成本、出栏数量进行及时准确的清点记录，定性计算，降低羊场的亏损风险。

7.4.4.2　盈亏平衡点料重比比较分析

料重比是养殖户很重视的一个问题，料重比控制得好，可以降低饲料成本，提高净利润。由山东省散养肉羊近 5 年数据得知，2012 年与 2013 年盈亏平衡点的料重比处于正常水平，2013 年之后，盈亏平衡点的料重比急剧下降，养殖户散养肉羊达不到如此低的料重比，整体处于亏损状态。2016 年，R公司盈亏平衡点的料重比为 3.60，只要日常生产养殖过程中料重比低于

3.60，公司就可以获得收益。

R 公司料重比掌握的成功经营经验还是值得借鉴的。饲料的配比质量也会影响料重比，但并不是料重比越低，羊场的利润越高。市场购进的饲料，价格越高，料重比越低。羊场管理人员应该综合考虑料重比和平均饲料价格，计算各个市场饲料价格对应的羊场应达到的盈亏平衡点的料重比的生产成本，结合羊场实际水平，选择最优的方案购进饲料，达到该饲料下的盈亏平衡点料重比的水平。

7.4.4.3 盈亏平衡点出场单价比较分析

市场肉羊价格变化周期逐渐缩短，把握合适的时机出栏对养殖户来说至关重要。计算得出山东省近 5 年盈亏平衡点的平均值为 17.70 元/千克，R 公司 2016 年盈亏平衡点的平均出栏单价为 18.70 元/千克，与山东省 2016 年的数值相近。只要市场价格大于盈亏平衡点的出场价格时，出售就可以盈利。

R 公司盈亏平衡点的平均出栏单价要高于山东省散养肉羊的整体水平，可以考虑在降低料重比的基础上，提高出栏重，从而降低平衡点的出场单价。

7.4.5 小结

通过到 R 公司实地调研，将 R 公司 2016 年真实的原始成本数据和实地调查数据与《全国农产品成本收益资料汇编》（2013—2017）中记录的山东省散养肉羊饲养成本的统计数据平均值进行比较，分析发现，R 公司肉羊养殖成本变动趋势与山东省散养肉羊成本数据的变动趋势类似，说明整体上 R 公司在山东省肉羊养殖方面具有一定的代表性。

R 公司的肉羊养殖总成本较山东省肉羊养殖平均值稍低一点。引起此差异的主要因素是仔畜费这一成本项目。R 公司从 2012 年开始规模化养殖湖羊，自繁自养，至 2016 年已经形成自有的养殖体系，仔畜的成本自然会低很多，不需要外购仔畜。饲料费方面，R 公司的饲料费用较高，外购的精饲料成本过高，另外一个原因则是 R 公司要确保饲料满足肉羊需求，所以在饲料喂养上没有太硬性的规定。R 公司的人工成本和医疗防疫费总体低于山东省肉羊养殖平均水平，表现出 R 公司在控制这两个成本项目方面有着相对的优势。

从 R 公司与山东省肉羊养殖 2016 年的盈亏平衡点分析来看，在盈亏平衡点的出栏重方面，R 公司与山东省的数值相差不大，比山东省稍低一点；在盈亏平衡点的料重比和出场单价方面还是有一定差距的。R 公司盈亏平衡点的料重比、出场单价要比山东省肉羊养殖整体水平高出很多。

通过对照发现 R 公司在山东省肉羊养殖业中具有一定的代表性，同时也存在自身的优势和不足之处，为下文总结山东省肉羊养殖成本控制中存在的劣势并提出对策建议提供相应的依据。

7.5   盈亏平衡分析对山东省肉羊养殖业的启示

发展肉羊生产是实施乡村振兴战略，解决畜牧业发展不平衡不充分问题，满足人民日益增长的美好生活需要的主要抓手。推动肉羊良种的培育和肉羊生产向高产、优质和高效发展，促进肉羊产业乃至现代畜牧业又好又快的发展，是养殖业工作的重中之重。下面将结合以上计算分析结果，对肉羊养殖业的生产经营管理和投资决策管理，谈几点认识。

7.5.1   生产经营管理

7.5.1.1   提高饲料利用效率

饲料的利用效率关系到料重比，提高饲料利用率可以有效降低料重比。如何将饲料科学转化为肉羊生长必需的营养应该考虑的问题：吃什么（营养种类来源）、吃多少（配方参数）、怎么吃（加工工艺、饲喂模式）。从选择饲料原料开始，精饲料、粗饲料、矿物质饲料、微量元素的配比选择；处于不同生理期用料标准不同，如种公羊在配种期应比非配种期更注重营养和饲料的补充，并且在配种前一个月就应该执行配种期日粮标准。另外，对羔羊进行诱饲训练，引导羔羊采食也是一个必不可少的环节。

规模化养殖应结合理论研究，如动物营养代谢规律与机制、营养素及其来源多样性及功效评估、营养代谢转化及调控机制、营养功效及动物健康与生产、营养需要系统平衡与营养源价值，综合考虑饲料喂养。

7.5.1.2 加强成本管理

成本管理体现在生产销售的各个环节，例如，提高劳动生产率和设备利用率（不断改善生产和劳动组织，采用先进技术，加强职工培训及思想教育，合理选择、购置、使用设备，对设备进行定期维护修理）；严格控制饲料、仔畜、水、电、气、煤等成本，死亡损失率等；不断改进和提高经营管理水平，减少非专业人员，降低行政办公成本，制订合理的物资备用金，降低利息费用。

另外，在实际生产中要着重注意的，也是急需解决的就是如何在保证肉羊质量的情况下降低饲料成本。适度推广多羔多胎技术，提高繁殖率，降低每只羔羊分摊的饲料成本将是值得探索的方向。

（1）提高饲养水平 毋庸置疑，尤其是在配种期，种公羊每天需要足够的营养蛋白，在饲粮中添加鱼粉或豆粕可以满足种公羊的营养需要。配种母羊也要延长采食时间，使其短期长膘，提高母羊体重，从而提高母羊产羔率。

（2）科学选择产多胎的母羊为种羊 像黄羊、波尔山羊是产羔率比较高的品种，适合作为母本，在生产过程中，需认真记录每只母羊产羔数，刻意留种（化学方向：人工制成的双羔素或双羔苗，效果待确定）。

（3）控制母羊产羔整齐度 如果想要1年产2胎或2年产3

胎，最好选用同期的经产母羊，而且 2～5 岁的经产母羊，不论是人工配种还是接产，也会比初产母羊更容易一些。

（4）胚胎移植技术和缩短繁殖周期　对技术要求非常高，一般科研机构的专业人员才可以胜任，但非常有发展前景。

将成本控制在合理的范围之内，这样对于出场价格的可调范围更大，可以为公司决策提供更大的选择。当市场价格低迷或市场竞争激烈时，可以选择适度降低肉羊的出场单价，避免肉羊滞销，反向增加养殖成本。

7.5.1.3　加强肉羊出栏重控制

随着养羊业的发展，传统散养模式不适应现代化生产的要求，必须改变传统饲养习惯，走规模化、生态型的舍饲道路。规模化养殖生产成本有所提高，要注重养殖的方法，才能提高经济效益。根据饲养标准，结合育肥羊自身的生长发育特点，合理供应饲粮，实时观察增重效果，及时调整。不要盲目追求日增重最大化。尤其是舍养肉羊，最大化的日增重往往是以高精料日粮为基础的，这样并不一定意味着可获得最佳的经济效益。

同时要注意，合理组织生产，适时出栏肉羊。育肥期过短，育肥效果不佳，达不到盈亏平衡点的出栏重；育肥期过长，影响料重比，影响经济效益。所以要结合市场经济规律，寻求最佳的经济效益，肉羊经过一定时间的育肥达到一定体重时，可以选择适时出栏，而不是盲目追求肉羊高出栏重。

7.5.2　投资决策管理

7.5.2.1　肉羊养殖企业投资分析

从一段时间看，肉羊市场行情时好时坏，似乎很难把握，但规模化养殖是大趋势。投资应注重肉羊品种的选择，不局限于当地羊品种，多走出去，了解考察，科学选取优质品种。另外，舍饲养羊技术不断成熟，投资者需要积极引进新技术和技术人员，创新管理模式。R 公司抓住了市场机遇，选择规模化、现代化的饲养模式，不断提高饲养水平，并积极联合周边村子的养殖户形成合作社，推动了山东省肉羊养殖业向规模化养殖迈进，为山东省羊产业的发展助力。

7.5.2.2 肉羊品种的选择

R公司通过多年的市场调查，最终选择湖羊来进行规模化养殖，可以说是公司投资成功的基础。羔羊的品质直接影响着育肥羊生长状况和羊肉品质，而羔羊价格的不稳定波动也相应影响着规模化肉羊养殖户的成本。因此，根据山东省各地区具体情况，应该加快肉羊的品种改良，培育新型杂交品种，并且针对不同地区的具体情况因地制宜选择适合的品种，这不仅仅对规模化养殖成本的降低有利，甚至对整个山东地区乃至全国的肉羊养殖有着很大的借鉴意义。

具体来说，首先应当引进其他地区先进的种羊品种进行改良，结合当地的养殖实际状况，将引进的优良品种与现有的品种进行杂交，得到最适合本地培育的新品种，保障以后当地养殖户长期连续提供足量的羔羊。其次，考虑到信息不对称问题，养殖户可能不会及时获得相关资讯，需要当地畜牧部门做好充分的新品种推广工作，对于优先带头更新换代的养殖场，畜牧局等相关部门配备科学技术人员进行专业化指导和对养殖场进行相应的补贴，当更多的养殖农户逐渐看到新品种的优势，品种改良的推广将逐渐扩大范围。最后，品种的改良和选择要跟当地消费市场的需求相匹配，因地制宜选择肉羊品种进行培育，有的肉羊品种生长速度快、出栏周期短、价格低廉，但是肉质一般，而有的品种对饲料要求较高、生长周期长、价格相对较高，但肉质更加鲜美。人们在选择羊肉消费时，可能更看中的是价格的高低，因此在羔羊的选择上应更加倾向于饲养周期短的品种。如果养殖场所处的消费市场的主要消费人群更加看中羊肉的肉质和口感，那么对于饲养周期长、价格相对较高的羊肉需求量可能就会较大，养殖户则应针对所在市场的需求选择相应的优质品种进行育肥，这样不仅能够满足市场消费者的需求，还能进一步提高饲养户的饲养效益。不同的市场环境对不同品质羊肉的需求量不一样，山东省地域宽广，各地区的肉羊养殖户根据周边市场的需求来选择培育的品种，不仅能有效降低饲养成本、提高农民收入，还能改善山东省肉羊养殖的环境，因此要因地制宜选择肉羊品种。

7.5.2.3　盈亏平衡分析在肉羊养殖企业新建扩建方面的应用

肉羊养殖企业要想扩大再生产，投资前的定量和定性分析是必不可少的。市场环境、政治经济大环境、自然环境的日益变化，与肉羊养殖业的发展息息相关。本文在盈亏平衡理论的基础之上，对肉羊养殖企业的扩建问题进行进一步的分析。

分析的前提条件：肉羊养殖的变动成本与商品羊出栏数量呈正比例变化，肉羊养殖总成本与出栏商品羊数量是线性函数关系；商品羊的销售收入与商品羊销售数目是线性函数关系；在讨论期间，肉羊养殖的固定成本保持不变；商品羊的出场单价保持不变，不随销售数目的变化而变化；讨论期间没有重大疫病、重大自然灾害。

假设销售收入为 S，肉羊养殖的总成本为 C，商品羊销售数量为 Q，固定成本为 A，每只羊的变动成本为 V，商品羊出场单价为 P。

在前提条件成立的理想状态下：

销售收入＝商品羊出场单价×商品羊销售数量

总成本＝固定成本＋每只羊的变动成本×商品羊的销售数量

即：

$$S = PQ \qquad (7-4)$$

$$C = A + VQ \qquad (7-5)$$

当销售收入等于总成本时：

$$盈亏平衡点\ Q_x = \frac{A}{P-V} \qquad (7-6)$$

盈亏平衡点还可以用生产能力利用率表示，计算公式为：

$$L=\frac{Q_X}{Q}\times100\% \qquad\qquad (7-7)$$

式中，Q 为规划年商品羊销售数量；L 为生产能力利用率表示的盈亏平衡点。

以生产能力利用率表示的盈亏平衡点表明保本时所必须达到的最低极限的生产能力。若盈亏平衡点的生产能力利用率较低，那么投产后实际生产能力与预想的要相差很多，不能达到预期效果，企业会有亏损。

现 X 肉羊养殖公司想进一步扩大羊场的规模，投资者设计了一个投资方案如下：

预计投入资金 80 万元。羊场近几年平均单位生产成本为 800元，肉羊市场价格为 27 元/千克，预计扩大生产规模后，每年可多生产 50 千克商品羊 1 500 只。

若按此方案进行投资，羊场是否可以获得更高的经济效益？

对于以上方案，首先要计算在这种情况下的盈亏平衡点的产销量，用与方案中预测的数值进行比较。如果方案预测的数值大于盈亏平衡点的数值，则此公司可获得更高的经济效益，上述方案可行；反之则此公司亏损，此扩建方案需要进一步改善。

扩建后盈亏平衡点产销量＝800000/(50×27－800)＝1455（只）

羊场扩建后盈亏平衡时的产量为 1 455 只，与按照投资前期预测的能生产 50 千克的商品羊 1 500 只有一定的距离。

亏损额为：

销售收入－总成本＝50×27×1455－(200000＋800×1500)
＝－35750（元）

因此，按以上方案进行投资扩建不会获得更高收益。

8 | 山东省肉羊产业国际竞争力研究

8.1 山东省肉羊产业出口贸易状况

山东省肉羊产品出口贸易主要以羊肉出口为主，活羊出口较少。作为继内蒙古自治区、河北省后的全国第三大羊肉出口大省，2012 年全省羊肉出口数量为 532.5 吨，出口金额为 465.5 万元，全国占比分别为 10.56%、10.96%。山东省羊肉出口数量和金额均呈现先上升后下降的趋势，2006 年羊肉出口数量最大，为 9 084.0 吨，全国占比 27.24%，为 2002 年的 297.84 倍；2007 年羊肉出口金额最大，为 2 832.0 万美元，全国占比 52.33%，为 2002 年的 708.00 倍（表 8-1）。

表 8-1 山东省羊肉出口数量

项目	年 份										
	2002	2003	2004	2005	2006	2007	2008	2009	2010	2011	2012
山东省羊肉出口数量（吨）	30.5	1 703	6 428	7 797	9 084	8 710	2 727	1 217	1 457	957	532.5
全国羊肉出口数量（吨）	4 996	12 477	24 029	30 046	33 352	22 158	14 585	9 531	13 481	8 118	5 043.4
占比（%）	0.61	13.65	26.75	25.95	27.24	39.31	18.70	12.77	10.81	11.79	10.56

（续）

项目	年 份										
	2002	2003	2004	2005	2006	2007	2008	2009	2010	2011	2012
山东省羊肉出口金额（万美元）	4	281	1 068	1 360	1 693	2 832	810	395	569	445.6	465.5
全国羊肉出口金额（万美元）	777	2062	4 174	5 673	6 676	5 412	5 037	4 176	6 897.8	5 304.6	4 250.9
占比（%）	0.51	13.63	25.59	23.97	25.36	52.33	16.08	9.46	8.25	8.40	10.95

资料来源：根据中国农业统计年鉴数据整理。

注：由于中国农业统计年鉴缺少 2002 年以前数据，故数据统计从 2002 年开始。

从山东省羊肉出口占全省羊肉生产的比重上看，山东省羊肉出口占全省羊肉生产的比重总体较低；从其变化趋势上看，自2002 年以来羊肉出口占生产比重经历了先上升后下降的过程，由 2002 年的 0.01% 上升至 2007 年的 2.64%，2012 年降至0.16%（图 8-1）。可以看出，山东省羊肉出口波动较大，但总体占比较小，羊肉产品主要用于国内消费。

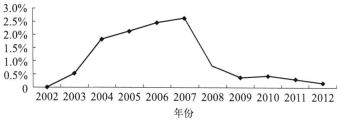

图 8-1　山东省羊肉出口占羊肉产量比重

8.2　山东省肉羊产业国际竞争力分析

关于国际竞争力的评价主要有指标评价法、模型评估法和因素分析法等，不同评价方法的适用性及其对数据的要求不同。本文根据山东省肉羊产业生产、贸易、价格等相关数据的可获得性，选取指标分析法作为山东省肉羊产业国际竞争力的评价方法。目前，理论界关于国际竞争力的评价已经基本形成了较为完备的指标体系，借鉴当前产业竞争力评价的成功经验，结合肉羊产业的特点，并遵循科学性、系统性、可行性的原则，对山东省肉羊产业国际竞争力进行评价。

本文关于山东省肉羊产业国际竞争力的评价指标划分为两类：一类是竞争绩效，即显示性指标，该类指标主要反映竞争力的结果。本文选择国际市场占有率、显示性比较优势指数、贸易竞争力指数3个指标来考察山东省肉羊产业国际竞争力的表现。另一类是分析性指标，该类指标主要用于反映竞争力的形成原因。本文选择价格竞争力、质量竞争力、生产竞争力和成本收益等4个指标对山东省和世界肉羊生产和贸易大国进行比较分析。

8.2.1 山东省肉羊产业国际竞争力的绩效指标

8.2.1.1 国际市场占有率

国际市场占有率指标是一个国家或地区出口总额占世界出口总额的比例，反映一国或地区出口的整体竞争力。其计算方法是一个国家或地区特定产业或产品的出口总额与世界同类产业或产品出口总额的比值，可以反映一个国家或地区某一产业或产品的国际竞争力或竞争地位，计算公式为：

$$IM_{ij} = X_{ij}/X_{wj} \qquad (8-1)$$

式中，IM_{ij} 为 i 国或地区 j 产品的国际市场占有率，X_{ij} 为 i 国或地区 j 产品的出口额，X_{wj} 为世界 j 产品的出口总额。根据联合国商品贸易统计数据计算出中国山东省和世界羊肉出口大国或地区的国际市场占有率。

本文选取澳大利亚、新西兰、英国和爱尔兰作为中国山东省肉羊产业国际竞争力的比较对象，因为这4国畜牧业较为发达，均是羊肉生产和出口大国，因此，可以通过与这些国家肉羊产业的比较，找出中国山东省肉羊产业发展与这些国家的差距以及阻碍国际竞争力提升的因素，从而提出提升中国山东省肉羊产业国际竞争力的针对性建议。

从羊肉产品国际市场占有率来看，无论是中国山东省还是中国总体羊肉产品出口的国际市场占有率都相对较低，中国羊肉产品国际市场占有率从 2000 年的 0.05％逐渐上升到 2006 年的 1.4％，之后不断下降，到 2011 年羊肉产品出口世界占有率仅为 0.4％，这与中国生产大国的地位十分不符。中国山东省的羊肉产品国际市场占有率基本与中国羊肉产品出口的国际市场占有率变化趋势相同，羊肉产品市场占有率历年来均不足 1％，2007 年最大为 0.65％。与羊肉产品出口大国相比，2000—2011 年，新西兰羊肉产品出口市场占有率最高，最高年份达到了 44.3％，近年来羊肉市场占有率有下降的趋势，2011 年降到了 35.5％，为近年来最低，但仍保持较高的份额，国际竞争力依然很强。澳大利亚是世界羊肉出口第二大国，羊肉出口较为稳定，羊肉出口占世界羊肉出口的 25％左右。英国羊肉出口波动起伏，但波动幅度不大，羊肉产品出口占世界羊肉产品出口的 10％左右，出口份额较为稳定。爱尔兰出口份额近年来不断下降，由 2000 年的 7.4％下降到 2010 年的 4.2％，2011 年稍有回升（表 8-2）。可以看出，与世界羊肉产品出口大国相比，中国山东省羊肉产品出口份额较小、国际市场占有率较低，羊肉产品的出口不具有较强的国际竞争力。

表 8-2　中国山东省与世界主要羊肉出口地区羊肉产品国际市场占有率的变化（％）

地区	年份											
	2000	2001	2002	2003	2004	2005	2006	2007	2008	2009	2010	2011
中国山东省			0.01	0.09	0.30	0.33	0.41	0.65	0.17	0.08	0.11	0.08
中国	0.05	0.04	0.1	0.5	1	1.2	1.4	0.8	0.5	0.4	0.6	0.4

（续）

地区	年份											
	2000	2001	2002	2003	2004	2005	2006	2007	2008	2009	2010	2011
新西兰	41.3	41.4	44.3	43.6	43	42.3	39.1	41.4	38.6	39.1	38.5	35.5
澳大利亚	23.3	25.6	24.6	21.5	22.7	23.4	24.4	25	24.5	24.6	26.5	26.4
英国	13.3	5.1	8.1	10.4	10	9.9	10.6	8.7	10.4	10.5	9.7	11
爱尔兰	7.4	10.9	6.5	6.1	6.3	6	6	5.7	5.1	4.7	4.2	4.9

数据来源：根据联合国商品粮农组织数据库（FAOSTAT）数据计算整理。

注：山东省羊肉出口贸易数据从 2002 年正式统计，故山东省该指数从 2002 年开始。

8.2.1.2 显示性比较优势指数

显示性比较优势指数是指一个国家或地区某种产品出口额占其出口总额的份额与世界贸易中该产品出口额占世界出口总额的份额的比率。其公式为：

$$RCA_{ij} = \frac{X_{ij}}{X_{it}} \Big/ \frac{X_{wj}}{X_{ut}} \qquad (8-2)$$

式中，X_{ij} 表示 i 国或地区第 j 种产品出口额，X_{it} 表示 i 国或地区所有产品的出口总额，X_{wj} 表示世界第 j 种产品的出口额，X_{ut} 表示世界所有产品的出口总额。一般认为，当 $RCA_{ij} > 2.5$ 时，说明 i 国或地区在 j 产品上具有极强的竞争力；当 $1.25 < RCA_{ij} < 2.5$ 时，说明 i 国或地区在 j 产品上具有较强的竞争力；当 $0.8 < RCA_{ij} < 1.25$ 时，说明 i 国或地区在 j 产品上具有中等竞争力；当 $RCA_{ij} < 0.8$ 时，说明 i 国或地区在 j 产品上竞争力较弱。为更好地反映各国羊肉产品出口相对于本国所有畜产品出口的比较优势，本文将 RCA 改为羊肉产品出口额占该国或地区所有肉类产品出口额的占有率，以更好地反映竞争力状况。

从羊肉产品显示性比较优势指数可以看出，2000—2011 年我国羊肉产品显示性比较优势指数一直小于 0.8，最高年份为 2006 年的 0.53，最低年份仅为 0.04（2001 年），而且自 2006 年以来有下降的趋势（表 8-3）。与我国羊肉产品显示性比较优势指数相比，山东省羊肉产品显示性比较优势指数变化幅度较大，除 2007 年和 2008 年具有中等竞争力外，其他年份竞争力均较弱，且有竞争力下降的趋势。与其他几国相比，2000—2011 年新西兰羊肉产品显示性比较优势指数最大，近年来保持在 10 以上且有上升趋势，说明新西兰羊肉产品出口具有极强的国际竞争力。英国羊肉产品的显示性比较优势指数较为稳定，一直保持在 5 左右，说明英国羊肉产品出口也具有极强的国际竞争力。澳大利羊肉产品显示性比较优势指数也大于 2.5，且一直保持上升趋势，说明澳大利亚羊肉产品具有较强的竞争优势，而且竞争优势在不断增强。爱尔兰羊肉产品显示性比较优势指数除个别年份（2001）外，均保持在 1.25～2.5，说明爱尔兰羊肉产品出口具有较强的国际竞争力，但与新西兰、英国和澳大利亚有一定差距。通过比较山东省历年羊肉出口产品和出口大国的显示性比较优势指数，可知山东省羊肉产品基本不具备比较优势，竞争力较弱，与羊肉出口强国差距很大。

表 8-3　中国山东省与世界主要羊肉出口地区羊肉产品
显示性比较优势指数的变化

地区	年份											
	2000	2001	2002	2003	2004	2005	2006	2007	2008	2009	2010	2011
中国山东省			0.10	0.26	0.77	0.76	0.85	1.22	0.29	0.13	0.16	0.11
中国	0.06	0.04	0.08	0.20	0.41	0.46	0.53	0.43	0.42	0.30	0.39	0.29
新西兰	10.36	10.10	9.96	9.62	8.94	9.33	9.86	11.57	12.47	11.71	11.12	12.50
澳大利亚	3.53	3.59	3.53	3.45	3.10	3.40	3.68	4.26	4.60	4.92	4.90	5.32
英国	6.36	3.88	4.99	5.75	5.14	5.45	5.86	4.68	5.40	5.50	4.95	5.38
爱尔兰	1.96	3.45	1.81	1.59	1.62	1.61	1.55	1.63	1.66	1.60	1.51	1.72

数据来源：根据联合国商品粮农组织数据库（FAOSTAT）数据计算整理。

注：山东省羊肉出口贸易数据从 2002 年正式统计，故山东省该指数从 2002 年开始。

8.2.1.3 贸易竞争力指数

贸易竞争力指数指某一产业或产品的净出口与其进出口总额之比，它反映了一个国家或地区某产业的产业内贸易竞争力，计算公式如下：

$$NTB_{ij} = \frac{X_{ij} - M_{ij}}{X_{ij} + M_{ij}} \qquad (8-3)$$

式中，NTB_{ij} 为 i 国或地区 j 产品的贸易竞争力指数，X_{ij} 为 i 国或地区 j 产品的出口额，M_{ij} 为 i 国或地区 j 产品的进口额。NTB_{ij} 的取值范围为 $-1 \sim 1$，当 $NTB_{ij} > 0$ 时，i 国或地区为 j 产品的净出口国或地区，表明 i 国或地区 j 产品的生产效率高于国际水平，具有贸易竞争优势，且数值越大，竞争优势越大；反之，则竞争劣势越明显。

从历年羊肉产品贸易竞争力指数来看，除 2006 年以外山东省羊肉产品贸易竞争力指数均为负数，而且经历了先上升又降低的过程，说明山东省大多数年份净进口羊肉产品，进出口差额先不断缩小后又不断扩大，波动较大。而新西兰和澳大利亚贸易竞争力指数大多数年份接近或等于 1，最小也达到了 0.98，说明新西兰和澳大利亚都是绝对的羊肉产品出口国，羊肉产品的进口相对于出口非常少，具有相当强的竞争优势。英国羊肉产品贸易竞争力指数一直为负，但其贸易竞争力指数绝对值不大（表 8-4），说明英国也是羊肉产品净进口国，但是羊肉产品进出口差额不是

表 8-4 中国山东省与世界主要羊肉出口地区羊肉产品贸易竞争力指数的变化

地区	年份											
	2000	2001	2002	2003	2004	2005	2006	2007	2008	2009	2010	2011
中国山东省	-0.9	-0.9	-0.8	-0.5	-0.1	-0.1	0.07	-0.4	-0.6	-0.8	-0.6	-0.9
新西兰	0.98	0.99	0.99	0.99	0.99	0.99	0.99	0.99	0.99	0.99	0.99	0.99
澳大利亚	1	1	1	1	1	1	1	1	1	0.99	0.98	0.99

（续）

地区	年份											
	2000	2001	2002	2003	2004	2005	2006	2007	2008	2009	2010	2011
英国	−0.1	−0.4	−0.3	−0.1	−0.2	−0.1	−0.1	−0.2	−0.1	−0.1	−0.1	−0.1
爱尔兰	0.95	0.96	0.94	0.93	0.92	0.92	0.9	0.89	0.84	0.81	0.84	0.87

数据来源：根据联合国商品粮农组织数据库（FAOSTAT）数据计算整理。

注：因缺少中国山东省羊肉进口数据，因此用中国羊肉产品贸易竞争力指数代表。

很大。从各国家间羊肉产品贸易竞争力指数对比可以看出，中国山东省羊肉产品出口与羊肉产品出口大国相比相差甚远，生产效率远低于国际水平，竞争劣势较为明显。

8.2.2 山东省肉羊产业国际竞争力的实力评价

8.2.2.1 价格竞争力评价

（1）出口价格 2000—2011年，世界及主要羊肉出口国的羊肉出口价格表现出以下特点：一是世界羊肉出口平均价格与羊肉出口大国价格趋势一致，各国间出口价格差距不大，新西兰、英国和爱尔兰羊肉出口价格普遍高于世界平均羊肉出口价格，澳大利亚羊肉出口价格低于世界平均羊肉出口价格，世界羊肉出口价格受羊肉出口大国影响较大。二是2008年以前我国羊肉出口价格与出口大国的羊肉出口价格间具有较大差距，出口价格处于较低水平。2008年以后我国羊肉出口价格与出口大国羊肉出口价格差距不断缩小，趋于世界平均水平，到2011年我国羊肉出口价格与世界平均羊肉出口价格持平。可知，2008年之前山东省羊肉出口具有较高的价格优势，2008年以后羊肉出口价格优势不断减小，截至2011年山东省羊肉出口已经失去价格优势（图8-2）。

（2）生产价格 生产价格是指成本价格与平均利润之和。肉羊生产价格是指肉羊生产成本与养殖平均利润之和，反映养殖户直接出售肉羊产品时的单位产品价格。生产价格的高低可以反映

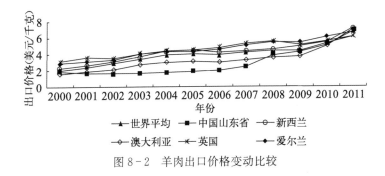

图 8-2　羊肉出口价格变动比较

一国生产价格水平的高低，通过不同国家生产价格指数的比较可以反映生产成本的高低。根据 FAO 数据库各国羊生产价格，本文以我国山东省羊生产价格为对比基础，计算羊肉主要出口国羊的相对生产价格。

澳大利亚和新西兰土地富裕、气候条件适宜、养殖技术先进，羊生产价格较低。爱尔兰的羊生产价格最高，但有下降趋势。英国的羊生产价格与我国的羊生产价格较为相近，一些年份高于我国生产价格，一些年份低于我国生产价格。近几年来，我国相对于英国和爱尔兰的生产价格优势逐渐消失，到 2011 年基本不再具有生产价格优势（表 8-5）。由于中国山东省肉羊生产价格在全国肉羊生产平均价格之上，所以中国山东省肉羊生产价格与其他国家肉羊生产价格相比更高，由此可以看出中国山东省肉羊生产价格与世界肉羊生产大国相比不具有生产价格优势，也就是不具有生产成本上的优势。

表 8-5　中国山东省与世界主要肉羊出口地区生产价格比较

地区	年份											
	2000	2001	2002	2003	2004	2005	2006	2007	2008	2009	2010	2011
中国山东省	1	1	1	1	1	1	1	1	1	1	1	1
新西兰	0.82	0.66	0.88	0.89	0.90	0.97	0.71	0.57	0.63	0.82	0.62	0.76

（续）

地区	年份											
	2000	2001	2002	2003	2004	2005	2006	2007	2008	2009	2010	2011
澳大利亚	—	—	—	0.85	1.01	0.96	0.87	0.63	0.72	0.80	0.81	0.91
英国	1.05	0.94	0.93	1.10	1.15	1.05	1.32	0.97	1.21	1.34	1.07	0.94
爱尔兰	1.70	1.60	1.65	1.69	1.66	1.52	1.48	1.24	1.47	1.39	1.14	—

数据来源：根据联合国粮农组织数据库（FAOSTAT）数据整理。

注：以我国同期价格为基准，山东省肉羊价格用我国肉羊价格代表，"—"代表数据缺失。

8.2.2.2 质量竞争力评价

借鉴夏晓平（2009）关于肉羊出口产品质量指数的定义，计算羊肉出口的质量安全水平。质量指数能够间接反映某一产品的出口质量，如果产品质量指数呈上升趋势，则表明该产品的出口附加值增加，在国际市场上质量竞争力上升；如果出口产品质量指数呈下降趋势，则表明该产品的出口附加值下降，即在国际市场上的质量竞争力下降。计算公式为：

$$Q_{jni} = \frac{P_{jni}}{p_{joi}} \bigg/ \frac{P_{wni}}{P_{woi}} \qquad (8-4)$$

式中，Q_{jni} 表示第 n 年 j 国家或地区 i 种产品的出口质量指数，P_{jni} 表示第 n 年 j 国家或地区 i 种产品的出口价格，P_{joi} 表示基期 j 国家或地区 i 种产品的出口价格，P_{wni} 表示第 n 年世界 i 种产品的出口价格，P_{woi} 表示基期世界 i 种产品的出口价格，以 2000 年为基期。

2000—2011 年，我国羊肉质量指数经历了先降低后升高的变化，从 2008 年开始质量指数高于 1 且保持上升趋势，说明近几年我国羊肉出口附加值不断增加，在国际市场上具有一定的竞争优势。羊肉出口大国新西兰和澳大利亚多数年份质量指数高于 1，说明新西兰和澳大利亚一直保持较高的羊肉出口附加值，羊肉出口竞争优势较强。而英国和爱尔兰的质量指数近年来有逐渐下降的趋势，羊肉出口附加值逐渐降低，竞争优势逐渐减弱（表8-6）。

表8-6 中国山东省与世界主要羊肉出口地区羊肉质量指数的变化

地区	年份											
	2000	2001	2002	2003	2004	2005	2006	2007	2008	2009	2010	2011
中国山东省	1	0.81	0.70	0.59	0.55	0.56	0.63	0.73	1.06	1.15	1.16	1.22
新西兰	1	1.00	1.07	1.02	1.07	1.10	1.05	1.02	0.98	1.06	0.97	1.05
澳大利亚	1	1.02	1.01	1.08	1.07	1.06	1.06	1.08	1.09	1.12	1.31	1.27
英国	1	1.03	0.88	0.85	0.82	0.79	0.90	0.91	0.88	0.80	0.75	0.67
爱尔兰	1	0.94	0.89	0.89	0.85	0.82	0.88	0.93	0.94	0.91	0.87	0.79

数据来源：根据联合国粮农组织数据库（FAOSTAT）计算整理，山东省羊肉质量指数以中国羊肉质量指数为代表。

8.2.2.3 生产竞争力评价

肉羊胴体重量可以反映一国或地区肉羊生产的生产力水平，胴体重量受肉羊品种资源、投入要素状况、养殖技术等因素的影响。通过图8-3可以看出，从绵羊胴体质量的总体变化趋势上看，各国绵羊胴体重量均有一定的上升；从各国间绵羊胴体重量的比较上看，2013年澳大利亚绵羊胴体质量最高，单只羊胴体

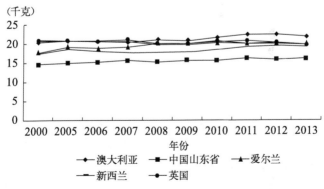

图8-3 中国山东省与世界主要肉羊生产地区绵羊胴体重量变化

重量达到了 21.7 千克，爱尔兰次之，绵羊胴体重量达到了 20.0 千克/只，英国绵羊胴体重量达到了 19.8 千克/只，而中国山东省绵羊胴体重量与上述几国相比有一定的差距，2013 年单只绵羊胴体重量为 16.0 千克，但从中国山东省绵羊胴体重量的变化趋势上看，中国山东省绵羊胴体重量有一定幅度的提高，从 2000 年的 14.6 千克/只上升至 2013 年的 16.0 千克/只，增幅高达 9.6%。可以看出，中国山东省绵羊生产水平与世界其他肉羊生产和出口大国相比有一定差距，但生产水平上升较快。

从山羊胴体重量的总体变化趋势上看，山羊胴体重量变化幅度不大。其中，澳大利亚山羊胴体重量最高，达到了 25.0 千克/只；新西兰山羊胴体重量较低，2013 年山羊胴体重量为 11.0 千克/只；山东省山羊胴体重量与澳大利亚相比有一定的差距，略高于新西兰，2013 年山羊胴体重量达到了 13.7 千克/只，较 2000 年增幅高达 13.2%，可以看出山东省山羊生产水平上升较快，但与澳大利亚相比差距较大（图 8-4）。

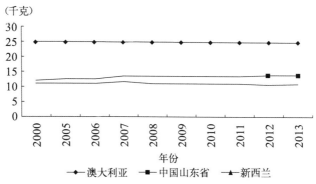

图 8-4　中国山东省与世界主要肉羊生产地区山羊胴体重量

8.2.3　本节小结

通过本节对山东省肉羊产业国际竞争力评价，可以得出以下结论：一是通过国际市场占有率、显示性比较优势指数和贸易竞争指数对中国山东省与世界肉羊生产和贸易大国的比较得知，中国山东省羊肉产品出口份额较小，显示性比较优势不明显，产品竞争力较弱，与世界肉羊生产和贸易大国相比差距较大。二是随着肉羊产品价格的不断上涨，山东省羊肉产品出口已经失去价格优势，而质量竞争力有所提高，中国山东省绵羊和山羊的生产水平与世界其他肉羊生产和出口大国相比有一定差距，但生产水平上升较快。

8.3　山东省肉羊产业国际竞争力影响因素分析

"钻石模型"是迈克尔·波特1990年在其代表作《国家竞争优势》中提出的一种全面系统的产业竞争力分析框架，该模型提出后便被国内外学者广泛应用到国家和许多产业竞争力研究中。"钻石模型"由4个基本要素和2个辅助要素组成，4个基本要素包括生产要素、需求条件、相关及辅助产业、企业主体状况，2个辅助要素为机遇和政府，这6个因素相互作用、相互影响，组成一个完整的体系，共同影响一个产业的竞争力。从国内外已有的文献看，在"钻石模型"理论的应用上，绝大多数研究都把对象确定在国家或一国产业总体这一层次上，对于区域竞争力，特别是区域产业的国际竞争力缺乏兴趣。本文借鉴波特的钻石模型从要素条件、需求条件、相关及辅助产业、企业主体状况、政府作用和机遇6个方面深入分析影响山东省肉羊产业国际竞争力的因素。

8.3.1　生产要素

生产要素分为基本要素和高级要素两类，基本要素是指自然资源和品种资源等，高级要素是指知识资源和基础设施等。由于基本要素的普遍可供性，基本要素的重要性日渐下降而高级要素的重要性与日俱增。本文从自然资源状况和品种资源方面分析肉羊产业基本要素，从种羊场状况和技术推广机构状况分析肉羊产业高级要素状况。

8.3.1.1　基本要素

（1）**自然资源状况**　山东省位于东经114°—22°、北纬34°—38°之间，处于世界绵羊带（南北纬23.5°—60°）和山羊带（南北纬60°之间）的中心位置。山东属于温暖带气候区，四季分明，雨热同期，年平均气温 11～14 ℃，年均降水量550～990 mm，适于种植各种作物和养殖各类羊种。山东省拥有草地超过2 000万亩，年提供能量饲料1 000万吨，蛋白质饲料200万吨，粗饲料5 000万吨，同时提供鲜草1 000万吨左右。因此，近年来山东省肉羊养殖的地位不断提高，规模不断扩大，成为全国肉羊养殖生产水平较高区域。良好的产业基础为山东省肉羊产业竞争力的提升提供了契机。

（2）**品种资源状况**　山东省地方性山羊品种主要包括奶山羊、白山羊和黑山羊3种，其中比较著名的奶山羊有文登奶山羊、崂山奶山羊，比较著名的白山羊有济宁青山羊、鲁北白山羊，比较著名的黑山羊有莱芜黑山羊、沂蒙黑山羊、五莲大黑山羊以及牙子黑绒山羊等。绵羊主要包括大、小尾寒羊，洼地绵羊，山地绵羊等。基本形成了鲁西平原地区、鲁北及黄河三角洲地区、鲁中南山区以及胶东半岛等4个肉羊产业优势生产区。近年来，山东省不断引进国外优质羊种，如波尔山羊、夏洛山羊、无角道赛特羊、萨福克羊等，在保持原有优良品质的基础上，利用杂交技术培养生长期短、发育快、出肉量高、口感好的优良品种，再配备成套的工厂化舍饲养殖技术，生产高档羊肉，满足不同消费者的需求。但受资金、技术、管理等因素的影响，出现了一些问题，如本地优势肉羊品种退化、混杂现象严重，甚至发生不可逆的濒危状态，良种化程度低以及地方品种资源开发利用不够的现实状况，影响了山东省的肉羊生产能力。

8.3.1.2 高级要素

(1) 种羊场规模状况 2012 年全国种羊场数量为 1 288 个，年末存栏量 1 997 620 只。而 2012 年山东省种羊场数量为 43 个，仅占全国的 3.34%，年末存栏量 29 416 只，占全国的 1.47%，其中种绵羊场 13 个，年末存栏量 8 410 只，种山羊场 31 个，年末存栏量 21 006 只。可以看出，山东省虽为肉羊生产大省，拥有较好的肉羊品种资源，但种羊场规模状况与肉羊生产状况不符，种羊场数量和规模制约了山东省肉羊产业良种化的普及和推广。

(2) 技术推广机构状况 山东省拥有地（市）级畜牧站 20 个，县（市）级畜牧站 166 个，其中多数在职干部职工为中级及中级以下技术职称职工，学历大多为本科及本科以下。尤其是县（市）级等基层畜牧站，高级技术职称职工仅占全部职工的 8.19%。除此之外，家畜繁育改良站发展状况也较为落后，地（市）级家畜繁育改良站 2 个，职工近 26 人，县（市）级家畜繁育改良站 44 个，职工 326 人，其中 77.13% 为专科及以下学历职工。山东省畜牧站和家畜繁育改良站发展现状不利于肉羊产业良种和技术推广以及灾害防治等。从山东省肉羊产业生产要素状况上看，山东省基本要素状况较好，具有较好的自然资源以及优良的本地肉羊品种，但受资金、技术等影响，山东省肉羊产业良种化程度低、资源开发利用不足，以及种羊场状况和技术推广机构水平不足等高级要素落后的状况，制约了良种化及畜牧技术的推广从而影响山东省肉羊产业国际竞争力的提升。

8.3.2 市场需求条件

8.3.2.1 世界肉羊需求状况

羊肉属于高蛋白、低脂肪、低胆固醇的营养保健肉质食品，每 100 克脂肪中含胆固醇 29 毫克，远低于牛肉（75 毫克）和猪肉（74.5 毫克），深受广大消费者的青睐。从世界肉羊生产和贸易状况看，世界肉羊生产有向亚洲和非洲集中的趋势，两大洲活羊存栏量、出栏量和羊肉产量占世界比重不断上升。中国、印度、苏丹、尼日利亚等发展中国家肉羊生产增势强劲，而澳大利亚、新西兰、英国等发达国家肉羊生产则出现下滑的趋势，可以看出，发展中国家肉羊发展速度高于发达国家，世界肉羊生产重心已转移至发展中国家。而世界肉羊需求多为发达国家和阿拉伯国家，这些国家肉羊需求依然强劲，为世界肉羊生产提供了广阔的需求空间，也为山东省肉羊产业国际竞争力提升、扩大肉羊贸易提供了动力。

8.3.2.2 国内肉羊需求状况

近年来，我国羊肉消费量一直大于羊肉产量，且需求缺口有不断扩大的趋势，2012 年我国羊肉消费 411 万吨，羊肉生产 401 万吨，羊肉消费处于供不应求的状态，部分羊肉消费需要依赖进口。2012 年我国城镇居民羊肉消费量为 1.2 千克（其中新疆的人均消费量最大为 10.84 千克，江西的人均消费量最小为 0.13 千克），但与发达国家相比还有很大差距，说明我国的羊肉消费空间巨大。2012 年山东省城镇居民人均可支配收入达到25 755.2 元，农民人均纯收入 9 446.4 元。随着收入水平的不断增加，人们对羊肉，尤其是优质高档羊肉的需求不断增加，但受供给不足和价格高的影响，实际消费量并不多。目前山东省城镇居民和农民的年人均羊肉消费量分别为 1.5 千克左右和 0.5 千克左右，仅占肉类消费总量的 2%～3%，尚有很大的上升空间。依据《国家粮食安全中长期规划纲要 （2008—2020 年）》相关测算数据，到2020 年，牛羊肉消费占居民肉类消费总量的比重将增加到16%，牛羊肉人均需求将达到 8.5 千克。因此可以看出，一方面国内和山东省均具有较大的需求市场，为肉羊产业发展提供了动力；另一方面需求的扩大导致供需矛盾不断突出，不利于山东省肉羊产业贸易开展以及肉羊产业国际竞争力的提升。

8.3.3 相关及支持产业状况

8.3.3.1 屠宰加工业状况

山东省虽然是养羊大省，但不是羊肉加工大省，规模化加工企业较少，产品多以鲜食羊肉为主，深加工产品较少，机械化程度低，多以手工作坊式生产为主，严重制约着山东省羊肉加工产业的发展。首先，在屠宰加工设备和技艺方面。现阶段，大多数企业仍以传统的倒挂式手工屠宰加工工艺为主，只有极少数的大型屠宰加工厂学习国外先进经验，引进了部分自动化肉羊屠宰加工生产线，实现了自动化、机械化生产。其次，肉羊制品产品种类单一，资源利用率低。据统计，发达国家畜产品转化为肉制品的比例一般为30%～40%，有的国家高达70%。而在我国羊肉市场中，多数羊肉加工企业生产的产品是初级产品，如冷冻羊胴体、分割羊肉、羊肉串、羊肉片等，仅有少数企业生产羊肉制品，而生产高附加值产品的企业基本没有，造成了资源较大浪费。活羊及胴体肉、鲜食肉在羊肉交易中占了90%以上的份额，加工制品仅占10%左右，深加工转化率不足。最后，屠宰加工企业规模较小，经济效益偏低。2012年畜禽屠宰及肉制品加工企业中，大、中型企业仅占9%，90%以上屠宰加工企业仍以比较传统的作坊式生产为主，企业规模较小、专业化程度不高、集中屠宰率较低，且大多数大型企业是牛羊肉兼营，专营性企业较少。加工企业的不断涌入，导致现有的生产量很难满足屠宰加工企业的正常运转，停产闲置的企业个数占80%以上，经济效益偏低。

8.3.3.2 畜牧兽医及疫病防控状况

2012年山东省发展官方兽医1 380人，动物检疫监督人员7 880人，共登记乡村兽医18 700名，选聘村级动物防疫员78 035人，有效促进了疫病防控工作的开展。但山东省疫病防控体系仍不健全，疫病防控措施不到位，以及山东省肉羊养殖以散养小户为主、分散经营的状况，导致羊肠毒血症、羊猝狙、羊快疫、羊传染性胸膜肺炎、羔羊肺炎、羊痘等羊传染病时有发生。尤其是 2014 年初全国范围内暴发的小反刍兽疫情,严重影响了肉羊产业的发展。一方面羊肉产品质量安全难以得到保证,另一方面肉羊供应不足,阻碍了山东省肉羊产业健康发展和竞争力的提升。

良好的屠宰加工业以及畜牧兽医状况是肉羊产品品质的保障,直接关系到肉羊产品的质量安全。山东省屠宰加工业及畜牧兽医状况还较为落后,使得山东省肉羊产品的生产不能够满足现阶段消费者对高档优质羊肉的需求,也不利于山东省肉羊产品的出口,导致山东省肉羊产品缺乏国际竞争力。

8.3.4 养殖企业主体状况

8.3.4.1 饲养规模状况

在肉羊养殖方式上,家庭小群饲养仍占主体,大多数农户只把肉羊养殖当成副业,收入只占家庭总收入的一部分。山东省肉羊养殖龙头企业占比较小,散养户和小规模养殖户占比较大。根据《中国畜牧业年鉴》,2010 年山东省肉羊年出栏量 100 只以下的养殖场数量占养殖场总数的 98.83%,出栏量占总出栏量的79.09%,其中出栏量在 30 只以下的占总养殖场总数的89.47%,而年出栏量在 1 000 只以上的场户数为 429 户,出栏量仅占总出栏的 1.87%。2011 年,30 只以下出栏量占比为88.73%,2012 年下降为 85.56%,可以看出规模较小养殖户数量下降趋势较为明显。从不同规模养殖场数量的变化趋势上看,30 只以下出栏量养殖场数有不断下降的趋势,而 30 只以上出栏量养殖场数量有不断上升的趋势,尤其是 500~999 只出栏量和1 000 只以上出栏量养殖场数量增长趋势较为明显。2012 年出栏量为 500~999 只的养殖场数量为 2 525 个,与 2005 年比较增长了近 6 倍,2005 年出栏量在 1 000 只以上的养殖场仅有 29 家,2012 年出栏量 1 000 只以上的养殖场数量增长到 742 个(表 8-7)。

世界肉羊出口大国，肉羊养殖规模化程度较高。如澳大利亚、新西兰等具有较好的草地资源，一般小型农场具有成百上千公顷的土地，肉羊养殖在几千只，规模化程度较高。总体上看，山东省肉羊养殖的规模较小，养羊业仍处于小规模散养阶段，与肉羊出口大国相比差距较大，但规模化程度在不断提高。

表 8-7　山东省肉羊养殖规模情况

年份	1~29 只		30~99 只		100~499 只		500~999 只		1 000 只以上	
	场户数（个）	出栏量（万只）	场户数（个）	出栏量（万只）	场户数（个）	出栏量（万只）	场户数（个）	出栏量（万只）	场户数（个）	出栏量（万只）
2005	—	—	185 724	998.84	14 757	302.58	361	58.56	29	8.02
2006	—	—	156 686	905.21	15 221	338.06	388	29.89	—	—
2007	2 377 411	2 466.79	178 340	1 015.53	16 159	438.78	396	31.19	57	6.49
2008	1 843 638	1 904.04	186 233	1 170.18	21 122	628.59	913	72.14	284	40.06
2009	2 024 323	2 011.14	184 869	1 134.32	20 355	576.99	1 092	86.02	344	55.08
2010	1 780 037	1 979.4	186 261	1 167.6	21 356	648.6	1 351	108.8	429	74.5
2011	1 713 066	—	193 812	—	20 871	—	2 161	—	577	—
2012	1 487 867	—	225 064	—	22 879	—	2 525	—	742	—

注：数据来源为中国畜牧业年鉴，数据统计从 2005 年开始，"—"表示无数据统计。

8.3.4.2　经济效益状况

（1）山东省肉羊生产成本分析　从 2005—2012 年肉羊养殖总成本的变化趋势上看，山东省肉羊养殖成本不断提高，2005 年肉羊养殖单只羊总成本为 266.43 元，2012 年增长到 922.98 元，是 2005 年的 3.46 倍，年均增长 20%，尤其是 2011 年增长率更是高达 30.25%。主要是由仔畜进价和人工成本的不断上涨造成的。从养殖成本的构成上看，肉羊养殖的总成本主要由 3 部分构成：直接费用、间接费用和人工成本。其中直接费用和人工成本占比较高，间接费用占比较小。直接费用包括仔畜进价、精饲料费用、青粗饲料费用以及其他费用。

从 2005—2012 年的具体情况来看，人工成本一直是总成本中占比最大的，从绝对量上看，人工成本从 2005 年的 145.96 元上涨到 2012 年的 502.49 元，是 2005 年的 3.44 倍，主要是由于近年来我国人工费用不断上涨，人工成本大幅度上升。从人工成本占总成本比重的变化趋势上看，人工成本占比一直保持在 45%～55%，2005—2007 年占比逐渐降低，从 2005 年的 54.78%下降到 2007 年的 44.97%，2007 年之后又不断上升，2012 年上涨到 54.44%。

从具体费用上看，直接费用中的仔畜进价是仅次于人工成本的费用，其比重在生产总成本中位居第二。从其绝对量的变化趋势上看，仔畜进价逐年上涨，由 2005 年的 65.47 元上涨到 2012 年的 292.83 元，尤其是 2007 年，与 2006 年相比上涨幅度更是高达 67.94%。上涨原因一方面是由于羊肉价格的不断提高带动仔畜价格的上涨，另一方面是由于肉羊优良品种的引进和改良导致仔畜价格的上涨。

由于山东省属于农牧结合养殖，肉羊直接费用中的养殖饲料费用较少，其对肉羊养殖总成本的影响排在人工成本和仔畜进价之后。从变化趋势上看，相较于人工成本和仔畜进价的大幅度上涨，饲料费用上涨的幅度较小，其占肉羊养殖总成本的比重保持在 10%～15%。从饲料结构上看，肉羊养殖饲料可划分为精饲料和青粗饲料，两者费用比重在 2∶1 左右（表 8-8）。

表 8-8　山东省肉羊养殖成本结构（元/只）

| 年份 | 总成本 | 直接费用 | | | | 合计 | 间接费用 | 人工成本 |
		仔畜进价	精饲料费	青粗饲料费	其他费用			
2005	266.43	65.47	26.65	13.77	8.93	114.82	5.65	145.96
2006	318.63	95.26	30.03	13.97	9.37	148.63	4.21	165.79
2007	398.82	159.98	31.65	14.12	11.46	217.21	2.28	179.33

（续）

| 年份 | 总成本 | 直接费用 | | | | 合计 | 间接费用 | 人工成本 |
		仔畜进价	精饲料费	青粗饲料费	其他费用			
2008	455.91	188.86	32.25	13.57	12.63	247.31	2.75	205.85
2009	511.42	192.61	47.70	15.15	21.54	277.00	2.76	231.66
2010	600.33	209.21	48.73	26.85	18.99	303.78	2.96	293.59
2011	781.91	271.94	59.07	36.46	21.68	389.15	3.44	389.32
2012	922.98	292.83	62.49	39.20	22.80	417.32	3.17	502.49

数据来源：根据全国农产品成本收益资料汇编数据整理。

（2）山东省肉羊生产收益分析 随着羊肉价格和养殖成本的不断上升，单只羊产值也不断增加，肉羊产值从 2005 年的 329.35 元，上升到 2012 年的 915.18 元，产值增长了 1.78 倍，尤其是 2010 年，较 2009 年产值增幅高达 33.46%。但产值的快速上升并没有带动净利润的上升。2005—2012 年肉羊净利润波动起伏，2007 年单只羊净利润最高为 195.76 元，成本利润率高达 49.08%，主要是由羊肉价格的快速上涨造成的；2008 年单只羊净利润又直线下降为 60.03 元，成本利润率下降 13.17%，波动幅度较大。近年来，由于养殖费用和人工成本的快速上涨，肉羊养殖成本快速上升，虽然肉羊价格不断上涨，但肉羊净利润仍有下降的趋势，2012 年单只羊净利润为 -7.8 元，养殖成本高于养殖产值，成本利润率为 -0.85%（表 8 - 9）。肉羊养殖的入不敷出，将大大削弱养殖户的积极性，尤其是散养小户。

表 8 - 9 山东省肉羊养殖效益情况

年份	产值合计（元）	总成本（元）	净利润（元）	成本利润率（%）
2005	329.35	266.43	62.92	23.62
2006	457.08	318.63	138.45	43.45

（续）

年份	产值合计（元）	总成本（元）	净利润（元）	成本利润率（%）
2007	594.58	398.82	195.76	49.08
2008	515.94	455.91	60.03	13.17
2009	571.20	511.42	59.78	11.69
2010	762.31	600.33	161.98	26.98
2011	866.57	781.91	84.66	10.83
2012	915.18	922.98	−7.8	−0.85

数据来源：根据全国农产品成本收益资料汇编数据整理。

8.3.5 机遇

现阶段，山东省肉羊产业发展进入机遇与挑战共存的时期。

8.3.5.1 机遇

首先，我国羊肉消费量与发达国家相比具有较大的差距。随着人们收入水平的不断提高，对羊肉消费的潜在需求将不断扩大，肉羊产业广阔的需求市场为肉羊产业提供了发展动力。其次，经济全球化的发展为山东省羊肉走向国际市场提供了契机。最后，肉羊养殖利润的不断缩减，导致肉羊散养户的退出，这为肉羊养殖的规模化发展以及产业化经营提供了机遇。

8.3.5.2 挑战

首先，肉羊养殖利润下滑导致肉羊养殖入不敷出，大大减弱了肉羊养殖户的积极性；其次，养殖成本不断上涨致使羊肉出口价格上涨，2012年羊肉出口价格基本与世界羊肉出口价格一致，山东省羊肉出口丧失了价格优势；最后，山东省肉羊规模化养殖受到养殖户规模化意识薄弱、建场经营成本高、投入资金有限等众多因素的阻碍。

除此之外，2015年第二季度中国与澳大利亚签署自由贸易区协定，澳大利亚是肉羊生产强国，也是肉羊产品出口大国，肉羊产业发达。按照中澳自贸区协定，澳大利亚出口中国的羊肉制品在 8 年内消除 12%～23%的贸易关税，这将直接冲击我国国内肉羊产品市场，加剧国内羊肉市场的竞争。从另一方面来看，中澳自贸区的建立也倒逼国内肉羊产业转型升级，为肉羊产业的产业化经营带来机遇，促进肉羊产业向着规模化、标准化、集约化方向发展。

8.3.6　政府作为

8.3.6.1　布局规划

农业部先后颁布实施《肉牛肉羊优势区域发展规划（2003—2007）》和《肉羊优势区域布局规划（2008—2015）》，针对肉羊产业发展做了规划，把肉羊生产划分为 4 个区域，即中原肉羊优势区域、中东部农牧交错带肉羊优势区域、西北肉羊优势区域和西南肉羊优势区域。根据不同区域的不同特点及优势，明确了各区域的定位和方向，从而引导肉羊产业向具有一定资源禀赋、产业基础的区域集中，通过产业集聚水平的提高，提升产业竞争力。

2010 年山东省出台《山东省畜禽养殖标准化示范创建活动实施方案（2010—2015）》，对示范创建活动进行了动员部署，落实农业部、财政部资金，实施 16 个肉羊标准化场区扶持项目。2011 年《山东省畜牧业振兴规划》中指出，今后几年是山东省由畜牧业大省向畜牧业强省转变、由传统畜牧业向现代畜牧业转变的重要机遇期。2011 年山东省农业厅出台《山东畜牧业"十二五"发展规划》，提出"打造沿黄河高质高效肉羊产业带"规划。这些政策的提出为山东省肉羊产业的发展指明了方向，起到了积极引导作用。

8.3.6.2　扶持政策

虽然市场机制对资源的配置起主导作用，但同样离不开政府的财政补贴、科技支撑等方面的支持。有力的扶持政策可以促进肉羊产业的发展。如澳大利亚，自 20 世纪 70 年代起一直对肉羊采取最低收购价格政策，而且长期向消费者征税，由此建立产业基金以补贴出口商。除此之外，澳大利亚针对肉羊产业还具有较为完善的配套政策，如在土地租赁、科研支撑、金融保险等方面均向肉羊产业倾斜，以扶持肉羊产业的发展。

近年来，国家和山东省出台了多项针对奶牛、生猪、肉牛的扶持政策，但针对肉羊的扶持政策较少，尤其是现阶段肉羊产业经济效益不佳的状况下，更是缺乏具体的扶持政策和补贴措施。

8.3.7 小结

通过上述分析可知，山东省肉羊产业国际竞争力较弱，产业优势不明显，出口外向程度不高；肉羊产业具有较好的产业基础以及良好的地方品种资源，但受种羊场规模以及技术推广机构现状的影响，存在良种化程度低以及地方品种资源开发利用不够的现实状况；国内外具有较好的需求市场，国内市场需求缺口不断扩大，供需矛盾不断突出；屠宰加工业资源利用率低、深加工不足、经济效益偏低以及畜牧兽医、疫病防控体系不健全影响了肉羊产品的质量安全；规模化程度低以及养殖成本的不断提高导致肉羊养殖经济效益不佳，迫使肉羊养殖散养户退出，影响了肉羊养殖规模的提高；国家和山东省出台的发展规划和扶持政策缺少针对肉羊产业发展的扶持政策和补贴措施。这一系列的问题及矛盾影响了山东省肉羊产业国际竞争力，导致山东省肉羊产业竞争力较弱。

8.4 提升山东省肉羊产业国际竞争力对策

从上述章节的分析可以看出，山东省肉羊产业国际竞争较为薄弱，存在较多的制约因素。为此，本文从以下几个方面提出提升山东省肉羊产业国际竞争力的对策建议。

8.4.1 建立健全技术推广体系，优化良种繁育体系

提高肉羊养殖环节的科技水平和良种化率，是改善和提高肉羊生产经济效率的重要途径，因此应加大优良品种和实用养殖技术的推广力度。技术推广体系的建立应遵循政府推广机构为主导、企业为主体、科研院所和高校辅助为原则的技术推广体系。针对技术推广机构人才缺乏的现状，通过鼓励高水平人才投身于畜牧站和家畜繁育改良站等机构建设中去，积极引进管理和技术人才。健全和完善畜牧业科技服务体系，加强肉羊养殖户的技术培训。探索和创新优良品种的推广方式，根据不同规模和不同养殖方式的肉羊养殖户或企业，提供针对性的养殖技术、饲养管理和销售等服务。

在良种繁育环节，利用山东省优良的品种资源条件强化良种繁育体系的建设，不断创新养羊业饲料营养、环境控制、育种繁殖、疾病控制和产业经济等 5 大领域的关键技术，支持肉羊养殖企业与科研和教学单位联合，不断提高养羊业发展的技术水平。增加科研投入，即政府应加大对科研的支持和资助力度，组织高校、科研院所和规模化生产的龙头企业组成肉羊攻关小组，开展肉羊优种培育、经济杂交、技术推广等方面的研究，加快对地方良种的相关基因的发掘，尽快攻克羊产品和技术成果的匮乏局面，增加技术储备并加快科研成果的转化，培育适应性强、生长育肥快、产肉量大且肉质细嫩的高档肉羊品种，努力促进优质高档羊肉的生产。除此之外，应该在山东省优势肉羊品种的基础上，建立市、县、乡三级良种繁育体系，提高肉羊良种率，根据各地实际情况和气候特点开展杂交组合筛选，选择优势组合进行推广。引进省外或国外的新品种，作为主产区品种的改良和空白区试验。

8.4.2 加快屠宰加工企业技术升级，注重品牌战略

（1）促进加工技术改造升级，制造高技术含量的设备　对屠

宰加工企业实行规模化、机械化屠宰，加快技术升级，按照有关规定，构建污水处理系统，建立健全羊肉品质检验检疫制度，配备专业的检验人员和检验设备。采用能满足卫生和质量安全的先进工艺进行屠宰加工，严格执行法规标准，对不合格的企业进行无条件强制关闭。同时，企业应积极采用具备环保意识，倡导清洁生产、节能减排和资源综合利用的屠宰生产方式，所选用的设备应与销售范围相适应，研发符合肉品保鲜的储存、运输、装卸设备，促进机械化肉羊屠宰加工，实现肉羊屠宰加工的现代化、机械化，提高肉羊加工业整体的技术水平。

（2）加强新产品的开发研制，促进产品精深加工　羊肉产品的开发应结合当地特点，研制具有浓郁地方特色的产品，使其更符合国内外消费者的饮食传统。大力投资，支持有关科研单位、高等院校和规模化的大型屠宰加工企业组成联合攻关小组，针对市场需求，进行专业系统化研究，研发高品质新产品，打破产品和技术成果短缺的局面。企业应增强精深加工能力，进一步完善屠宰加工体系，弥补我国肉羊产品精深加工不足的缺陷。充分利用肉羊在屠宰过程中产生的具有较高营养价值或医用价值的羊杂、羊皮、羊血、羊骨等大量副产品，变废为宝，通过高技术提取工艺，制取保健价值极高的高附加值产品，提高经济效益和社会效益。

（3）加强推进加工企业的质量安全体系建设　鼓励企业应用ISO9001、ISO14001、HACCP 食品安全管理体系，采取标准化管理，实现每只羊在线检测，确保产品质量。严格建设"放心肉"服务体系，对屠宰加工管理和执法人员进行定期培训，提高业务水平和执法水平。建立健全考核制度，加强执法档案管理，防止以次充好和质量不合格的产品流入市场。

8.4.3　推进肉羊规模化养殖，提高肉羊生产效率

标准化规模养殖是畜牧业科学养殖、持续发展的方向。研究

表明，散户养殖方式无论是在成本节约、质量安全保障、动物疫情防控技术，还是在销售环节都不如规模化的养殖方式。因此，应该把推动肉羊的规模化养殖作为发展方向。一方面发展标准化小区养殖，提高饲料的管理水平，实现养殖的规模效应，减少肉羊养殖的成本，还可以增加抵御肉羊养殖风险的能力，加大疫情的防治力度。另一方面，引导散养小户向养羊专业户转变，养羊专业户向小规模养殖场转变，小规模养殖场向中型养殖场转变，中型养殖场向大型养殖场转变，提高肉羊养殖的专业化和规模化程度。

在配套措施上，一方面加大对肉羊养殖户的培训力度，增强养殖户的经营观念、职业素养和标准化规模养殖技术等方面的基本常识。另一方面应在资金、技术等方面给予规模化养殖场优惠政策，鼓励散养小户扩大养殖规模，充分挖掘散养户和专业户扩大饲养规模的潜力。除此之外，要健全和完善肉羊生产的社会化服务体系。规模化的养殖和专业化的生产需要健全的社会化服务组织，从养殖户实际需要出发，发展多样化的社会服务，完善服务功能、规范服务行为、提高服务质量、强化服务手段、拓宽服务领域，为肉羊产业发展提供产前、产中、产后全程化的社会服务，逐步形成"良种繁育—饲养管理—产品收购—屠宰加工—运输销售"相互衔接的一条龙服务体系。

8.4.4 加大扶持力度，提高肉羊养殖补贴

肉羊产业竞争力的提高，离不开政府的补贴和扶持。国外关于肉羊产业已经形成了多渠道、多形式覆盖全产业链的扶持和补贴政策，而我国对肉羊生产保障和扶持政策刚刚起步，因此应借鉴国外经验，结合山东省肉羊产业发展的特点，遵循"绿箱政策"的前提下，制定针对性的扶持政策。可以从以下几个方面

来做：

（1）继续贯彻原有的关于肉羊产业"良种补贴""标准化养殖场建设补贴"等补贴政策，加大资金投入，并通过鼓励、配套、补贴、贴息、资助等方式，引导肉羊养殖户及养殖企业加大投入，大力发展产业化经营。

（2）借鉴国外关于肉羊产业扶持政策的经验，从补贴、风险和调控等方面构建系统的补贴和扶持政策。在补贴支持上，扩大补贴范围，增加如草原生态保护补贴、规模化动物防疫补贴和饲养补贴等；在风险扶持上，实行政策性保险和信贷支持政策；在调控扶持上，探索实行羊肉价格保护政策和羊肉储备政策。

（3）加强基础设施建设。肉羊养殖棚圈建设、饲草料基地建设以及粪便处理设备等是肉羊产业发展的基础，因此应该加强肉羊产业基础设施的建设，建立专用的饲草料基地，建设标准化的养殖棚圈，实行标准化养殖。

8.4.5　加强肉羊产业链建设，推进肉羊产业化经营

产业化经营是肉羊产业发展的必然选择。产业化经营也就是扩大养殖户的外部规模效应，是适应消费者对食品消费需求变化的需要，可以降低经营者的经营风险和交易费用，解决产品质量信息不对称的矛盾。为推进肉羊产业的产业化经营，应从以下几个方面着手。

（1）选择合适的产业化经营模式　不同的产品特征、交易特征和企业经营特征，决定不同的产业化经营组织模式。结合当前山东省肉羊产业养殖规模小、养殖户散的特点，推广"合作社＋养殖户""龙头企业＋基地＋养殖户"等模式，加强养殖户的横向合作，实现外部规模效应，降低养殖成本，提高养殖收益。

（2）**充分发挥养羊合作社和肉羊养殖协会的作用** 合作社对于肉羊产业的发展将发挥越来越重要的作用，是连接养殖户和市场或龙头企业的中介，可以推广先进的养殖技术和管理经验，扶持中小型肉羊养殖户发展，有助于解决现阶段肉羊养殖的小生产与大市场的矛盾。一方面应加强合作社自身建设。严格按照民主管理、服务社员的原则，增强为养殖户服务的能力，完善内部管理制度，规范合作社运作，加强合作社间的合作，并以基层肉羊合作社为重点，逐步建立肉羊合作社的网络体系。另一方面在外部事物处理上，协调好肉羊养殖户和屠宰、销售企业之间的关系。加强同上下游企业之间的合作，健全产业化利益联结机制，增强合作社盈利性。除此之外，作为新型农业经营主体，政府应加强对合作社的政策扶持，在资金、税收、土地规划等方面给予扶持，解决合作社面临的资金、土地利用等方面的困难。

（3）**强化龙头企业的带动作用** 龙头企业对于肉羊产业竞争力的提高起到关键作用，应充分利用龙头企业资金和技术的优势，发挥其辐射带动作用。一方面，培育壮大龙头企业。支持龙头企业通过重组、收购、兼并和控股等多种方式，组建大型企业集团；建立现代企业制度，完善龙头企业法人治理结构；加强龙头企业与科研院所和大专院校合作，加大科技投入，增强龙头企业竞争力。另一方面增强龙头企业社会化服务功能。支持龙头企业围绕肉羊产业产前、产中、产后各环节，为农户积极开展育种繁育、疫病防控、产品营销等各类服务，大力发展龙头企业与合作社、养殖户相连接的组织模式，同农户建立紧密的利益联结机制，增强肉羊产业整体竞争力。

8.4.6 深化贸易体制改革，加强双边、多边合作

深化贸易体制改革，充分利用"绿箱政策"，制定合理的出口退税和生产补贴政策。成立专项行业协会，为我国畜牧业，特

别是弱势行业肉羊产业提供产品出口市场的信息咨询和相关行业指导，使国内行业能够对国际市场的变化做出准确的反应，进一步提升我国肉羊产品的国际竞争力。加强双边、多边技术合作与交流，不断改进现有技术，多方面完善产业体系，运用网络工具，对国内外肉羊产业信息进行收集和分析，并鼓励科研院所开发肉羊育种、生产、屠宰加工等方面的信息管理系统，对肉羊产业进行现代化管理，提高管理效率，从而推动我国肉羊产业生产与贸易的进一步发展。

注重品牌建设，一方面可以巩固我国国内品牌在本国消费者心目中的形象，增加国内消费；另一方面可以打响国有品牌在国际市场的知名度，扩大出口。以高校和科研院所为依托培育高品质肉羊品种，再结合龙头企业和基层农户生产具有地方特色的肉羊产品，带动产业集群的形成和壮大，通过品牌战略的实施，将繁育、生产、屠宰加工等环节有机地结合起来，从而进一步降低成本，增加整体收益，带动肉羊产业的健康发展。在巩固现有国内、国际市场外，不断开发新的市场。

9 | 基于生产效率视角的中澳肉羊产业国际竞争力比较研究

9.1 中澳羊产品进出口现状

表 9-1 为 2006—2016 年中国羊产业进出口状况，显示我国活羊出口总体呈现下降的趋势，2013 年已不足万头。鲜羊肉出

表 9-1 2006—2016 年中国羊产品进出口

年份	出口情况				进口情况			
	活羊		鲜冻羊肉		活羊		鲜冻羊肉	
	数量（只）	金额（万美元）	数量（吨）	金额（万美元）	数量（只）	金额（万美元）	数量（吨）	金额（万美元）
2006	87 080	376	33 352	6 676	157	23.30	36 818	5 017
2007	17 340	52	22 158	5 412	62	13.95	46 589	7 855
2008	18 725	65	14 585	5 037	2 950	—	55 452	10 591
2009	23 368	138	9 531	4 176	622	5.15	66 466	13 943
2010	21 599	128	134 881	68 978	1 279	165.12	56 968	15 674
2011	19 302	110.6	81 179.78	53 046	2	0.04	83 143.59	27 566.5
2012	13 267	104.7	5 043.37	4 251	132	27.57	123 938.55	42 151.4
2013	9 023	135.5	3 214.47	3 134.9	3 457	527.30	258 723.17	95 461
2014	—	165.66	4 387.68	4 321.22	—	857.98	282 864.8	113 301.20
2015	—	121.08	3 759.18	3 371.94	216 509	2 281.31	222 925	72 999.88
2016	—	92.45	4 060.24	3 526.66	102 740	807.47	220 062.9	57 388.52

注：—代表数据缺失。数据来源：UN Comtrade Database。

口于 2010 年达到顶峰，达到 134 881 吨，首次突破 10 万吨。但随后出现了急剧下降的趋势，2016 年鲜羊肉出口量不到5 000 吨。与之形成鲜明对比的是，我国鲜冻羊肉进口量持续增加。2010 年以后，我国进口鲜羊肉呈现爆发性增长。进口数量2016 年与 2006 相比增加了 5.98 倍，进口鲜冻羊肉的金额也同步增加。我国羊肉制品在 2008 年以后已逐渐不具有出口价格优势，加之质量、品质、安全性等原因，我国羊肉制品国际竞争力不足。近年来，在中国东盟自由贸易协定（CAFTA）、中澳自由贸易协定框架下，羊肉制品进口关税、进口成本进一步降低，大量进口羊肉冲击国内市场，国内羊肉价格被打压。

从羊肉进口占国内市场的相对占比来看，羊肉进口在国内产量相对占比仍旧较少。但随着关税降低，以及国内高端羊肉消费水平的提高，国外进口的羊肉将会进一步冲击市场。

表 9 - 2 为 2006—2016 年澳大利亚羊产业进出口状况，显示澳大利亚羊肉出口以鲜冻羊肉为主，2006—2016 年年均增长率达到了 2.46％，但活羊的数量却呈现降低的趋势，年均降低5.44％。活羊进口与鲜羊肉的进口数量极少。出口量远远大于进口量，这凸显了作为羊肉出口大国的澳大利亚强大的国际竞争力。2016 年中澳自由贸易协定关于羊肉进口实行零关税的政策，使得更多的澳大利亚羊肉冲击国内市场。

表 9 - 2　2006—2016 年澳大利亚羊产品进出口现状

| 年份 | 出口情况 | | | | 进口情况 | | | |
| | 活羊 | | 鲜冻羊肉 | | 活羊 | | 鲜冻羊肉 | |
	数量（只）	金额（万美元）	数量（吨）	金额（万美元）	数量（只）	金额（万美元）	数量（吨）	金额（万美元）
2006	4 224 640	22 657.16	354 846.35	103 383.77	1 132	19.50	2 048.67	62.03
2007	3 862 961	22 953.54	349 378.50	110 229.12	64	6.64	1 569.72	41.76
2008	4 294 752	27 814.10	345 786.89	116 355.60	3	0.58	2 994.43	73.79

（续）

年份	出口情况				进口情况			
	活羊		鲜冻羊肉		活羊		鲜冻羊肉	
	数量（只）	金额（万美元）	数量（吨）	金额（万美元）	数量（只）	金额（万美元）	数量（吨）	金额（万美元）
2009	3 665 230	26 260.37	347 174.63	121 050.60	2	0.78	4 858.86	90.02
2010	3 045 985	30 621.85	305 009.19	145 943.13	47	4.58	11 856.87	152.32
2011	2 521 211	34 763.92	295 425.32	169 981.57	114	12.66	9 544.04	124.44
2012	2 341 502	29 623.36	355 854.17	169 661.61	350	40.01	7 780.16	104.25
2013	2 048 525	17 419.45	449 705.24	203 196.41	285	25.42	6 225.90	120.56
2014	2 398 686	22 098.87	498 509.73	253 365.19	19	2.16	4 975.46	72.56
2015	2 049 951	19 267.93	458 091.37	208 691.12	301	26.30	4 999.73	107.13
2016	1 925 115	16 821.36	442 098.27	197 183.42	170	13.74	1 353.20	35.46

数据来源：UN Comtrade Database。

从世界范围内看，澳大利亚活羊出口量 2016 年占到世界总出口量的 27.79%，鲜冻羊肉出口量占世界的 38.44%，因此澳大利亚羊肉制品在世界上具有举足轻重的地位。尽管 2013—2016 年，澳大利亚鲜羊肉出口量有所波动，但出口量始终高于 44 万吨。

9.2 中澳肉羊产业国际竞争力比较分析

目前理论界对国际竞争力评价指标已经形成了相对完善的指标体系，为进一步分析中澳肉羊产业国际竞争力总体状况，本文根据中澳羊产业在生产、贸易等方面的数据，选取国际市场占有率、显性比较优势指数、显示性竞争优势指数，分析目前中澳肉羊产业国际竞争力状况。

9.2.1 国际市场占有率

肉羊产业国际市场占有率是指一国的羊肉及其相关产品出口

总额占世界出口总额的比重，这一指标可以反映一国羊产业国际竞争力，以及随时间竞争地位变化情况，比例降低说明该国羊产业或产品的国际竞争力下降。

$$IM_{ij} = X_{ij} / X_{wj} \qquad (9-1)$$

式中，IM_{ij} 指的是中澳两国羊产品国际市场占有率，X_{ij} 表示中澳羊产品的出口额，X_{wj} 为世界羊产品出口总额。由于目前世界羊肉及其相关产品进出口以冷冻鲜绵羊、山羊肉为主，因此本文选取最新的贸易数据，比较中澳两国目前国际市场占有率状况。

由表 9-3 数据可知，2008—2016 年，与澳大利亚相比，中国羊肉出口量只有 2008 年与 2011 年高于 1%。2012 年以后出口量稳定在世界总体出口量的 0.3% 左右。而澳大利亚 2008 年以来，除 2010、2011 年以外，其他年份出口量均超过世界总出口量的 30%。2015 年与 2016 年达到了 38.3%。2016 年澳大利亚出口量达到了 44.2 万吨，而中国仅为 4 060.237 吨。

表 9-3　2008—2016 年中国与澳大利亚肉羊产品出口国际市场占有率（%）

国别	年份								
	2008	2009	2010	2011	2012	2013	2014	2015	2016
澳大利亚	31.1	30.7	29.9	29.4	31.7	36.9	39.6	38.3	38.3
中国	1.3	0.8	1.3	0.8	0.4	0.3	0.3	0.3	0.4

数据来源：UN Comtrade Database。

9.2.2　显示性比较优势指数

显示性比较优势指数是指一个国家或地区某种产品出口额占出口总额的份额与世界贸易中该产品出口额占世界出口总额的份额的比率。其公式为：

$$RCA_{ij} = \frac{X_{ij}}{Y_{ij}} / \frac{X_{wj}}{Y_{wj}} \qquad (9-2)$$

以肉羊产业为例，式中，X_{ij} 表示中国或者澳大利亚羊肉相关制品出口额，Y_{ij} 表示中国或者澳大利亚所有产品的出口额。X_{wj} 表示世界羊肉制品出口额，Y_{wj} 表示世界所有产品的出口额。RCA_{ij} 指数值越高，意味着国家具有越高的比较优势。一般认为，当 $RCA_{ij} > 2.5$ 时，说明羊肉相关制品出口国具有极强的国际竞争力。当 $1.5 < RCA_{ij} < 2.5$ 时，说明该国羊肉相关制品具有较强的国际竞争力。当 $0.8 < RCA_{ij} < 1.25$ 时，说明该国羊肉相关制品具有中等竞争力。$RCA_{ij} < 0.8$ 时，说明该国在羊肉制品上竞争力较弱。为更好地反映本国羊产业竞争力状况，RCA 改为中国、澳大利亚羊肉制品出口额占所有肉类出口额比率。

由表 9 - 4 数据可知，2008 年以来，中国显示性比较优势指数一直小于 0.7，2016 年仅有 0.313 2，说明中国羊肉相关制品国际竞争力较弱；而澳大利亚自 2008 年以来，显示性比较优势指数始终高于 4，在国际市场上极具竞争优势。中澳两国显示性比较优势指数所表示的国际竞争力差异巨大，中国羊肉制品不具有国际竞争力。

表 9 - 4　中澳羊肉制品显示性比较优势指数

国别	年份								
	2008	2009	2010	2011	2012	2013	2014	2015	2016
中国	0.61	0.45	0.58	0.38	0.32	0.23	0.28	0.25	0.31
澳大利亚	4.44	4.84	4.91	4.89	5.28	5.48	5.08	4.45	5.39

数据来源：UN Comtrade Database。

9.2.3　显示性竞争优势指数

对于羊产业来说，显示性竞争优势指数（CA），表示中国、澳大利亚羊肉相关制品出口额占该国出口总额的比重与羊肉制品出口额在世界出口总额中所占比重的比值，减去羊肉制品在该国进口总额中所占的比重与羊肉制品在世界进口总额中所占的比重的比值，其计算公式可表示为：

$$CA_{ij} = \frac{X_{ij}/Y_{ij}}{X_{uj}/Y_{uj}} - \frac{M_{ij}/N_{uj}}{M_{uj}/N_{uj}} = RCA_{ij} - RMA_{ij} \qquad (9-3)$$

前文已经计算出了显示性比较优势指数即 RCA 指数，RMA 是与 RCA 指数相对应显示性进口比较优势指数。M_{ij} 表示中国或者澳大利亚羊肉进口额，M_{uj} 表示世界羊肉进口总额，N_{ij} 表示世界肉类进口总额。当 $CA>0$ 时，说明该国在该商品具有较强的竞争优势。当 $CA<0$ 时，说明该国在该商品上具有竞争劣势。

从表 9-5 可以看到，中国 2008—2016 年显示性比较竞争优势始终小于 0，竞争优势最高的是 2008 年，但仍小于 0，而澳大利亚显示性比较竞争优势始终大于 4，2016 年澳大利亚竞争优势指数达到了 5.342。这说明与澳大利亚相比，我国羊肉制品在国际上不具有竞争优势，比较优势很弱，我国与羊产业强国相比仍有较大的差距。

表 9-5 中澳羊肉制品显示性竞争优势

国别	年份								
	2008	2009	2010	2011	2012	2013	2014	2015	2016
中国	−0.39	−1.37	−0.86	−1.32	−1.95	−3.16	−3.46	−1.89	−0.95
澳大利亚	4.29	4.61	4.48	4.54	5.01	5.26	4.94	4.29	5.34

数据来源：UN Comtrade Database。

9.3 中澳肉羊产业生产效率测算与比较

9.3.1 测算方法及数据来源

9.3.1.1 数据来源

澳大利亚的数据来自澳大利亚官方网站 ABARES（Australian Bureau of Agricultural and Resource Economics and Sciences）的农场调查数据①。澳大利亚肉羊以绵羊为主，因此相关统计数据仅包括绵羊不包括山羊。本文选取的是澳大利亚麦羊区（the wheat‐sheep zone）的新南威尔士和维多利亚以及澳大利亚全国平均水平绵羊养殖专业农场数据。由于澳大利亚养殖业已经形成了种养一体化的养殖模式，单位羊总成本由总成本与存栏量的比值计算得到，其中包含了种植业的生产成本，高于实际的饲养成本。但单位羊总产值由所售出绵羊总产值与售出量的比值计算得到，其他各分项成本由实际养殖过程中的成本与实际存栏量的比值获得②，如单位羊的仔畜购进费为总的购进费用除以总的牲畜存栏量。澳大利亚所有数值都按照当年人民币与澳大利亚元平均汇率折算得出，汇率的数据来自 IMF 官方网站汇率年度平均数据③。

中国绵羊统计数据分为本种绵羊与改良绵羊，数据由《全国农产品成本收益资料汇编》中每百头的本种绵羊以及改良绵羊成本收益数据计算获得。由于本文所使用的投入产出数据均为实际成本和产值，因此本文所计算的效率值是经济效率值。中澳两国在绵羊养殖方式上有着明显的差异，澳大利亚以规模化养殖为主，中国以小规模散养为主。如果将各单项成本作为投入要素计算经济效率，存在口径不统一的问题，因此通过投入成本的加总得到的总成本来计算经济效率、全要素生产率相对较为合理，单位绵羊产值作为产出。此外，本文根据松弛变量给出了成本缩减值即生产成本的节约程度，代表如果以前沿面的生产技术进行生产，可以削减的生产成本数量。根据目标值＝原始值＋成本缩减值，计算得出目标值。文中成

---

① 数据来源：http：//www. agriculture. gov. au/abares/research‐topics/surveys/farm‐survey‐data。

② 澳大利亚人工成本仅仅统计雇工成本，不包括家庭成员以及农场经理的机会成本，因此文章给出了中澳单位绵羊人工投入（包括家庭成员和农场经理）的数据。

③ 数据来源：http：//www. imf. org/external/index. htm。

本收益汇总表所提及中国、澳大利亚是指当年两国成本收益平均水平。

目前我国以散养肉羊为主要养殖模式，但由于散养肉羊品种复杂，多数属于绵羊与山羊的混合饲养，因此本文仅仅测算了中国主产省份的散养肉羊生产效率。本研究选取了2004—2016年各省的面板数据，数据全部来源于《中国统计年鉴》《中国农村统计年鉴》《中国畜牧业年鉴》。其中，单位肉羊总成本、单位肉羊产值均来自2005—2017年《全国农产品成本收益资料汇编》，河北省和宁夏回族自治区分别在2004—2006年、2004—2007年的散养肉羊成本收益数据缺失，本文采用数据平滑法做了处理。由于《资料汇编》所涉及的散养肉羊生产省份只有7个，为了使结果更有区分度，仅仅采用单位肉羊总成本作为投入，单位肉羊产值作为产值进行效率计算。

9.3.1.2 测算方法

（1）**SBM模型与Malmquist指数** 基于SBM模型，本文构建了从 t 期到 $t+1$ 期的Malmquist指数。为进一步明确中澳两国绵羊养殖经济效率情况，文章利用上文中澳两国2015、2016年绵羊成本收益数据，测算了中澳两国及其主产区的经济效率相关数值。

（2）**Tobit模型** 由于本文把全要素生产率及其分解当作因变量，因变量所有取值均大于0，属于左归并、截断的离散分布数据，因此，本文使用Tobit模型进行回归分析。

9.3.2 中澳绵羊生产效率测算及其变动分析

9.3.2.1 中澳绵羊经济效率值测算

（1）**中国本种绵羊与澳大利亚绵羊养殖经济效率测算** 中国本种绵羊与澳大利亚绵羊养殖经济效率值如表9-6所示。2015年与2016年中国无论是本种绵羊经济效率还是改良绵羊经济效率，均低于澳大利亚。主要原因是，澳大利亚绵羊生产、销售采取的是规模化养殖，以及"薄利多销"的盈利模式，而中国无法凭借较高的市场价格，保持较高的经济效率。新南威尔士与维多利亚的经济效率相差不大。但 2016 年与 2015 年相比，由于国内羊肉价格略有上升，而澳大利亚绵羊收益有所提高，澳大利亚绵羊经济效率值明显高于中国绵羊养殖平均经济效率值。

表 9-6　中国本种绵羊与澳大利亚绵羊养殖经济效率值测算

决策单元	2016			2015		
	效率值	成本缩减值	成本目标值	效率值	成本缩减值	成本目标值
澳大利亚	0.78	−60.96	112.26	0.34	−232.73	120.56
中国平均水平	0.31	−232.94	104.98	0.20	−298.06	76.48
中国内蒙古	0.20	−518.78	131.23	0.12	−749.46	102.91
中国宁夏	0.74	−62.77	157.46	0.40	−174.28	114.90
中国青海	0.34	−131.62	67.29	0.23	−149.64	43.99
中国四川	1.00	0.00	228.24	1.00	0.00	242.36
中国甘肃	0.27	−198.82	72.05	0.24	−184.57	59.25
中国西藏	0.43	−182.63	135.74	0.40	−195.91	133.20
中国新疆	0.40	−200.93	133.28	0.31	−224.92	99.39
新南威尔士	0.70	−255.95	144.19	0.35	−222.42	118.92
维多利亚	0.83	−54.70	148.93	0.33	−242.43	121.17

数据来源：澳大利亚官方网站 ABARES，全国农产品成本收益资料汇编。

从 2016 年国内主产省对比看，四川经济效率排名第一，主要原因是四川对于羊肉需求旺盛、消费量大，羊肉价格保持较高的水平。除四川以外，宁夏经济效率值也远高于其他地区，主要因素是宁夏回族居多，对于羊肉制品需求量大，羊肉价格可以维持较高的水平。西藏、新疆与中国平均水平相比，这两个省份生产成本更低，但收益却相对较高。青海经济效率值略高于中国平均水平，主要原因是青海绵羊养殖自然条件好，饲草料成本与人工成本都较低。甘肃、内蒙古二者经济效率低于中国平均水平，两者生产成本已经高于收益，净利润处于负值的状态。

（2）中国改良绵羊与澳大利亚绵羊养殖经济效率测算　中国改良绵羊与澳大利亚绵羊养殖经济效率值见表 9 - 7。尽管澳大利亚成本收益数据采用保守估计的方式，但 2016 年与 2015 年中国改良经济效率值都低于澳大利亚。主要原因仍旧是澳大利亚养殖模式、自然资源禀赋所导致的生产成本较低，同时国际市场较高的消费需求拉高市场价格。2015 年，新南威尔士、维多利亚经济效率已经与新疆相差不大。但 2016 年除宁夏经济效率值较高以外，新南威尔士、维多利亚、澳大利亚平均水平经济效率均远高于中国主产省份经济效率值。

表 9 - 7　中国改良绵羊与澳大利亚绵羊养殖经济效率测算

决策单元	2015			2016		
	效率值	成本缩减值	成本目标值	效率值	成本缩减值	成本目标值
澳大利亚	0.62	−124.96	205.59	0.88	−27.40	253.82
中国平均水平	0.54	−134.51	160.83	0.50	−125.30	166.30
中国内蒙古	0.30	−518.93	218.95	0.26	−663.79	231.78
中国宁夏	1.29	69.87	314.13	0.85	−20.20	367.63
中国青海	0.48	−99.19	89.79	0.59	−84.11	120.32
中国甘肃	0.58	−93.87	130.47	0.47	−165.73	111.81
中国新疆	0.78	−74.70	261.16	0.67	−118.77	244.49
新南威尔士	0.76	−81.72	259.61	0.79	−33.80	240.01
维多利亚	0.73	−99.07	264.53	1	0	282.39

数据来源：澳大利亚官方网站 ABARES，全国农产品成本收益资料汇编。

国内主产省份经济效率差异明显。宁夏 2015 年处于生产前沿面，这主要是由于宁夏近年来大力发展养羊业，首先是大力推广优质改良绵羊，具有较高生产速度、繁殖率，以及较高市场认可度的羊品种，打造知名的市场品牌，获得了较高的市场认可度以及市场效益。2016 年仅次于宁夏的主产省份是新疆，新疆作为第二大羊生产省份，由于国家控制载畜量，只有大力推进肉羊养殖科技进步，通过引进优良品种改良本地羊，从而获得较强的市场竞争力。甘肃、青海、内蒙古经济效率较低，青海与内蒙古经济效率低于中国平均水平，尤其是内蒙古，作为我国最大的羊主产省份，由于 2015、2016 年羊肉价格较之前年份剧烈下降，养殖户蒙受了重大损失。

以往中国绵羊主产省份处于"高成本、高收益"的双高盈利模式，但随着羊肉价格降低，未来将向科学化、集约化的"低成本、低收益"双低盈利模式转变。面对这种发展态势，养殖户本身对市场价格无法控制以及预测，因此降低生产成本成为生存的必然选择。但根据成本收益数据所测算的中澳绵羊经济效率属于静态对比，无法反映动态发展趋势，以及效率变化的背后原因。因此，采用历年成本收益数据，测算了 2008—2016 年中澳绵羊养殖全要素生产率及其分解值，以了解两国全要素生产率的动态变化图景，分析其在绵羊养殖尤其是在降低成本过程中所发挥的作用。由于维多利亚与新南威尔士两州数据缺失，本文仅得出澳大利亚平均水平的全要素生产率测算结果。

9.3.2.2　中澳绵羊全要素生产率及其分解测算

（1）中国本种绵羊与澳大利亚绵羊全要素生产率测算与分解

从表 9-8 可以明显看到，2008—2016 年澳大利亚绵羊养殖全要素生产率保持增长的态势，中国主产省份绵羊养殖全要素生产率最高的为宁夏，甘肃全要素生产率退步明显，年均达到 3.55%。从全要素生产率分解来看，中国各地区综合技术效率始终大于全要素生产率，阻碍全要素生产率进步的主要因素是技术进步。中国平均水平综合技术效率也高于全要素生产率。因此，从整体上看，技术进步不足阻碍了中国绵羊养殖全要素生产率的提高。

表 9-8　中国本种绵羊与澳大利亚绵羊养殖全要素生产率及其分解测算

地区	2008—2016 年				
	全要素 生产率	综合技术 效率	技术进步	纯技术 效率	规模效率
澳大利亚	1.02	1.11	0.92	0.87	1.28
中国甘肃	0.75	0.82	0.92	0.82	1.00
中国内蒙古	0.81	0.88	0.92	0.88	1.00
中国宁夏	0.95	1.04	0.92	1.04	1.00
中国青海	0.84	0.92	0.92	1.00	0.92
中国西藏	0.93	1.01	0.92	1.01	1.00
中国新疆	0.91	0.99	0.92	0.99	1.00
中国四川	0.94	1.03	0.92	1.01	1.02
中国平均	0.86	0.93	0.92	0.93	1.00

数据来源：澳大利亚官方网站 ABARES，全国农产品成本收益资料汇编。

澳大利亚全要素生产率处于改善的状态，主要原因是综合技术效率不断提高。从综合技术效率及其分解来看，澳大利亚纯技术效率小于 1。导致综合技术效率改善的主要因素是规模效率，年均约增长 3.12%。这说明与我国小规模本种绵羊饲养相比，澳大利亚规模化养殖是绵羊收益提升的主要驱动力量。规模化是实现养殖标准化、机械化、科学化的前提条件，只有规模经济发挥作用，生产成本才会不断降低，生产力才能得到提高。中国主产省份除青海省和四川省以外，其他省份规模效率始终为 1，规模效率对于全要素生产率的提高没有起到作用，这与中国绵羊养殖目前处于小规模化经营的现状有关。四川省规模效率处于提高的状态，主要得益于作为羊产品消费大省，在保持良好经济效益的同时，能够发展适度规模化养殖，所以纯技术效率、规模效率都有所提高。青海省规模效率小于 1，在发展适度规模养殖方面仍需要改善。

(2) 中国改良绵羊与澳大利亚绵羊全要素生产率测算与分解

从表9-9可以看到，与我国改良绵羊相比，澳大利亚2008—2016年全要素生产率处于下降趋势，这说明除宁夏以外，我国改良绵羊一直处于全要素生产率改进的状态。中国平均水平技术进步与规模效率均大于1，表明我国技术进步与规模效率处于提升的状态，而纯技术效率小于1，说明制约我国改良绵羊全要素生产率提升的主要因素是管理环节，缺乏科学化管理导致效率损失。

表9-9 中国改良绵羊与澳大利亚绵羊养殖全要素生产率及其分解测算

地区	2008—2016 年				
	全要素生产率	综合技术效率	技术进步	纯技术效率	规模效率
澳大利亚	0.98	0.83	1.18	1.00	0.83
中国甘肃	1.08	0.96	1.13	1.01	0.96
中国内蒙古	1.18	1.12	1.05	0.91	1.24
中国宁夏	1.00	0.89	1.13	1.10	0.81
中国新疆	1.10	0.98	1.13	0.93	1.05
中国青海	1.16	1.03	1.13	1.00	1.03
中国平均	1.12	1.00	1.13	0.98	1.02

数据来源：澳大利亚官方网站ABARES，全国农产品成本收益资料汇编。

我国所有的主产省份中影响全要素生产率的技术进步都处于上升的状态，改良绵羊具有繁殖速度快、产羔率高等优点。因此大力推进我国绵羊改良工作，带来了显著的技术进步，但纯技术效率与规模效率不同省份情况有所不同。甘肃与宁夏规模效率处于衰减的状态，尤其是宁夏，这主要是因为，作为改良绵羊中经济效率最高的省份，一直在大力发展规模化养殖，并且因此降低了生产成本，提高了经济效率。但目前出现了规模不经济的状况，因此需要在发展养殖规模的同时，注意发展适度规模养殖。内蒙古、新疆、青海纯技术效率小于1，规模效率、技术进步大于1，因此制约全要素生产率提升的主要因素是生产管理环节所导致的技术效率损失。尽管通过大力发展规模化经营，推进良种化等相关科技进步，提升了全要素生产率，但由于缺乏良好的管理人才、以及管理理念，导致改良绵羊生产环节效率损失。

澳大利亚早已实现了良种化的推广，与我国改良绵羊相比，规模效率是处于衰退的状态，这可能是因为我国把改良肉羊作为重点发展对象，具有良好的规模化养殖条件，改良绵羊养殖仍处于扩大种群规模的阶段，规模效率不断上升。但澳大利亚技术进步略高于我国平均水平，尽管已经实现了美利奴羊等优质羊良种化，但澳大利亚政府仍大力开展科研工作，例如进行新品种的育种以及推广工作，种植优质牧草提高产毛率，从而表现出明显的技术进步特征。

9.3.3 中国肉羊主产省份生产效率及 TFP 影响因素分析

9.3.3.1 中国肉羊主产省份生产效率测算

与澳大利亚以规模化养殖为主的养殖模式相比，我国仍处于以散养为代表的小规模养殖阶段，规模小、技术水平低是我国肉羊养殖模式的主要特点。因此本文选取具有代表性的散养肉羊生产成本收益数据，计算我国肉羊产业生产效率现状。通过测算散养肉羊生产效率，并且对我国散养肉羊生产效率影响因素进行回归分析，可以对我国目前养羊业的生产效率现状有一个总体的判断。

本文分别选取 2004、2007、2010、2013、2016 年进行横向对比，并且着重分析 2016 年的经济效率排名情况，详见表 9 - 10。与其他省份相比，2004 年处于前沿面的有河南、黑龙江、新疆，2007 年处于前沿面的省份有河南、黑龙江、山东、陕西，2010 年处于前沿面的有河北、河南、黑龙江、新疆，2013 年处于前沿面的省份有河北、河南、黑龙江、新疆，2016 年处于前沿面的分别是河北、新疆。与其他省份相比，河北在大多数年份都处于前沿面，这可能是因为北京、天津高校科研院所林立，河北处于技术扩散高地，尽管人工成本较高，但是物质与服务成本较低，肉羊生产效率较高，此外，北京等发达地区羊肉消费量大，羊肉价格较高，经济效益好。新疆作为我国肉羊生产大省，绝大多数年份与其他地区相比也处于生产前沿面，这可能是因为我国新疆地区人均羊肉消费量远远高于全国平均水平，肉羊需求量大，价格维持相对较高水平，同时拥有较好的自然资源禀赋，养殖成本较低。

表 9－10　2004—2016 年中国肉羊主产省经济效率值

年份	河北	河南	黑龙江	宁夏	山东	陕西	新疆	全国
2004	0.71	1.01	1.20	0.60	0.71	0.83	1.53	0.78
2005	0.87	1.06	1.03	0.63	0.87	1.04	1.22	0.83
2006	0.87	1.06	1.03	0.63	0.87	1.04	1.22	0.83
2007	0.94	1.01	1.07	0.77	1.00	1.04	0.89	0.87
2008	1.05	0.86	1.12	0.91	0.72	1.33	0.94	0.87
2009	1.25	0.99	0.87	0.89	0.85	0.96	1.23	0.94
2010	1.17	1.01	1.03	0.90	0.97	0.89	1.16	0.93
2011	1.15	0.96	1.00	0.86	0.83	1.05	1.03	0.92
2012	1.08	0.83	1.06	1.11	0.69	0.89	0.69	0.83
2013	1.12	0.93	1.01	1.02	0.80	1.03	0.81	0.90
2014	1.16	1.06	0.92	0.89	0.76	0.75	1.17	0.93
2015	1.14	1.00	0.92	0.87	0.64	0.99	1.04	0.91
2016	1.13	0.99	0.91	0.88	0.65	0.98	1.07	0.93

数据来源：全国农产品成本收益资料汇编。

从中国平均水平来看，我国肉羊产业经济效率值较低，这主要与物质及服务成本偏高有关，尤其是仔畜费价格以及精饲料费用。山东以及宁夏 2016 年散养肉羊经济效率普遍较低，山东近几年以来由于受到劳动力成本上升、进口羊肉的冲击等因素影响，生产成本上升，羊肉价格走低。宁夏主要受到了仔畜费价格偏高的影响，导致经济效率低于国内先进水平。河南、陕西虽然2016年经济效率值不到1，但是经济效率值分别高达 0.99、0.98。黑龙江同样处于我国东部，从 2014 年开始，肉羊经济效率值开始低于1。尽管作为我国"北大仓"的黑龙江，人工成本较低，但是由于精饲料价格上涨的影响，饲料费用远高于其他省份。

空间分布分析。本文涉及的 7 个肉羊主产省份分布在我国三大肉羊生产优势产区。从经济效率的角度观察，2016 年中原优势产区散养肉羊以河北、河南为代表，山东目前处于落后状态，中东部农牧交错带黑龙江近年来经济效率有所下降。西北肉羊优势产区以新疆、陕西为代表，宁夏在肉羊方面与其他省份相比处于落后地位。

9.3.3.2 中国肉羊主产区全要素生产率的测算分析

由于超效率 SBM 模型仅仅对一年当中各个省份的经济效率进行横向对比，无法对我国肉羊产业主产省份历年变化趋势进行分析，因此本文继续利用面板数据测算了我国肉羊产业全要素生产率及其分解状况，详见表 9-11。

表 9-11　2004—2016 年中国肉羊主产省 Malmquist 指数平均值及其分解

省份	全要素生产率（Malmqusit）	技术效率（TEC）	技术进步（TC）	M 排名
河北	0.97	1.04	0.93	6
河南	0.97	1.00	0.97	5
黑龙江	0.94	0.98	0.96	8
宁夏	0.99	1.03	0.96	1
山东	0.96	0.99	0.97	7
陕西	0.99	1.02	0.97	2
新疆	0.98	0.97	1.02	3
省份平均值	0.97	1.00	0.97	4

数据来源：全国农产品成本收益资料汇编。

表 9-11 为 M 指数的排名情况，排名依次是宁夏、陕西、新疆、平均值、河南、河北、山东，所有省份的全要素生产率取值都小于 1，存在全要素生产率衰退的状况。尽管宁夏在 2016 年技术进步效率值排名中位列倒数第二，但是全要素生产率排名却位列第一，技术效率值大于 1。这表明宁夏肉羊在生产管理方面有了一定的进步，但仍旧存在技术退步。全要素生产率的分解说明，除了新疆以外，技术进步的效率普遍低于技术效率，这再次印证了我国肉羊产业目前存在技术退步。新疆技术进步值高于技术效率，说明新疆在肉羊改良等技术进步方面有了一定提高。

9.3.3.3 全要素生产率及其分解的影响因素分析

本文使用 Malmquist 指数计算了我国肉羊全要素生产率，发现技术进步不足是导致我国肉羊产业全要素生产率下降的主要原因。为了进一步明确导致生产效率降低的原因，本文进一步使用 Tobit 模型对全要素生产率及其分解进行影响因素的实证分析。

(1) 模型设定 为分析影响肉羊技术进步的影响因素，本文分别将肉羊全要素生产率、技术进步、技术效率作为被解释变量。由于本文所计算出来的全要素生产率及其分解值属于左归并、截断的离散分布数据，在计算影响因素的回归模型时，本文使用 Tobit 模型进行回归分析。在相关影响因素选取上，本文结合肉羊养殖具有的一些自身特点，比如资金实力不足、往往地处偏僻地区等，以及考虑到数据的可获得性以及现有的研究成果，从以下几个方面确定影响因素：

羊产业的发展水平（X_1）：以肉羊产业总产值与肉羊产业的从业人数之比计算；羊产业的发展水平直接制约了生产效率的高低，单位从业人数的羊产业产值越高，可以代表规模越大，但由于规模存在边际递增与递减效应，目前来看，羊产业的发展水平对于全要素生产率的影响方向具有不确定性。

产业结构（X_2）：以肉羊产业在畜牧业中的比值进行计算；通过羊产业在畜牧业中的相对占比来反映全要素生产率，羊产业占比越高，代表羊产业在整个畜牧业中发展相对较快。因此，可以预测产业结构越高，全要素生产率水平也相对较高。反之，全要素生产率则越低。

劳动力受教育程度（X_3）：以劳动力中具有初中及以上文化程度的人数占劳动力总人数的比例计算；劳动力受教育程度对于农户吸收先进养殖方式，改良肉羊养殖品种，实施科学管理等具有重要影响。养殖户受教育程度越高，往往更容易接受先进的管理经验，获取先进的技术以及优质的养殖饲料。这对于提高全要素生产率具有重要意义。因此，本文预测受教育程度越高，全要素生产率越高；受教育程度越低，全要素生产率越低。

种羊场的数量（X_4）：种羊场数量越多往往具有明显的辐射作用，但种羊价格往往较高，由于本文这一章节研究的是散养肉羊，而羊养殖散户往往资金实力较弱，较多的种羊场数量能否真正带来生产效率方面的提升仍旧未知。

各个省份县级畜牧兽医改良站工作人员数量（X_5）：畜牧兽医改良人员能够给养殖户提供先进的养殖经验，减少饲养周期，通过改良绵羊品种，提高绵羊繁殖率。但目前中国的散养户数量众多，而且往往位于交通不便的偏远地区，因此各站畜牧兽医改良工作人员数量对于生产效率的影响方向仍旧是未知。

单位散养肉羊精饲料数量（X_6）：养殖饲料配比情况对于肉羊养殖产肉率等方面具有重要影响，从而对于生产效率产生影响。

各省份粮食产量（X_7）：羊养殖过程中需要使用适量的粮食作物，因此粮食成本对于羊生产效率具有一定的影响。

构建的混合受限 Tobit 面板模型如下：

$$Y_k^t = \alpha + \beta_1 X_{1k}^t + \beta_2 X_{2k}^t + \beta_3 X_{3k}^t + \beta_4 X_{4k}^t + \beta_5 X_{5k}^t + \beta_6 X_{6k}^t + \beta_7 X_{7k}^t + \varepsilon_k^t$$

$$(9-4)$$

式中，Y_k^t 为第 k 个省份在第 t 年份的肉羊产业全要素生产率、技术进步值、技术效率值；β_j 是第 j 个影响因素的回归参数（$j=1, 2, \cdots, 9$）；X_{jk}^t 位第 k 个省份在第 t 年中第 j 个影响因素的取值；ε_k^t 为第 k 个省份在第 t 年的随机误差项。

（2）结果分析 使用 Stata14.2 软件，利用 Tobit 模型对全要素生产率（TFP）、技术效率（TEC）、技术进步（TC）的影响因素进行回归计算，回归结果如表 9-12 所示。

表 9-12　TFP、TEC、TC 影响因素回归结果

变量	TC 系数	TEC 系数	TFP 系数
肉羊产业发展水平	−4.533 5***	−2.400 2**	−5.190 8***
	(−5.85)	(−2.36)	(−3.40)
产业结构	0.541 0***	−0.127 6	0.291 3**
	(4.22)	(−0.87)	(2.42)
农村居民文化程度	0.458 6***	−0.080 4	0.218 1
	(3.68)	(−0.46)	(1.34)
种羊场数量	−3.838e−08	5.301e−08	−1.999e−08
	(−1.22)	(1.47)	(−0.49)
县畜牧兽医改良站人数	−7.557e−06***	2.568e−06	−5.715e−06***
	(−3.32)	(1.06)	(−2.93)
单位肉羊精饲料数量	0.000 7***	0.000 5	0.000 7
	(2.93)	(1.20)	(1.39)
粮食产量	0.901 6e−06***	−4.717e−06	6.171e−06***
	(3.73)	(−1.43)	(2.69)
截距项	0.650 0***	1.124 3***	0.870 7***
	(5.85)	(7.59)	(6.41)
显著性概率（P）	0.000 0	0.000 0	0.000 0

注：***、**、* 分别为表示为 1%、5%、10%水平上显著。

回归结果显示，肉羊产业的发展水平是影响散养肉羊技术进步、技术效率、全要素生产率的主要因素，但系数为负值，系数绝对值明显高于其他显著影响因素绝对值。主要原因是我国肉羊产业尽管正处于从散养模式到适度规模的转变过程，但在逐渐扩大规模、加大物质与劳动力等生产要素投入的同时，传统粗放的

散养模式仍占据主导地位。因此，尽管我国肉羊发展水平有所提高，但散养肉羊的生产效率却在下降，靠着高投入、低效率以增加产值的生产方式是我国散养肉羊生产现状。

从技术进步的影响因素来看，县级畜牧兽医改良站的工作人员数量同样有负向显著影响，这说明尽管畜牧兽医相关从业人员增加，但是没有对散养肉羊业的技术进步产生正向影响，可能的原因是肉羊农牧户往往在较为偏僻的地区进行养殖活动，而畜牧兽医从业人员更多倾向于有一定规模的养殖场（户），对散养户技术推广等方面做得还不够。相关方面其他影响因素中，产业结构、农村居民文化程度、单位肉羊精饲料数量、粮食产量均对散养肉羊技术进步有显著为正的影响，种羊场的数量回归结果不显著。技术效率中只有肉羊产业发展水平以及截距项分别在 5％、1％水平上显著。

全要素生产率影响因素中，县级畜牧兽医改良站工作人员数量虽然回归系数绝对值小于肉羊产业发展水平，但是也呈现负向影响。其他因素中产业结构、粮食产量影响因素有显著的正向影响。农村居民文化程度、种羊场数量、单位肉羊精饲料数量二者的影响不显著。

9.3.4 小结

中澳绵羊成本收益构成的结构存在较大差异。我国绵羊成本构成集中，饲料、饲草成本以及人工成本占较大比例；澳大利亚、新南威尔士、维多利亚成本构成更加分散、均匀。我国绵羊成本构成中饲草、饲料远远高于澳大利亚以及新南威尔士、维多利亚，2015、2016 年澳大利亚的机械使用费（包括饲草加工费、燃料动力费、修理维护费）、服务费用、仔畜购进费远远高于中国平均水平。中澳两国总成本构成上的差异反映了中澳两国不同的资源禀赋、畜牧业科技发展水平。

通过经济效率值测算表明，2016 年与 2015 年相比澳大利亚单位绵羊收益有所提高，因此无论是改良绵羊还是本种绵羊，澳大利亚绵羊经济效率值明显高于中国绵羊养殖平均经济效率值。

中国本种绵羊与澳大利亚绵羊全要素生产率测算与分解表明，阻碍中国本种绵羊全要素生产率进步的主要因素是技术进步。澳大利亚全要素生产率处于不断提高的状态，综合技术效率不断提高是主要因素。而导致综合技术效率改善的主要因素是规模效率，年均约增长3.12％。

但与改良绵羊相比，澳大利亚绵羊全要素生产率处于下降的状态。我国技术进步与规模效率处于提升的状态，而纯技术效率小于1，说明管理环节是制约我国改良绵羊全要素生产率提升的主要因素，缺乏科学化养殖、科学化管理导致效率损失。

7大肉羊主产省份，2016年处于前沿面的省份有河北、新疆，但河南、陕西经济效率值接近1，山东、宁夏经济效率与前沿面有较大的差距。全要素生产率的动态分析表明，我国肉羊全要素生产率经历了波动上升又下降的过程，导致全要素生产率降低的主要原因是技术退步。对全要素生产率及其分解的影响因素的实证分析发现，在众多显著的影响因素中，正是肉羊产业自身发展导致了肉羊全要素生产率降低以及技术退步，这表明近年来尽管我国肉羊产业在不断追求适度规模，但是高投入低效率仍是我国散养肉羊生产现状。

9.4 促进中国肉羊产业生产效率及国际竞争力提升的政策建议

9.4.1 加强技术研发与推广，促进技术进步

我国肉羊以及本种绵羊全要素生产率处于衰退的状态，其中的主要因素是技术进步不足，因此，提高饲养环节的养殖水平以及不断推进良种化率是提升全要素生产率的关键所在。农业应该形成以政府为主导、企业为主体、高校相配合的综合配套体系。

中国羊产业总体规模大，需要大量懂养殖技术、高层次的人才加入畜牧兽医站以及基层的改良站。此外，还应探索科学的推广方式，针对不同的养殖户，把具有针对性的养殖技术、管理技术、推广知识等送到家，真正服务到千家万户。首先，应为羊产业构建产前、产中、产后的一体化社会服务体系，提供高质量、全面、宽领域一体化服务。其次，应加大科研投入、资金支持。例如，组织相关高校、科研机构、企业等参与攻克关键技术，加快技术转化速度，加快培育具有更高产肉率、产羔率、生长速度、杂交优势的新品种。各地应根据各自实际情况，创建省、市、县三级良种羊繁育体系。引进国外优良品种，进一步改良我国当地品种。

9.4.2　推进肉羊规模化养殖，提高肉羊生产效率

　　规模化作为畜牧业的发展方向之一，对于节约养殖成本、动物防疫、科学规范化养殖等方面都有重要意义。从肉羊产业自身来看，应合理引导散养户向具有一定规模的养殖场转变，中小规模养殖户向大规模较大规模养殖户转变。

　　我国目前仍以散养肉羊为主要的养殖模式，根据散养肉羊现状，应从以下方面推进。第一，从科学养殖的角度着手，尽管技术效率不是阻碍全要素生产率的主要因素，但我国与发达畜牧业国家技术效率仍有较大的差距，同样应该在现有技术的基础上，科学饲养以提高料重比、出栏率，并且预防疫情的发生。第二，应从促进肉羊产业的技术革新角度入手。先进的技术往往需要较高素质的劳动力来掌握，因此政府部门如各地畜牧局应进一步加大相关肉羊养殖技术的推广，积极开展相关技术培训。此外，应加强良种的选育与推广。畜牧业养殖往往需要较高资金投入，目前散养户获得种羊的局限主要是资金缺乏，因此作为重要扶贫项目的肉羊产业，应该进一步推行良种补贴，以实现较大范围的覆盖。肉羊产业作为弱质产业，政府应该采取一系列的措施促进其

发展。第三，进一步增强抵御市场风险的能力。目前肉羊价格波动明显，应该采取多种形式，引导养殖户成立专业合作社，提高组织化程度。肉羊养殖龙头企业可以组建电商平台，促进养殖户与市场近距离接触，降低交易成本，提高生产效益。

从空间分布来看，我国7个散养肉羊省份面临的问题有所不同。河北、新疆作为散养肉羊生产大省，尽管经济效率值处于领先地位，但与国外先生产水平相比仍有较大差距，应该从农业机械使用、科学管理、精细化生产角度进一步降低成本。相比于其他省份，新疆技术效率得分小于技术进步得分，新疆更多的应从科学管理着手，加大技术的推广力度，降低生产过程中的物质如饲草的消耗，缩短肉羊育肥周期，提高出栏量以及产量，同时严格防范疫情的发生。2016年宁夏散养肉羊效率排名仅仅在山东之前，宁夏应大力发展青贮玉米、苜蓿等优质饲草，提高料重比，以提高生产效率。黑龙江虽然自然资源丰富，尤其饲料资源丰富，人工成本较低，但技术效率、技术进步这两方面都落后于其他省份，因此应进一步推广肉羊生产的良种化，提升产肉品质，并且提高饲料的利用效率以及农户的管理水平。河南与山东都是东部农区重要的肉羊生产大省，面临的主要问题类似。山东、河南作为农区的肉羊生产第一大省以及第二大省，饲料资源丰富，但在7个主产省份中人工成本分别排名第一和第二，因此应该在追求适度规模的基础上，加大对机械的投资、使用力度，降低生产过程中的人工成本。此外，应从肉羊养殖的精细化角度出发，进一步提升物质利用效率，提升肉羊的生产效率。

规模化养殖是发展趋势，但随着规模化的不断提升，相关配套措施也应逐步跟上，包括人工、机械、相关服务是规模化发展的关键。在资金、服务方面给予养殖场更多的优惠政策，进一步引导适度规模养殖，降低生产成本，实现科学化、规范化养殖。

9.4.3 提高补贴力度，加快推进肉羊产业化经营步伐

近年来，从生产环节来看，肉羊产业养殖成本不断上升，补贴政策对于引导养殖产业健康发展、降低生产成本具有重要意义。已有的良种补贴仍要贯彻落实，对于实行规模化养殖的养殖户视养殖规模进行一定的补贴，通过补贴引导养殖户扩大养殖规模，采用更加先进的养殖技术。同时扩大补贴范围，增加如防疫补贴、草原生态补贴等补贴措施，进一步削减由于政策实施所带来的消极影响。在风险调控上，可以加入政策性保险等支持政策。目前饲草料成本在我国羊生产环节占据较大比例，因此饲草料补贴可以作为肉羊发展的重点补贴措施，鼓励建设专业的饲草料基地，从而为肉羊养殖奠定良好的基础。

针对我国目前仍以散养肉羊为主的养殖模式，推进产业化经营可以降低经营风险，解决信息不对称问题，塑造良好品牌。但是，肉羊产业发展需要结合自身特点、产品特性、企业模式决定具体的产业化组织模式。尤其要注重合作社与龙头企业在产业化经营中发挥的作用，可以推广合作社与农户、龙头企业加养殖基地等多种合作经营模式。通过合作分工降低交易成本，实现规模经济，提高经济效益。

目前各地都拥有各自的养羊协会以及合作社，可以借助互联网的传播媒介，推广先进的养殖、管理、防疫知识与经验，拉近企业、养殖户与市场之间的距离。协调好各方利益关系即养殖户、屠宰加工场、销售企业、超市等。营造良好的合作共赢环境。此外，各地养羊协会在争取相关政策扶植，向上级领导传递养殖户信息方面具有重要作用，可以帮助养殖户在资金支持、税收、补贴方面解决实际困难。龙头企业可以起到示范引领作用，充分利用资金以及技术优势，依靠现代企业制度提升现代肉羊产业竞争力。

9.4.4 提高成本管控能力，切实降低生产成本

我国不同地域具有各自的生产自然条件，在追求利益最大化的市场经济背景下，切实降低生产成本是肉羊产业的发展趋势之一。目前占据我国羊产业生产成本主要是人工成本与饲草料成本。应该因地制宜地改善生产环节的组织架构、管理水平、决策水平。可以借鉴先进畜牧业国家生产经验，提高机械化水平、科技含量。虽然羊肉及其相关制品贸易关税降低在一定程度上会冲击国内羊产业，但同时也可以倒逼我国羊产业走规模化、集约化发展方向。

REPERENCE

主要参考文献

安娜，盖志毅，2012. 草原牧区肉羊产业链组织模式研究 [J]. 北方经济
　（14）：50，52.

常倩，李秉龙，2012. 中国肉羊规模经营发展特征与主要影响因素分析
　[J]. 中国草食动物科学（S1）：440-444.

陈晓勇，郭伟涛，孙洪新，等，2013. 山东省肉羊产业模式研究 [J]. 黑龙
　江畜牧兽医（18）：17-19.

陈正荣，2015. 农村适度规模养羊发展方式及综合配套技术 [J]. 当代畜牧
　（2）：1-4.

崔孟宁，朱美玲，李柱，等，2014. 基于 DEA-Malmquist 指数新疆肉牛产
　业全要素生产率研究 [J]. 新疆农业科学（2）：363-369.

达文政，李颖康，2002. 我国肉羊生产现状和发展趋势 [J]. 中国草食动物
　（S1）：26-29.

丁存振，肖海峰，2018. 中国肉羊产业时空演变的特征分析 [J]. 华中农业
　大学学报（社会科学版）（1）：58-64，158-159.

丁丽娜，肖海峰，2013. 我国城乡居民羊肉消费现状及前景分析——基于
　山东、内蒙古等 16 个省市城乡居民羊肉消费调研数据 [J]. 价格理论与
　实践（9）：90-91.

樊宏霞，盖志毅，薛强，2012. 内蒙古肉羊产业区域差异研究 [J]. 干旱区
　资源与环境（11）：204-208.

樊宏霞，薛强，盖志毅，2011. 基于波特钻石模型的 DEA 分析——以内蒙
　古各盟市肉羊产业竞争力研究为例 [J]. 内蒙古农业大学学报（社会科
　学版）（6）：90-93.

耿宁，李秉龙，2013. 中国肉羊生产技术效率的影响因素及其区域差异分

析——基于随机前沿分析方法 [J]. 技术经济 (12)：25-32.

何忠伟，刘芳，白凌子，等，2014. 国外肉牛、肉羊补贴政策特点与借鉴 [J]. 世界农业 (4)：95-98.

蒋博轩，李军，李秉龙，2013. 中国肉羊产业的纵向一体化模式现状及发展趋势 [J]. 黑龙江农业科学 (1)：68-71.

李秉龙，夏晓平，2011. 中国肉羊产业发展动力机制研究 [M]. 北京：中国农业技术出版社.

李秉龙，李金亚，2012. 我国肉羊产业的区域化布局、规模化经营与标准化生产 [J]. 中国畜牧杂志 (2)：56-58.

李秉龙，叶云，2016. 基于市场导向的肉羊产业链优化分析 [J]. 现代畜牧兽医 (9)：47-54.

李虎山，2010. 加快推进肉羊基地建设创新性发展的对策和措施 [J]. 新疆农业科学 (S2)：224-227.

李跻，2010. 我国肉羊产业发展中存在的问题及对策 [J]. 农业科学研究 (3)：69-71.

李军，金海，2019. 2018 年肉羊产业发展概况、未来趋势及对策建议 [J]. 中国畜牧杂志，55 (3)：138-145.

李美霞，田建，孙艳炯，等，2014. 农区规模养羊的发展路径探索 [J]. 中国畜牧兽医文摘 (2)：29-30.

李直，2018. 牧区肉羊生产经济效益研究 [D]. 呼和浩特：内蒙古大学.

刘东山，陆维，吕佩庆，等，2009. 肉羊养殖经济效益的调查分析 [J]. 中国畜牧兽医 (5)：189-190.

刘飞，2008. 内蒙古羊肉及活羊国内市场竞争力研究 [D]. 呼和浩特：内蒙古农业大学.

刘茹. 民勤肉，2011. 羊产业可持续发展的影响因素分析 [D]. 兰州：甘肃农业大学.

刘雨佳，盖志毅，2012. 浅析内蒙古肉羊生产效率及影响因素 [J]. 内蒙古农业大学学报（社会科学版）(1)：89-91.

刘玉凤，王明利，2015. 基于因子分析法的中国肉羊产业优势省区研究 [J]. 中国农学通报 (5)：12-19.

马丽荣，赵有彪，李珂璟，等，2017. 基于比较优势理论的甘肃省肉羊生产区域结构研究 [J]. 甘肃农业科技 (11)：2-3.

聂赟彬，高翔，李秉龙，2019. 我国肉羊主产省散养方式全要素生产率——基 DEA－Malmquist 指数法的实证分析 ［J］. 中国农业大学学报，24（8）：194－202.

蒲中彬，2013. 永昌县肉羊品种改良现状及发展对策研究 ［D］. 北京：中国农业科学院.

沈占民，余要文，张宏权，2014. 陕西牛羊肉价格波动原因分析及对策 ［J］. 价格理论与实践（5）：69－71.

时悦，李秉龙，2010. 基于自然禀赋的肉羊产业集聚分析 ［J］. 技术经济（4）：68－72.

时悦，2011. 中国肉羊产业集聚形成机制及效应研究 ［D］. 北京：中国农业大学.

孙世民，张海峰，冯叶，2013. 山东省羊肉价格持续走高的原因和肉羊产业发展战略性思考 ［J］. 农业现代化研究（5）：543－547.

唐莉，王明利，石自忠，2019. 竞争优势视角下中国肉羊全要素生产率的国际比较 ［J］. 农业经济（10）：74－88.

王贝贝，肖海峰，2013. 我国羊肉价格上涨的原因分析及对策建议 ［J］. 农业经济与管理（5）：82－89.

王翀，杨金勇，夏月峰，2017. 浙江省肉牛肉羊产业分析及生产现状调研 ［J］. 畜牧与兽医，49（3）：111－115.

王建民，2014. 山东省规模化养羊现状与趋势 ［J］. 北方牧业（12）：14－15.

王金文，2012. 肉羊规模化养殖必须抓好"七个坚持" ［J］. 农业知识（21）：4－5.

王晶，2019. 中国绒毛用羊标准化规模养殖研究 ［D］. 北京：中国农业大学.

王丽娟，刘莉，叶得明，2013. 甘肃省肉羊产业组织模式选择的影响因素 ［J］. 干旱区地理（6）：1170－1176.

王丽娟，2013. 民勤县肉羊产业链组织模式的选择与优化 ［D］. 兰州：甘肃农业大学.

王士权，常倩，王宇，2016. CNFTA 背景下中国牛羊肉进口变化特征与贸易效应-基于 DID 和 Heckman 两步法的实证分析 ［Z］：114－124.

王士权，2017. 中国肉羊产业市场绩效研究 ［D］. 北京：中国农业大学.

王世权，王文义，常倩，等，2015. 中国肉羊主产区比较优势分析 ［J］. 中国畜牧杂志（22）：3-5.

王守经，胡鹏，汝医，等，2013. 山东省肉羊产业发展现状存在问题对策 [J]. 山东农业大学，45（4）：118-122.

王雪娇，肖海峰，2017. 不同生产模式下肉羊生产技术效率和全要素生产率分析 [J]. 农业经济与管理（3）：90-98.

王雪娇，肖海峰，2017. 规模养殖场肉羊生产的经济效率及其影响因素分析 [J]. 新疆农垦经济（7）：57-66.

王雪娇，2018. 中国肉羊生产的经济效率研究 [D]. 北京：中国农业大学.

王月英，2008. 我国肉羊生产现状与发展对策分析 [J]. 中国禽畜种业（8）：13-14.

王兆丹，魏益民，郭波莉，等，2009. 中国肉羊产业的现状及发展趋势分析 [J]. 中国畜牧杂志，45（10）：19-23.

王兆丹，魏益民，郭波莉，2012. 中国不同省份肉羊产业的评价研究 [J]. 黑龙江畜牧兽医（24）：30-32.

王志武，毛杨毅，李俊，等，2012. 肉用繁殖母羊养殖生产成本分析 [J]. 山西农业科学（9）：1006-1008.

温裕平，2007. 肉羊生产现状、存在问题及对策 [J]. 内蒙古农业科技（7）：113-114.

乌达巴拉，邵凯，达来，等，2010. 国内外肉羊生产发展现状 [J]. 畜牧与饲料科学（Z1）：124-126.

夏晓平，李秉龙，隋艳颖，2009. 中国肉羊生产的区域优势与政策建议 [J]. 农业现代化研究（6）：719-723.

夏晓平，李秉龙，等，2011. 中国肉羊生产空间布局变动的实证分析 [J]. 华南农业大学学（2）：109-117.

夏晓平，李秉龙，隋艳颖，2011. 中国肉羊产地移动的经济分析——从自然性布局向经济性布局转变 [J]. 农业现代化研究（1）：32-35.

夏晓平，2011. 中国肉羊产业发展动力机制研究 [D]. 北京：中国农业大学.

熊忙利，张文娟，2016. 陕西省咸阳市肉羊业发展思考 [J]. 陕西农业科学，62（9）：89-90.

徐宏玲，2002. 河北省肉羊养殖企业规范化管理研究 [D]. 保定：河北农业大学.

薛建良，李秉龙，2012. 中国草原肉羊产业的发展历程、现状和特征 [J].

农业部管理干部学院学报（4）：29-35.

闫凯，2012. 昌吉州农区肉羊产业组织发展研究 [D]. 乌鲁木齐：新疆农业大学.

杨紫美，2016. 民族地区适度规模肉羊生态生产模式探论 [J]. 中国畜禽种业，12（9）：17-17.

余红，李秉龙，2012. 新疆肉羊产业发展制约因素及对策研究 [J]. 畜牧与饲料科学（1）：79-81.

张海峰，孙世民，王仁强，2014. 城乡居民羊肉相对消费量影响因素的实证分析—基于山东省 695 位消费者的调查问卷 [J]. 中国畜牧杂志（18）：54-59.

张海峰，2015. 山东省肉羊规模化生产发展战略研究 [D]. 泰安：山东农业大学.

张立中，2005. 肉羊生产及贸易趋势与中国牧区肉羊业 [J]. 世界农业（3）：1-2.

张莉，杜立新，李捷，2014. 我国肉羊业现状及发展对策 [J]. 草食家畜（3）：1-6.

张鹏，王永，2011. 山东省肉羊产业发展的前景、问题及对策 [J]. 中国畜牧杂志，23（10）：15-18.

赵娜，薛海阳，尚海城，2014. 新疆羊肉价格上涨的影响因素实证分析 [J]. 青岛农业大学学报（社会科学版）（1）：30-33.

赵娜，朱美玲，刘娜娜，2013. 基于产业链成本收益分析视角剖析羊肉价格 [J]. 价格月刊（12）：37-40.

赵有璋，2015. 国内外养羊业发展趋势、问题和对策 [J]. 现代畜牧兽医（9）：63-68.

赵宇琼，2015.2014 年山西省肉羊产业发展形势与分析 [J]. 中国草食动物科学（3）：61-64.

赵志丽，2013. 湖南省涟源农区草地畜牧业发展问题研究 [D]. 长沙：湖南农业大学.

郑江平，2005. 新疆羊产业发展研究 [D]. 乌鲁木齐：新疆农业大学.

周向阳，肖海峰，2012. 中澳自由贸易区建立对中国羊毛产业的影响分析 [J]. 中国农村经济（3）：35-43.

朱美玲，朱振宁，甘昶春，2014. 基于产业链视角下的价值理论剖析羊肉价格〔J〕. 安徽农业科学（22）：7643－7645.

朱振宁，朱美玲，甘昶春，2014. 羊肉价格波动影响因素的实证分析——基于新疆羊肉市场的调研数据〔J〕. 中国畜牧杂志（12）：25－29，34.

祝士平，2016. 山东省养羊场（户）生产行为的实证研究〔D〕. 泰安：山东农业大学.

图书在版编目（CIP）数据

山东省肉羊产业经济发展研究 / 赵瑞莹等著 . —北京：中国农业出版社，2021.3
ISBN 978 - 7 - 109 - 28187 - 5

Ⅰ . ①山… Ⅱ . ①赵… Ⅲ . ①肉用羊－畜牧业经济－产业发展－研究－山东 Ⅳ . ①F326.33

中国版本图书馆 CIP 数据核字（2021）第 076315 号

中国农业出版社出版

地址：北京市朝阳区麦子店街 18 号楼
邮编：100125
责任编辑：周锦玉
版式设计：王 晨 责任校对：沙凯霖
印刷：北京印刷一厂
版次：2021 年 3 月第 1 版
印次：2021 年 3 月北京第 1 次印刷
发行：新华书店北京发行所
开本：850mm×1168mm 1/32
印张：8.25
字数：205 千字
定价：39.00 元